创业
避坑攻略

成功创业的17个生存逻辑

［美］兰德·菲什金（Rand Fishkin） 著　周海云 译

LOST
AND
FOUNDER

A Painfully Honest Field Guide
to the Startup World

中信出版集团 | 北京

图书在版编目（CIP）数据

创业避坑攻略：成功创业的 17 个生存逻辑 /（美）
兰德·菲什金著；周海云译 . -- 北京：中信出版社，
2023.6

书名原文：Lost and Founder: A Painfully Honest
Field Guide to the Startup World

ISBN 978-7-5217-5553-4

Ⅰ . ①创… Ⅱ . ①兰… ②周… Ⅲ . ①企业管理－创
业－研究 Ⅳ . ① F272.2

中国国家版本馆 CIP 数据核字（2023）第 074543 号

创业避坑攻略——成功创业的 17 个生存逻辑

著者：　　　〔美〕兰德·菲什金
译者：　　　周海云
出版发行：中信出版集团股份有限公司
　　　　　（北京市朝阳区东三环北路 27 号嘉铭中心　邮编　100020）
承印者：　　嘉业印刷（天津）有限公司

开本：880mm×1230mm　1/32　　印张：12.75　　　字数：291 千字
版次：2023 年 6 月第 1 版　　　印次：2023 年 6 月第 1 次印刷
京权图字：01-2019-5490　　　　书号：ISBN 978-7-5217-5553-4
　　　　　　　　　　　　　　定价：69.00 元

版权所有·侵权必究
如有印刷、装订问题，本公司负责调换。
服务热线：400-600-8099
投稿邮箱：author@citicpub.com

————

献给我的祖父母波林和西摩，
我的母亲米西格，我的妻子杰拉尔丁。
你们对我的爱和支持是我今生收到的第一笔投资。

————

目录

前言

初创企业的避坑攻略

在 12 岁的时候我们学到的宇宙真理：

（1）永远不要在半夜后才去喂一只魔怪。

（2）如果你把巧克力牛奶替换掉，那么早餐麦片的味道确实会更好。

（3）当你玩任何一款新的电子游戏时，第一次你肯定无法顺利通关。（这一点和我们接下来要讲的故事是非常相似的……）

你对这款游戏的键盘操控还非常陌生，相应的游戏规则和机制还有待摸索。即便你成功地打通了第一关，在第二关，如果没有什么意外的话你肯定会死得很惨。不过当你第二次玩这款游戏的时候，你的表现会更好。在玩了几个小时或者几天以后，你会对整个游戏的过程产生一种非常流畅的感受，这时你已经势不可当了。在这方天地，你战无不胜。你成为整个"城堡"的统治者（尽管在你玩游戏的时候，你的"城堡"很可能只是你父母的地下室）。但是，即便你是第一次玩这款游戏，你也依然可以找到一种方法让你跳过正常的学习曲线，即人们经常提到的避坑攻略。

创立一家企业和上面所描述的游戏过程是完全一样的。当第一次创立一家公司的时候，你会有一种战战兢兢的感觉。财务和会计？工资奖金？客户获取？招募？聘用？融资？人员管理？难怪，和那些刚刚接触一款新游戏的玩家一样，首次创业者通常也会在第一关就玩不下去了。客户会拒绝向你支付账款，员工会向你提出离职，另外，你的投资人还会让你的COO（首席运营官）来做你的老板，最后还有可能把你开除。这个时候你会非常渴望再次缩回自己的地下室，在那里花上几个小时，或者如果有可能的话，花上几年的时间再玩一下这款电子游戏。

好消息是，在我这里同样也有可以让你避坑的攻略。

作为一个首次担任CEO（首席执行官）的创业者，在我创业的第三年，我可以说已经是焦头烂额了。也就是在这个时候，我收到了一封电子邮件，邮件的发送人是我非常尊敬的一个西雅图本地的创业者，他邀请我参加一个由当地非常有影响力的初创企业创始人组织的活动，活动就在当地的一家酒吧举办。当我抵达的时候，我被介绍给了一些人，我在初创企业的新闻网站上以及我关注的博客中经常能看到他们的名字。我也曾读到过关于这些创始人和技术专家的故事，但从来没有想过有一天我会碰上他们，可以说，在我的世界里他们就是那帮最酷的"浑蛋"。所以，我也入乡随俗，像他们那样开始装酷。我们频频举杯，热情地交换各种想法。当然，绝大多数的时候是他们在说，而我在聆听。

我所听到的内容打破了一直以来我脑中的关于初创企业的幻觉。

和我一样，这些男人和女人也感到非常害怕，他们也经常会感到茫然，也会拼命地挣扎，也会感到恐惧，也同样需要其他人的帮助。那些曾经有过这样一段经历的人会给首次创业者各种各样的忠告，同时向他们提供各种帮助。我们在酒吧里待得越久，喝得越多，就会有越多弱点暴露出来。没有人会装作他们知道所有问题的答案，但如果有人真的表现出了某种洞察力，他们就会毫不犹豫地打开自己，拥抱这些新的想法。

当我回到家里的时候，我有些醉醺醺地给自己发了一封邮件，邮件的内容主要是我们今天谈论的一些话题。我紧紧地盯着自己写下的内容，想从中发现是不是有办法能避开那些陷阱，或者说是不是有办法在"游戏"的第一关中存活下来，而不是被直接秒杀。

下面是我在那天晚上学到的一些东西，内容偏向战术层面的经验（还有就是，一晚上喝4杯汤姆科林斯鸡尾酒肯定会让你喝醉）。

- 每年或者每两年，让你的产品涨一次价，但是你现有的客户可以不受这种新规则的制约，这是一种提升客户忠诚度以及产品利润率的好方法。（在接下来的几年时间里，我们按照这样的方法做了好几次，这种方法就好像是一种魔法。）

- 如果你想从一个投资人那里获得融资，那么你可以用你的具体业务向他们寻求帮助。如果你想让一个投资人对你的具体业务有所帮助，那么不妨直接向他要钱。（按照我后来获得的经验，我可以向你保证，这样做是完全没有问题的。）

- 公司完成融资后释放出来的很多股权都会带有某些特别的条款，这些条款会给予持有"优先股"的股东特殊照顾。通常来讲，类似的特权是专属于投资人的，但是聪明的创业者很清楚这一点，所以在每一轮新的融资时他们也会少量地买入一些自己公司的优先股，这样他们就能与其他投资人一样分享类似的特权。

- 在"骇客新闻网站"（https://news.ycombinator.com）上有一种算法可以过滤掉来自某个单一地理区域的大量投票。所以，如果你想让你的朋友帮你把公司的网页顶到搜索结果的首页上，你一定要确保所有人来自不同的城市。（所以你必须在其他城市广交朋友。）

- 招聘软件工程师这种活儿最好还是由创始人自己做。你应该去寻找那些看起来很有意思的人，你还可以告诉他们在你的人际关系网络中是谁向你推荐了他们的。你应该仔细地聆听他们的自我介绍，然后和他们一起出去喝咖啡，激起他们对你公司的兴趣。如果他们对你的公司没有兴趣，那么你也可以直接询问他们，在他们认识的人中有谁可能会感兴趣。使用外部招聘人员来负责招募创业团队的成员，目前还没有什么成功的已知案例（至少你在创业的早期是不太可能获得成功的）。当然，克雷格列表网站仍然要比绝大多数招聘网站更加管用，至少在西雅图是这样的。

那么这些创业者是如何学到上面这些知识的呢？其中有些问题我甚至从来没有想过，而他们又是如何知道这些问题的答案的呢？

真相是：他们拥有如何创立和运营一家初创企业的避坑攻略。只是有些可惜的是，这种攻略（或避坑代码）并不像科乐美游戏公司曾对外公布的代码一样简单易用。

获得这种攻略的一种比较困难的方式就是不断地积累经验。你也许会纠结于某个问题，然后尝试用一些常规的方式去解决，直到你发现这些常规的做法根本行不通。在这个过程中，你会犯各种各样的错误，但突然间你会莫名地想到一个解决方案，而且你居然成功了。在整个过程中，你会一直感到痛苦，但有时候这就是你唯一能走通的路。

这里所谓的攻略就是找到那些能够帮助你的人，他们可以是你的导师、顾问、朋友、家庭成员、合伙人、雇员，所有这些人很可能在你之前就经历过你现在需要面对的这些问题，所以找到这些人也就意味着你找到了能够让你走出眼前这片原始森林的地图，并踏上了一条能够让你真正获得成功的道路。你需要做的就是认真地聆听，你还需要一张能够把你的问题和解决方案相匹配的人际关系网络。但是，如果你能在机缘巧合下通过解决其中的某一个问题就绕过了前方所有那些会让你头痛不已的泥潭和障碍物，那你就真的中大奖了。

所以，如果你想单枪匹马进行创业，那会是一件非常危险的事，这一点也正是我所学到的关于初创企业最重要的经验之一。你周围要有那些早就经历过各种麻烦事的人，而且更重要的是，他们还愿意与你分享他们之前的经验和教训。

这就是为什么二次和三次创业者与他们初次创业的同行相比有着远比后者更好的业绩和成就，而且这也是为什么投资人会更倾向于支持一个在以前至少"玩"过一次这种游戏的创始人。

你手上的这本书实际上是一套非常详尽的创业攻略，我写下这套创业攻略的目的是让你不再重复我曾经犯过的错误，并希望你不会再纠结于那些被你浪费的时光和金钱，也无须再承受我们中很多人都曾经历过的心痛。即便在你周围并没有那么多其他创业公司的创始人，你也依然能够获得创业的核心机密。想要真正读懂这一整套的创业攻略，你首先需要了解相关的背景、真实的故事、详尽的数据以及对现象透彻的剖析。但我不会仅仅和你分享战术上的提示和技巧，我还会告诉你那些丑陋的、让人心碎的现实。如果我出于恐惧或者内心的期望，想让我自己或者我的公司看起来比实际的状况更好，从而不敢也不愿面对那些丑陋的现实，那么或许我真的会让你感到失望。这也正是为什么这本书对于那些创始人通常不愿意讨论的话题会如此透明，所有这些被回避的话题通常包括：金钱、个人的沮丧和抑郁、企业裁员以及创业失败。

在这本书中，我会告诉你我是如何拒绝那一次可能会改变我一生的收购要约的，以及我是如何到今天还在为此而感到后悔的（真是见鬼了，我可以给你看我当时的那些邮件）。我会详尽地告诉你我们当初是如何进行融资的，然后再具体地探究为什么我们之前有那么多的决定居然都是错误的，以及为什么当时偶尔出现的一些正确做法却被认为是错误的。另外，我还会让你知道为什么有那么多传统的、在硅谷起家的创业公司给出的建议和忠告是完全错误的，为什么那些建议会充斥着只有幸存者才会有的偏见，以及为什么他们的忠告只对很小一部分的创业公司以及创始人有用（尽管他们将这些建议和忠告用一种一刀切的方式告诉给所有的人）。

事实上，人们当下在各种媒体上看到的关于初创企业成功的故事都已经被过度简化了，而且其中最重要的细节往往又是如此含糊不清，所以在接下来的 17 个章节中，我将具体地解析因为这种简化和不透明所产生的关于成功的"阴暗"逻辑。与其他媒体不同的是，在这里我将和你们分享真实的故事，向你们展示真实的数据，并为你们提供真正的解决方案。

硅谷是如何愚弄我们的

对初创企业的创始人做出各种夸张的描述并将他们树立为某

种榜样，这样的做法很有用，而且还越来越普遍。标准的描述通常会是这样的：尽管他们家境贫寒，没有任何背景，但这些创业者从一无所有中脱颖而出，他们创造了工作岗位，创造了财富，并且还创造了改变这个世界的新技术。

但这样的描述完全是在胡编乱造。

加利福尼亚大学伯克利分校的经济学家对创业者具有的一些共同特征进行了分析，他们发现，在现实中，绝大多数的创业者都来自富裕的家庭，而且他们的家庭都有一定的背景。我在小的时候就曾抱怨没有什么朋友，但你要知道，我拥有一台手感极佳的任天堂游戏机。那个时候还是 1989 年，在 20 世纪 80 年代，拥有这样的设备对小孩子来讲就相当于让他参加一次免费的狂欢派对。

难道不是所有的人都能够在技术型初创企业的淘金过程中获得成功吗？这才是那些故事想传递的关键信息，难道不是吗？

很抱歉，确实不是所有的人都能够获得成功，上面只不过又是一句废话而已。事实上，按照哈佛商学院所做的一个同期群分析（Cohort Analysis）①，有超过 75% 的早期技术型初创企业根本无法返还投资人投入的资金，更不用谈什么创造利润了。另外，如果我们将注意力放在那些以技术为核心，并且已经获得风险投资的初创企业上，那么这个比例还会上升到 90% 以上。即便企

---

① 同期群是对用户群的一个细分，是指在规定时间内对具有共同行为特征的用户进行分类。它除了可以按在不同的时间段内新增的用户进行分类，还可以按不同的行为进行分类。同期群分析最早应用于医药研究领域，目的是观察不同被试群体的行为随着时间的变化会呈现出怎样的差异。——译者注

业在最初的几年时间里侥幸地生存下来，也无法保证其最后一定能够获得成功，在创业的第四年依然存活的企业中超过 50% 最终还是会走向失败。

有这样一种说法，企业的创始人通常都很年轻，他们才刚刚离开学校，但这是不是真的呢？答案显然是否定的。考夫曼基金会发现，绝大多数企业创始人的年龄在 35~44 岁，他们根本就不是那些被大众文化标签化的、二十几岁的、刚从大学退学的年轻人。

如果上面这些数据能够让你反思你看待初创企业的方式，那就太好了。你确实应该这么做。

因为个人的原因，我非常讨厌这种神话般的故事：我曾花了 10 年的时间来追寻这种被吹嘘出来的、关于初创企业如何获得成功的神话故事，但最终什么也没有发现。

作为一个白色人种的美国犹太人[1]，我年轻的时候实际上是一个花花公子，与这个世界上 99% 的人相比，我所过的生活相对来讲更加富足，我的社会地位也更高。但我并不是那种命中注定的，或者可以通过宣传被打造出来的科技创业者。我不是一个程序员，我没有在任何一所常春藤联盟学校里念过书，也没有学过任何计算机科学方面的课程，我的公司也不是在硅谷创立的。当我开始创业的时候，我不认识任何风险投资人，也不认识任何已经拿到风险投资的创业者，更没有人招聘我加入一家初创企业

---

[1]　从民族上来讲我是一个犹太人（按照 23andMe 这家基因鉴定公司的数据，我有 97% 的德裔犹太人的血统），但我并不是一个犹太教徒。——原书注

或者某家技术型的大型公司。

也许我与被吹嘘出来的有关初创企业创始人神话的唯一关联是，我也曾从大学辍学……主要还是因为当时我和我的父亲吵了一架，然后他决定不再支付我的学费了。这算不算是一种建立神话的资本？

完全可以这样讲，我根本就不可能成为一家技术型初创企业的创始人和CEO。但不知道怎么回事，而且就这样莫名其妙地，我居然成为一家技术型初创企业的创始人。

2001年，在微软公司那栋位于西雅图郊区的办公大楼的阴影中，我和我的母亲吉莲·米西格一起踏上了我们的创业之旅。我们的工作就是为小企业设计网站。有必要说明一下，对我来讲，在这个领域里，"母子咨询公司"或许是一类几乎不可能成功的初创企业。这一路走来，我们已经看到有太多的人为此而感到惊讶。不过，在一段时间以后，在正式的工作场合我开始直接叫我母亲的名字，这样做也确实带来了很大的好处。因为我极度缺乏商业敏感性，再加上互联网泡沫的破裂，我们在之后的好几年时间里都非常艰难。但最终，通过不断试错，在经历了各种决策错误以及因此而导致的痛心后，在各种悲剧和成功之间来回不停地折腾后，我发现我自己居然已经成为一家不断成长的软件公司的CEO，我有了投资人、员工、客户，而且我还在TechCrunch这个技术博客网站上发表了不少文章。

到了 2017 年，我的公司 Moz[①] 已经成为一家年营业收入达到 4 500 万美元，并且获得了风险资本投资的 B2B（企业对企业）商业模式软件供应商，我们为专业人士提供的软件产品可以帮助他们的客户或者团队开展 SEO（搜索引擎优化）服务。用非专业人士的话来讲，我们为企业的市场开发人员开发各种专用的工具软件，而他们利用我们开发的工具来优化各种不同的网站，并使这些网站在谷歌搜索中的排名比其他网站更靠前。随着谷歌成为这个世界上最富有和最有影响力的公司之一，整个市场对我们的工具软件的需求也在水涨船高。

Moz 的故事既不是那种在一夜之间就成为 10 亿美元以上估值企业的成功故事，也不是那种因失败而发生的悲剧故事。关注技术发展和商业新闻的各种媒体更喜欢报道处于上述两种极端情形的公司，但是我相信，对大多数的创业者和他们的团队来讲，从创业公司在其整个生命周期中经历过的高潮和低谷中，往往可以学到更多的东西。类似于脸书这种在创业公司的整个频谱中处

---

① Moz 是世界上最受欢迎的"内向型市场开发软件"供应商之一，其产品覆盖了大数据、搜索引擎和搜索引擎优化等领域。这家公司创立于 2004 年，目前正处于 C 轮融资阶段。这本书的作者同时也是 Moz 的创始人——兰德·菲什金，他在 2017 年 7 月 16 日宣布从 Moz 离职。现在 Moz 公司的 CEO 是该公司的原首席运营官。这里的"内向型市场开发"是将市场开发的资源集中于客户购买过程中的相关内容、背景以及增值服务，其具体的表现形式就是搜索引擎优化、博客网站以及社交媒体。相应地，"外向型市场开发"主要是指传统形式的市场开发。——译者注

于非常成功这一端的企业，或者像 Secret[①] 这种在整个频谱中处于另一个极端的企业，对所有的媒体来讲，都可以构成非常有意思的，而且还极其吸引读者眼球的故事。但这两类企业一般都不愿意透露足够多的内幕，或者进行足够多的反思以便在一些特定的主题上向受众提供足够深刻的洞见。但对那些想要追随它们脚步（或想尽力避免再犯同样错误）的初创企业来讲，唯有这样的主题才能给它们带来真正的价值。

在本书中，我打算通过各种奇闻逸事、统计数据以及严苛的自我反思来处理这一类非常麻烦的主题。我必须承认，以我的经验、背景，以及我作为一个雇员、CEO 和一家创业公司的董事会成员对初创企业界进行观察，由此而形成的观点肯定会让我的立场带有某种倾向性。所以，对于后面所有将会讨论到的主题，我都会尽可能地做到坦率和直接。我相信，如果你想从任何个体的经验中获得最大的收获，你就需要具体了解他当时曾走过的旅程以及所处的位置。在这样一种背景下，当你开始对初创企业以及创业者进行审视的时候，你就会把我的这种倾向性也同时考虑在内。

我需要提醒的是，在以下这几个方面，Moz 和很多曾经被大肆宣传的技术型初创企业有很大的不同。

---

① Secret 是一家著名的社交网站，这家公司在进行了 6 个月的隐形运营后出人意料地拿到了 1 亿美元的融资，但其中有 2 500 万美元被创始人收进了自己的腰包。一年后，这家公司因为业务没有表现出任何增长的势头不得不关门大吉，而且创始人之前所声称的创新商业模式根本就不存在。——原书注

- 作为一家 B2B 商业模式公司，我们的市场推广和产品销售几乎只面向企业以及咨询行业的人士，很少会直接面向消费者。这一点也是最大的不同，因为最为人熟知的，同时也是在媒体上被宣传得最多的技术型初创企业通常都是直接面向消费者的，它们要么在软件领域（如脸书或者谷歌），要么在实体产品或者服务领域（如特斯拉或者爱彼迎）。

- 我们的产品是自助型的，而不是销售驱动型的。这意味着在任何时候，你只需要通过登录我们的网站，在网页上输入信用卡号码，就能立刻获得我们产品的完整使用权，而无须和我们团队中的任何人进行交谈或互动（我们还是现实一点儿吧，通过电话进行销售实在是一件非常可怕的事情）。这样的做法在以前的 B2B 商业模式企业中是非常罕见的，这是因为，想要构建企业间的关系，销售往往被看作一个非常关键的环节。而且任何企业如果想要获得一份大额订单，使用销售人员就是它们根本无法回避的方式。今天，随着网络发货或交付的兴起，还有整整一代的企业主和专业管理人员对于一种完全放手的、低压力的销售方式表现出了更为宽容的态度，自助式 B2B 商业模式销售渠道也越来越被人们认可。这一点已经在类似于 Slack、SurveyMonkey、Dropbox 或者 MailChimp 这些公司的运营过程中不断被验证。

- Moz 正在培育和服务的是一个全新的市场，它绝不会去颠覆一个现有的市场。搜索引擎优化软件是在 2005 年前后才开始出现的，我们是最早通过网页订阅的方式来提供相关服务的供应商之一（我们是从 2007 年开始提供这项服务的），当时，其他的供应商所提供的依然是传统的可下载的桌面软件。另外，无论从营业收入还是从客户数量来看，我们都是这一领域中最大的供应商之一。在我写这本书的时候，还没有任何直接的竞争对手的体量和规模是我们的数倍，也没有任何竞争对手上市，更没有谁能够比我们拥有更多的客户或者营业收入。

尽管 Moz 拥有上述这些大家都能看到的特点，但 Moz 也拥有其他技术型初创企业所共有的一些特征。

- 我们同样是从传统的风险投资公司那里获得融资的，截至 2017 年，我们通过三轮融资获得了总共 2 910 万美元的资金。
- 我们几乎所有的营业收入都来自软件。
- 我们的毛利率相对来讲还是比较高的，应该已经超过了 75%。
- 我们雇用了工资很高、专业能力很强而且在就业市场上需求很大的工程师、产品设计师、市场营销人员以及客户服务人员。Moz 员工的平均年薪已经超过了 10 万美元，如果再加上各种福利和需要支付的税项，我们在一个新员工身上每年花费大约 14.5 万美元。我们 70% 以上的运营成本都花在了支付员工的工资以及团队成员的日常开销上。

- 我们曾拼命地"烧钱"以获得更快的发展速度，也曾经为了控制风险竭力将公司的运营维持在盈利状态，所以有好几年的时间我们的运营成本一直在不断地上下波动。事实上，2014—2016 年我们花费了近 2 000 万美元，但从 2017 年起，我们又一次回到了盈利状态，现在我们的银行账户上还有超过 700 万美元。

从 2004 年创立公司以来，我们经历过很多次非常疯狂的跌宕起伏，但我们还是在繁荣与破产的循环周期中生存了下来。我们不但经历了融资与"烧钱"的整个过程，还进行了一些成功的和不那么成功的并购，也曾有过没有节制的招聘和裁员，举办过新产品的发布会以及老产品的退出会，还有不得不进行的对企业战略的重大调整。

2014 年，在经历了一个特别严酷的时期后，我不再担任 CEO，而是成为公司的一名独立贡献者①。在写这本书的时候，我既是 Moz 董事会的主席，也是好几款不同的产品以及市场开发团队的顾问。每年我会应邀在超过 30 场不同的研讨会上进行演讲，全年大概有 25% 的时间都被我花在了路上，我帮助来自世界各地的很多人更好地理解搜索引擎以及网页营销渠道是如何工作的。每天我依然会从我和我的妻子杰拉尔丁共同租住的公寓

---

① 所谓的独立贡献者是相对于企业内部的团队工作者而言的，在高科技企业中有很多技术型岗位人员都属于独立贡献者。——译者注

步行到办公室，然后去做一些谷歌很不希望我去做的测试。我努力在公司内部推动对内和对外的透明度，并竭力不让自己因为过去犯下的错误而自责，不过最后这一点也恰恰是最难做到的。

当我踏入初创企业这个世界的时候，我早已被人灌输了一大堆的理念，即作为像我们这样一家公司的 CEO，这个职位意味着什么。通常像我们这样的公司会被描绘成一家处于发展早期、以技术为核心、正在寻求快速成长的初创企业。我们这一类公司获得成功的唯一标志就是给我们的股东以及投资人带来巨额的回报。我们都曾经读过关于其他初创企业的故事，也曾经在电视节目和新闻中听到过当下正是创业的最好时机。但是在我自己也踏入了创业之旅的数年后，对于媒体上的这些说辞，我通常都会摇着头对人说：还是先等一等吧，眼下根本就不是什么好的时机。媒体上的言论以及它们的各种炒作，还有那些关于硅谷初创企业的传奇故事都不过是被精心构造出来的用作装饰的摆设。这些是利益相关方为了他们自身的利益而绘制出来的舞台背景，其目的就是掩盖让人感到尴尬的缺陷。事实上，所有这些故事没有一个是完全真实可信的。

你完全没有必要像我过去那样盲目地生活、工作，或者就这样稀里糊涂地开始创业。

这就是为什么我会写下这本书，以及为什么这本书会按照具体的战术来安排各个章节。在接下来的每一个章节里，我都会揭露一些离奇的、很难让人理解的或者很少会被人谈及的关于初创企业界的真相。每一个章节都会以一个常见的关于初创企业的神话作为开始，然后我会引用技术世界中某一个名人的话来对这个神话进行概括。你会看到很多著名的投资人、极其成功的创业者以及那些让人肃然起敬的作者留下的名言，但接着你就会看到他们的错误，以及他们给人造成的错误印象又是如何被一点点地揭示出来的。所有这一切将首先从我自己的故事开始，然后我会通过数据、研究以及分析来佐证我的观点。在每一章的结尾处，我还会总结出一些曾经帮助我和其他人解决了一些非常重要的问题的创意或战术。我绝不会装作知晓所有问题的答案，在任何时候我都不会这样做。不过，我也常常会提到一些可以帮助我摆脱困境的战术，如果这些战术能够帮助到你，我肯定会倾囊相授。

现在请拿起你的游戏手柄，插入你的游戏盘。在游戏的界面上控制你的光标，确定你的选项，然后……让我们开始吧。

第一章
真相可以让你获得自由

你有一项很有意思的业务，但我们不相信这项业务可以
让你获得数百万美元的营业收入。

——我在 2009 年的一场路演中遇到的匿名投资人

2005 年的某一天，在西雅图一家非常嘈杂的电影院的楼上，
我和我的同伴马特正在一间极其破败的共享办公室里工作。就在
这个时候，一个男人走了进来，他四十多岁，没有扣上纽扣的衬
衣里露出长长的胸毛，胸肌高高地鼓起，脖子上挂着纯金项链。
他的手上有一个文件夹，里面夹着厚厚的一沓纸。他苦着一张脸，
低下头瞪着我，开口问道："你是兰德·菲什金吗？"

我当时 25 岁，对于这样一个人的到来完全不知所措，而且我还被他粗壮的身材以及恶声恶气的语调吓蒙了，可以说我当时非常害怕。平常我根本不知道该如何说谎，所以当时我自己也感到非常惊讶，我居然能那么快地说出下面这句话："对不起，我想他现在应该不在这里。"

接着我们又交谈了几句，但我已经不记得当时都说了些什么。我的心脏在怦怦地跳动。我很讨厌说谎，但我同样不知道如果我承认了我就是兰德·菲什金的话，接下来又会发生什么。马特刚刚特意戴上了他的耳机，然后假装全神贯注地注视着他之前制作的网页。在这个来自《黑道家族》的"临时演员"离开后，我打了个电话给米西格，她是我们这家只有 3 名员工的公司的总裁，而且她还是我的母亲。我告诉她我们这里来了一个不速之客，按照她的猜测，这个人很可能是专门讨债的，也许某家银行把我们的债务转卖给了一些私人公司，而这个人就是其中某一家公司派来的。

哦，没错，肯定是那笔贷款。我用我自己的名字向银行借了 50 万美元用来支撑当时我们只能够勉强维持的咨询业务。

在我回到租住的公寓（实际上这是杰拉尔丁的公寓，因为我根本没有能力支付我的那一半租金，当时我的收入非常不稳定，有时候非常少，而有的时候甚至可以说连一分钱都没有，所以我根本没有办法通过任何信用审核）10 分钟后，我听到有人在敲门。我很自然地以为是杰拉尔丁回来了，估计她的手上还捧着很多东西，她平时就不太愿意把东西放在地上然后用钥匙开门，所以我根本没从猫眼中看一眼就直接开了门。

门口站着的就是那个去办公室讨债的人。

"哈！终于还是逮到了你。"他说道。

我哑口无言。

"很不错，你这小子，今天我真的彻底被你蒙了……"

由于害怕，我陷入了一片茫然，我只能呆呆地看着他。

他把他手上的那一沓纸递给了我，之前在办公室的时候我就已经注意到了他手上的这沓纸，然后他对我说道："兰德·菲什金，很高兴能为你提供服务。"

我甚至没有想到要伸手去接那沓纸，所以他把那沓纸扔在了地上，然后自行离开了。

"啊哦，我居然有了一家创业公司"

2000 年夏天，我已经 21 岁了，只要在位于西雅图的华盛顿大学里再待上一年我就能毕业了。我是那些幸运儿中的一员，我们的父母支付了我们的大学学费，这样我们就能专注于学习而不用到处找工作了。

这种情况一直延续到了那一天，当时我不知道出于什么原因和我的父亲大吵了一架，而他也因此威胁我要切断我的经济资助。只是我由于自尊心太强且非常固执，不愿意退一步向我的父亲道歉或者向他妥协，因此在最后的两个学期里我必须自己想办法筹集学费。

我在校园附近的"海岸游戏中心魔法主题园"找到了一份兼职，那里是一个很大的游乐场，有很多主题游戏，当然还有礼品零售店。除了每小时 4.75 美元的工资，我还利用我的员工折扣购买"口袋妖怪卡片"，然后再将卡片放在易贝和克雷格列表网站上转卖，从中获得的利润还是相当可观的。另外，我还设计并建立了一些网站来获取一些额外的收入。值得庆幸的是，在 21 世纪初的那几年，大学的学费还没有飞涨到今天这样荒谬的地步。一整个学期，包括教科书，只需要 3 000 美元。我在东拼西凑交了学费之后居然还有些钱，所以我还可以出去看看电影，买一些偶尔才会玩的二手电脑游戏，并支付我那间很小的、与他人合租的公寓的房租。

但在距离毕业还剩下最后两门课的时候，我决定放弃学业。部分原因当然还是费用，另外我觉得在学校里我已经学不到什么有价值的东西了，但是真正的原因是一段失败的恋情（远距 + 分离 = 心碎）。当然我很希望可以这样对你说，是创业促使我退学的，但真相完全是另一回事儿。当时有一段时间我沉湎于自怨自艾，我还看了很多次《X 档案》的重播，也就在那个时候我开始意识到，除了在零售店打工，我还需要做些其他的事情，而网页设计对我来讲是最轻松和最没有压力的。

1981 年，我的母亲米西格在西雅图创立了一家市场营销咨询公司，这家公司的业务主要是帮助小企业处理它们的品牌形象、黄页广告、宣传单页以及其他的平面印刷和广告材料等事项。在 20 世纪 90 年代后期，她的客户开始向她咨询有关网页的相关服务，所以她雇用了我去学习 FrontPage、Dreamweaver 和 HTML（超文本标记语言），这样我也许就能帮上她的忙了。我很喜欢这份工作，当然还有多出来的那份收入。当我告诉我的母亲，我想在她那里全职工作，不想再回学校完成学业时，她同意了。

在 2001 年的夏季，我们有了一个宏大的梦想。西雅图可以说就是微软的后院，所以西雅图的技术氛围非常浓郁，而且科技产业还在蓬勃发展。在当地的新闻媒体上始终充斥着关于亚马逊、Kozmo 和 HomeGrocer 这些初创企业的消息，而所有人正在从原来的低速拨号上网转向高速宽带上网。我们当时就已经知道互联网很快就会在商业运营中无所不在，而企业已经想到了应该在互联网上拥有一块自己的地盘，所以为本地企业设计网站将会是一次千载难逢的商业机会。当互联网泡沫开始破裂的时候，我几乎没有注意到还有这样的事情发生，因为当时仍然有很多客户要求我们帮助他们设计网站，而且我平时根本就不怎么关心市场价格的下降、客户支付的延期或者网页设计的商品化。

在接下来的 3 年里，我们一直在艰难地应付着各种挑战。市场上出现了越来越多的竞争对手，到处都弥漫着对网页未来的质疑，同时我们还要让我们的客户按时支付账单，但最糟糕的是，我们居然会愚蠢地相信有什么东西可以帮助我们的企业不断成长。在不具备差异化竞争优势的前提下，我们曾试图在一个非常拥挤的市场上销售我们的服务。我们在广告上浪费了很多钱，但广告并没有给我们带来任何业务；我们租用了高价的办公空间，因为我们相信一栋让人印象深刻的办公大楼可以帮助我们达成交易；我们还雇用了很多承包商和一大批雇员，但他们什么也没有做出来；接着我们又在展览会上租用了场地，但获得的业务收入连支付场地费都不够。更糟糕的是，我们还是靠贷款来实施上面这些营销方案的。

当我开始和我的母亲一起工作的时候，她在业务上只有一笔非常小的贷款，总计还不到两万美元。但3年后，我们的贷款在原来的基础上增加了10万美元，其中大部分贷款就是因为实施了上面所提到的那些错误决策。从事咨询业务的最大好处在于，对于资金你通常不会有太大的需求，聪明的操盘手往往在第一天就能够让他们的业务盈利。但我们走上了一条完全相反的路，在2004年，在没有拿到另一个客户的项目后，我们很快就出现了债务违约，而我们原本期望通过这个项目使我们的业务走上正轨。

　　如今，你已经很难想象个人贷款在2008年金融危机之前的世界中是什么样子。面对一个从大学辍学但有一份微薄收入的人，那个时候的银行是绝不会拒绝为其任何一笔50~100 000美元的贷款适当延长贷款期限的。信用卡的推销人员几乎每周都会过来，他们会给你1万美元的信用额度，而且这个额度很快就能上涨到1.5万美元或者2万美元。尽管我们的信用记录不是很好，而且没有任何抵押物品，但借贷公司还是很高兴地向我们提供了授信额度和设备贷款。另外，在开立账户后的2~3年里，我们还可以拿到小于2%的促销利率。在如此优厚条件的诱惑下，再加上当时为了支付我们3个人的工资以及办公室的租金，我们极度迫切地需要现金，所以我们就这样彻底豁出去了。但是，在我们看到最后的财务报表后，3个人都感觉好像被人狠狠地咬了一口。

　　在拿到贷款后，我们决定把这笔贷款归在我的名下，因为当时我可以说几乎一无所有。如果归在我母亲的名下，那么她和我父亲的财产就会受到威胁，当时他们不但拥有位于西雅图郊区的住房，而且拥有我的祖母在康涅狄格州的房子，所有这些都有可能被当成抵押物放到借贷公司的"砧板"上。所以在那份贷款合同上是我的社会保险号码和我的签名，而当时对于这样一份合同我根本就没有怎么放在心上，因为我从来没有想到过这些贷款也有可能会出现债务违约。

在我职业生涯的早期，有两个很特别的日子是我永远也无法忘怀的，而这两天都出现在 2004 年的秋天。

其中的一天是一个星期天。那天米西格告诉我和马特，我们已经无力支付在那栋价格昂贵的高层办公楼的租金。马特当时是我的朋友和我们公司的程序员。从那里搬出去是我们唯一的选项。我们在西雅图一个非常破败的区域里，在一家破旧的电影院的楼上找到了一间很小的共享办公室，每月只需要支付几百美元的租金。与其相比，我们之前每月需要支付超过 2 000 美元的租金。但如果就这样搬走我们会违约，这意味着那栋办公楼的业主很可能会扣押我们的设备来作为违约抵押物，其中就包括我们的计算机、办公桌椅以及家具。所以，我们需要尽快撤离原来的办公大楼然后马上搬入新的办公地点，整个过程绝对不能引起办公楼里任何人的注意。当时，我们的搬家过程可以说完全照抄了一部好莱坞电影中的情节。

马特和我找来了两个朋友——马歇尔和托德，他们都有粗壮的手臂、厚实的肩背，而且他们还开来了一辆能装下很多东西的卡车，为此我们答应会请他们好好吃一顿。我们就这样安安静静地通过卸货区进入了大楼。

当我们差不多将一半的东西装上卡车的时候，大楼的保安过来了。我的心一下子就沉了下去。

我们锁上了办公室的大门，然后躲在门后，与冲过来的保安进行了一轮短暂而又激烈的沟通，最后我们成功说服了保安，让他们给米西格打一个电话。我不知道米西格在电话里对他们说了些什么，但她说服了那些保安让我们继续搬完办公室里的某些东西，但同时我们也不得不留下很多东西，这样整个办公室让外人看起来就好像我们并没有真的"搬走"，只不过是将里面的部分家具换了个地方而已。随着心跳加速，我们把托德的那辆已经装满了一半的卡车开出了大楼的卸货区，接着又横穿了整个华盛顿湖来到我们的新办公室。尽管新办公室很小，里面几乎什么都没有，但现在我们搬进去的这些东西不会再有被没收的危险了。我们放弃了很多体积较大的办公家具以及一些比较便宜的易耗品，但幸运的是我们的计算机和一些关键的设备全都被带了出来。在接下来的一周里，我母亲正式将这家运营了 23 年的公司关闭了，接着我们用一个全新的名字成立了一家全新的公司。

现在我们已经搬了家，还更改了公司的名字，但你还不能说一切都重新开始了。几个月之后，那个戴着金项链的讨债人又出现了，我不得不在恐惧中给我的母亲打了个电话。

尽管那些贷款都用在了公司的经营上，但借贷公司只会找我这个自然人，因为在当时的贷款申请上是我的签名和我的社会保险号码。米西格在电话中告诉我她会想办法处理这件事的。也就在那一天我才真正弄明白，原来我们公司欠下的大部分债务实际上是我个人的欠款。

这样做在当时是很合理的。如果之前米西格用她自己的名字和个人信用去申请贷款，她就可以拿到更多的设备贷款以及低息的信用卡，但这样做的话她和我的父亲就需要对这笔债务承担还款的责任，更何况她早就有了一些她自己的个人贷款。所以他们很可能会因此而失去他们的个人财产并被迫破产，而我的祖母随后也有可能会失去她的房子。

那天晚上，在我下班后走回家的路上，我开始思考这种很让我头痛的状况，以及在出现这种状况后我在其中所扮演的角色。对于当时我们面临的资金问题，我一点儿也不想插手，所以从表面上来看，之前我一直把精力集中在我自己的工作上。但说实话，我只是不想沾手这些麻烦事而已。我一直认为我的母亲应该能够处理好这些事，这就是她的工作，不是吗？我只不过是一个专门做网页设计的傻小子……这些就是那天我在回家的路上对我自己所说的话。但我慢慢地认识到，对于这些债务，如果我像鸵鸟一样把头埋在沙子中，期待所有的麻烦事会自动消失，那么这将是一件永远也不可能发生的事。

当你欠真相一个交代时，真相的利率会让你根本无法承受

考虑到那些蜂拥而至的"到期通知"信函、恐吓电话，还有那个戴着金项链、胸肌极为发达的壮汉的来访（让我们把他称作"罗科"，因为这个名字可以用在任何老套的讨债人身上），符合逻辑的做法应该是宣布破产。绝大多数的贷款用的都是我的名字，只有极少数在米西格的名下，但因为在我的名下有一笔很大的贷

款已经出现了债务违约，所以在我的征信报告上出现的那个黑色印记与宣布破产已经没有任何区别（当我写本书的时候，我的征信结果依然是臭名远扬）。但还有另外的麻烦正等着我们。

在我们逐渐累积起债务的 4 年里，事实上我们一直都没有说真话。

我们从来没有和我父亲斯科特谈过我们的资金问题，更不会和他谈起我们的债务违约，或者已经有讨债人上门向我们逼债了。尽管我父母现在还幸福地生活在一起，但是在当时的情形下，不管是对还是错，我和我母亲都很害怕，因为如果被我父亲发现真相的话，他肯定会向我母亲提出离婚，这样我们的家庭也就毁了。

这听起来似乎有些不同寻常，肯定不是真的，但这种被刻意忽视的谎言并不是没有先例。在我成长的过程中，我的父母总是会相互隐瞒一些事情，大多数时候只是一些很小的事情，当然或许我也仅仅知道这些而已。父亲常常会这样对我说，"不要告诉你的母亲这件事是我们干的"，或者"如果有人问起来，告诉他们，你只有 7 岁 / 有人曾答应你会给你折扣 / 那个店员说这样没事"。而母亲会这样对我说，"如果你的父亲问起来的话，你就告诉他，我们用了一张购物券，或者这样对他说，这没有办法，因为这是学校的要求，当然也可以说，我们是代表一个客户到这里来的"。

所有这些绝大多数都是一些无伤大雅的谎话，这样说的目的无外乎是避免争执，并且让他们之间的关系保持融洽。作为一个成年人，在翻出了这些记忆后，我才意识到，过去我父母之间的这些互动实际上是很不健康的，但是对一个孩子或十几岁的少年来讲，这一切又是完全合理的。这样说只是为了不想让另一个人生气，或者不想让人感觉受到了伤害，又或者不想被人遗忘和忽视。我们相互之间说谎只是为了不让家中出现争吵，并且在表面上维持一个家庭的和睦。

但隐瞒这笔贷款的后果要比我曾经参与过的任何家庭内部的谎言严重得多。我还记得在当时以及在之后的好几年里，我和杰拉尔丁都曾谈起过这笔贷款，我们很奇怪，我母亲是如何做到在我父亲面前完全若无其事的。她每天都要怀揣着这样一个秘密，赶在我父亲之前回家，这样她就有时间撕碎任何可能会牵扯到贷款的信件，并且还要假装所有打来催债的电话都只不过是对方拨错了号码，另外她还要在明面上维持工作一切顺利的假象，甚至偶尔还要把支票带回家使我的父亲相信事情一切正常。但实际上，在那个时候我们更应该做的是，用这笔钱让银行给予我们更多的宽限期，而不是把我们的债务卖给另一家讨债公司。

米西格显然不想让我们太过担心，她希望我们能专注于自己手上的工作，而且她一直不让我知道她与银行交涉解决贷款违约的进展和其中的某些细节。直到数年以后我才知道她是如何避开一些最麻烦的讨债人的，当时她主动给贷款银行打了电话，这些贷款银行包括华盛顿互助银行、美国银行、美国大通银行以及富国银行。她毫无保留地告诉了它们我们当时的状况，然后向它们提议我们最后的还款金额可以稍稍超出我们的实际欠款额，但条件是它们需要首先冲销我们的欠款而不是把欠款转卖给那些讨债公司。正因为那些讨债公司通常仅支付债权人 5%~10% 的实际欠款数，随后又会尝试收回全部欠款并从差值中获利，所以我母亲的策略才有可能获得成功。

尽管我的征信报告因为我们的债务问题受到了冲击，但米西格承受了几乎所有的压力，她一直在照看着我们的财务和交易。尽管我们在好几家公司开设了六七个信用账户，但我从来不会去看那些发票，我会把发票直接交给我的母亲，然后回到自己的办公室继续设计网页。我知道情况会很糟糕，但我很少去关注真实的状况。我只是更加努力地投入自己的工作，期望我们能够拿到足够多的订单，赚到足够多的钱，来偿还我们的债务。

后来，我听到了一些其他小型企业和初创企业都面临着类似窘境的故事。尽管我希望企业的共同创始人、家族企业的所有人和企业的小团队之间能做到互相坦诚，但真实的情况往往并非如此。尽管 Tinder 已经占据了在线约会 App（应用程序）的大部分市场，但在幕后，企业的几位共同创始人不和，办公室内的政治斗争频发，再加上明目张胆的性别歧视所导致的法律诉讼，这让企业的发展受到了非常大的阻碍，进而引发了企业高层的权力斗争。同样，Zipcar 是"替代性交通方式"这个领域发展最快的企业之一，但是在经历了数年的内部政治斗争以及非常艰难的融资后，该企业的两个创始人都先后离职了。另外，很多人都知道推特几乎所有的创业团队成员都离开了。脸书的共同创始人爱德华多·萨维林参与了在 2010 年上映的电影《社交网络》的剧本编写，在这部电影中他详尽地描写了他被驱逐的整个过程。尽管存在这些人们已经习以为常的内部冲突，但很多企业并没有因此而崩溃，它们找到了自己的方式来应对、处理、解决或者绕过糟糕的沟通、不诚信以及其他非常具有挑战性的问题，所有这些问题都是处于极高风险关系中的人们始终需要面对的，而我们在过去也正是这样做的。

建立透明度很难，但它确实很有用

当一个人相信隐瞒事情的真相是在做一件正确的事情时，他绝不会缺乏这样做的正当理由。也许你只是担心会伤害到某些人的情感；或者你害怕如果你的客户发现了某些问题的真相，他们可能会永远放弃你的产品；或许你深信有选择性地隐瞒投资人会议的细节，实际上是在保护你的管理团队，使其不用承受太大的压力；或许你还确信你的竞争对手正在让他们的工程师收集你那些会让世人感到震惊的新产品的创意，这样他们就能够立刻复制，然后抢在你有机会发布这款新产品之前就推出他们自己的同类产品。

所以你一定要保守秘密，你会因此而刻意扭曲真相，你还会说一些谎，然而最糟糕的是你认为这样做不会对你自己产生任何影响。

用不了多久，当真相轰然砸在你头上的时候（现实总是如此），你的团队、你的受众、你的投资人或者你的客户都会对你失去信任。但你还是会给自己找到这样一个理由：如果事情没有像现在这样发展的话，那么也许不会有人发现事情的真相，所有的一切都不会有任何异常。

我相信特拉维斯·卡兰尼克[①]在他的行政团队的陪同下前往韩国的时候就是这么想的；当脸书决定测试公开披露某些特定的消息是否会影响用户的情绪时，它肯定也是这样想的；当史蒂夫·鲍尔默在微软的领导层会议上表演他那臭名昭著的坏脾气时，想必他就是这么想的。所以毫无疑问，这也是为什么 Tinder 的 CEO 会认为他可以无所顾忌地性骚扰并欺凌自己的共同创始人惠特尼·沃尔夫。当人们相信他们可以隐瞒事情的真相时，很多原本能够阻止人们表现出不道德行为的机制也就彻底崩塌了。

在初创企业的世界中，我曾经与之交流过的每一位创始人、投资人以及他们的雇员，都或多或少地听到过这样一些故事，即当你的秘密最终被揭开的时候，你所付出的代价不仅仅是信任的消失，原有的关系也会受到损害，而且企业的营业收入以及未来的发展也常常会受到不同程度的影响。但你还有另外的选项，那就是建立企业的透明度。这需要你有足够的勇气用没有丝毫遮掩的坦率来揭露哪怕是最让人无法接受的真相。

透明度和诚实是不同的，诚实是只叙说曾经发生过的真实故事。很多创始人和创业团队是完全诚实的，他们绝不会空口无凭地说谎。但是透明度要求对真相进行深入的挖掘，去发现和揭示其他人在通常情况下绝不会说出口的事实，所以这绝不会是一条轻松和安逸的路。在完全透明的情况下进行沟通会让你感到非常难受，你的话经常会被堵在喉咙里却无法脱口而出。但是和初创企业的世界

---

① 特拉维斯·卡兰尼克是优步的创始人，他在 2014 年因违反韩国的交通法规遭到韩国法院的起诉。——译者注

里几乎所有的事情一样，如果你现在愿意吞下一片苦口的良药，那么将来的结果必定会好于让疾病在不为人知的角落里不断地恶化。

如果在你的团队中有一个业绩表现很差的人，你完全可以放任他一段时间并期望他的直接上司帮助他提高业绩，或者最终不得不解雇他，采用这样的做法也许是最简单的。但如果你愿意去反思为什么你会对这个人感到不满，想要记录下你并不希望看到的他的行为证据，你就会知道，这实际上是一件很困难并且还会让人感到很不舒服的事情。所以你需要和他所在的团队进行直接沟通，在合适的情况下，你可以亲自辅导，或者另外为他寻找一个合适的导师、教练，又或者安排他去参加某些培训班（不管怎样，只要他愿意做出相应的改变，你完全可以也应该向他提供一些必需的工具使他能做得更好）。尽管很有可能到最后你或者他的直接上司还是不得不开除他，但这样一种处理问题的方式就是我们在前面所说的透明度。有时候事情的结果并不会发生任何改变，但你增加的透明度很可能使你获得这样一个结果的过程，以及在这个过程中你需要面对的不利风险变得和以前截然不同。

假设按照你目前的营业收入、费用以及项目的状况，你可能不得不在 6 个月之后裁员。当然，你可以不对外公布这一消息，但你会恳求自己的团队尽力提高公司的增长率，采用这样的方式说明你是一个诚实的人。另一个选择是你可以公开公司目前的财务和项目状况，然后明确地告诉你的团队，如果想避免公司裁员，那么从现在起到 6 个月后的这段时间里他们需要做什么。这样的做法就是我所说的透明化。通常 10 个管理团队中有 9 个都不会分享这些敏感的信息。他们会感到害怕，这实际上很正常，因为在信息公开后团队中肯定会有某些人想要找一份新的工作，另外有些人甚至可能会向媒体泄露相关的数字。但是，当你真的必须裁员时又会发生什么呢？没错，你的团队将不再信任你。当你说事情一切正常时他们不会再相信你，他们会始终关注是不是有什么迹象表明下一次危机马上就会到来。但是请相信我，当你真的需要有人跟随你一起去冲锋陷阵的时候，那些原本你期望不会去找一份新工作的人几乎很少会留下来。

在刚开始的时候想要做到透明化是很困难的，而且当透明化揭示了你所犯下的错误，或者挑战你为你的团队或者客户建立起来的形象时，你会感到特别受伤。但是透明化同时也非常有用，而且透明化对于你周围的所有人有着几乎不可思议的正面作用。

金·斯科特在她的著作《绝对坦率：一种新的管理哲学》中用一个矩阵具体地描述了这一概念，如图 1-1 所示。

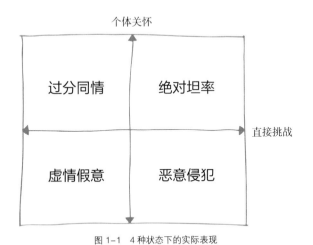

图1-1　4种状态下的实际表现

注：由《绝对坦率：一种新的管理哲学》的作者金·斯科特提供。

当涉及透明化的时候，她概述了你需要记住的最重要的事情之一，即你需要用移情来对透明化进行平衡。比如，为了体现我的透明度，我当然可以直截了当地告诉你，我不喜欢你的发型，但我在这样做的同时变成了一个浑蛋。

即便你的融资会谈进展得很不顺利，但你让团队保留一点儿希望是一件很容易的事。你可以告诉你的团队，目前你们依然处于商谈的过程中，只有当最后的投资人也退出了谈判，或者你银行账户里的钱马上要见底时，你才可以让所有人知道公司现在需要控制成本和裁员。一种很难让人接受但更透明的做法是，在企业内部就融资过程进行定期通报，这样员工和管理人员都可以清楚地知道投资人到底说了些什么，为什么融资路演没有任何效果，以及衡量当下业务的度量标准到底是哪里出了问题。只有这样你才会期待有一个比较现实的未来，并为以后能够获得一个更好的结果贡献自己的一份力量。或许把这些真相告诉你的团队就好像你承认了你的弱点和失败，但实际上你是在构建某种友情，赢得他们的支持，并对他们杰出的工作给予非同寻常的激励。我就经常因为"坏消息"居然能够成为激励员工更加努力地工作并最终获得卓越成果的催化剂而感到震惊不已。

但是我无法做到这些！我的团队会崩溃的！

你会很惊讶地发现，一旦人们知道了眼前需要面对的挑战，他们会怎样站起来直面这样的挑战。不要欺骗你自己，你也许会认为把他们蒙在鼓里就是为了保障他们的安全，但是某种扭曲的真相迟早会浮出水面。而错误的信息会在你的团队中加深恐惧和怨恨，这对企业或任何人来讲永远都不是什么好事。你需要明白的是，不仅仅在你融资进展不顺利的时候，或者当企业的发展出现停滞的时候你才需要你的团队的信任。另外，你还需要着眼于长远，即便有人离开了你的公司，但是当他们在其他人面前谈论起你的为人和你的诚信度时，所有相关的评价都可能会影响到你公司未来的某些基本运作，比如招聘、销售、品牌建设以及今后数十年的业务发展。

透明化能够带来的最有意义的好处也许是，它会迫使你有意识地遵循符合伦理和理性的行为模式。作为一个CEO，我常常会告诫我的管理团队和董事会，我们在撰写每一封邮件、说出每一句话的时候，都需要考虑到在将来的某一天这些内容很可能会被泄露出去。到那时，我们都应该为我们当时说过的话以及采用的沟通方式而感到自豪，而不是为此而感到尴尬，即便当时的沟通发生在非常私密的场合。我们有很多理由来确保沟通的私密性，比如为了不让某个员工因为之前的一个错误而感到羞愧，或者为了讨论一些隐私、个人问题或者专业问题。但是，当人们相信他们的同事、顶头上司还有他们的领导很有可能会看到或者听到一个完整的故事的时候，他们就会以更高的标准主动调整自己的行为模式。

但透明化绝不仅仅是一种战术上的手段，它还应该是企业一贯坚持的核心价值。如果你公开分享了某些信息，但隐瞒了其他的信息，你的信用就会遭到质疑，你的团队会不断地猜测还有什么是没有公开的。你的客户、你的投资人、媒体，以及所有你需要打交道的人，都将因此对你不再信任。在很长一段时间里，你狡诈的名声会在很多公司和不同地方一直追随着你。

当我们在 Moz 采用透明化来作为核心价值时,我们并不是从此就一帆风顺了,事情并不总是像理想中的那样。但是,和公司其他各个方面相比,正是透明化以及这一核心价值给我们的团队、生态社区和客户注入的诚信观念,构成了我们这家公司的核心传承。正如我在本书中所坚持的那样,我们在网上公开分享了我们的财务数据,而且我们还公开谈论在产品开发中曾遇到过的各种问题,在融资上曾遭受的失败,在内部交流和沟通上曾遇到的最严重的障碍,以及我们曾经采用的经营策略。因为我们分享了过多关于我们自身业务运营的机制,很多人都认为我们发疯了,而且实在是太愚蠢了。但事实上我们赢得了更多的信任,尤其是在搜索引擎优化这个领域。而在技术型初创企业这个更为宽泛的世界中,当人们经常遇到的是各种极端保守秘密的情况时,我们的这种做法给我们带来了非常大的回报。

在我职业生涯的早期,对于透明化我是非常恐惧的。我害怕如果我的客户知道了我们这家微型企业的真实状况,或者知道了我的年龄和我毫无经验的事实,他们根本就不会考虑和我们这样的公司开展合作。当然,当我们签下一个新的客户时,我们会不可避免地和客户见面,或者他们自己会进行调查并发现所有这些事实和真相。我就曾因为太过于害怕,而不愿意承认我并不了解HTML 的某些方面是如何工作的,但正因为我装作对此非常精通,我甚至以一种更加公开和让人羞辱的方式暴露了我对这方面知识的匮乏。当初我的母亲和我掩盖了我们的债务和决策错误,但这样做就可以让我的父亲永远不知道我们曾面临的风险吗?事实上,这样做只会引发更多的压力和恐惧。如果当初我们从一开始就开诚布公，那么他很有可能会伸出援手，并帮我们省下我们总共欠下的那数十万美元贷款的罚息。但在现实中，我们的秘密给我们带来了一场噩梦，并差一点儿给我们的职业生涯和个人生活带来灾难。

当然，在数年之后，我父亲还是获悉了事情的真相。这件事情是我的弟弟埃文告诉我的，当时他是这样描述的：

"爸爸发现了那些债务。妈妈想糊弄过去，但他还是发现了。我赶紧逃回我的房间并戴上耳机，但是他的吼声实在是太大了，你可以感到整个房间都在不停地震动。"

我唯一的安慰是，在那个时候我父亲和我基本上不说话，在过去的 7 年里我们可能只有过 3 次交谈。秘密、谎言和不透明会撕碎你的家庭，而这些东西对初创企业来讲也会产生同样的效果。

尽管我的信用记录依然很糟糕，我和父母的关系依然很僵，但是再也不会有我意想不到的，能够把我像杠铃一样举起来的讨债人出现在我的面前。至少我已经可以把这件事当作我的一次胜利。

如果我们从一开始就做到透明化，我相信，如今我们的企业会完全不同，我们会发展得更好。唯一让人感到安慰的是，在经历了各种遗憾和失落后，这一来之不易的教训在我以后的生活和职业生涯中一直陪伴着我，并在接下来的 10 年里帮助我使 Moz 成为一家真正与众不同的企业。如果你问我，对于那些在初创企业的生态和商业文化中通常会让人保持沉默的事情，为什么我会如此开放，如此直言不讳，上面我谈到的这些教训就是我决定这样做的原因。我已经受够了保密带给我的伤痛，因此我很高兴能够用这些秘密来换取因实行透明化而带来的挑战。

第二章
为什么初创企业的世界不喜欢基于服务的商业模式

　　如果你想在追求你的梦想的同时还能赚到钱,那么从事咨询业务就是在与魔鬼共舞。我不相信你在维持服务型商业模式的同时,还能够开发出一款成功的软件产品。

　　　　　　　　　　　　——吉夫·康斯特布尔[①],2010 年

　　类似 Moz 这一类型公司的故事,其结局通常会是这样的——公司破产,创业失败,我的父亲关停了公司的日常运营,

---

① 吉夫·康斯特布尔是一名多次创业者,也是《与人交谈》一书的作者。——译者注

我被那个前来讨债的人揍得鼻青脸肿。我们又怎么可能在 13 年以后，成为一家雇用了 155 名员工，年营业收入达到了 4 500 万美元的软件企业呢？

更令人难以置信的是，一个最后才转变为咨询业务的边缘项目却成为我们的救星。在初创企业的世界里，专家往往会这样对你说：做服务和咨询是在浪费时间。但幸运的是，在那个时候我从未听到过这样的忠告。

当我加入我母亲创立的公司的时候，我们的商业模式完全以服务为基础，很多小型企业都是以这种方式开始的。我们当时做的项目很杂，有名片设计、网页易用性咨询、电子商务的实施、平面媒体广告设计（类似于杂志和报纸广告的设计，我在高中参与设计年鉴布局时所获得的技能在这里用上了），当然还有搜索引擎优化。

服务型商业模式除了具有一些非常独特的优势，还有某些让人非常沮丧的缺点。从好的一面来讲，（人们普遍认为）成本会很低。通常只有当你拿到的某个客户的项目可以支付开销时你才可以花钱。你的工作很可能是高度定制化的，与那些以产品为核心的完全一刀切的商业模式相比较，你可以很容易地将产品销售给完全没有共同点的不同客户，但缺点是你很难将这种服务模式规模化。你为第 100 个客户提供的服务需要你付出与服务第 5 个客户完全一样的时间、精力和工作量（没错，当你面对第 100 个客户的时候，也许你会比以前有更高的效率，但这种效率提升与基于产品的业务模式在规模化后能够获得的效率提升是完全无法相比的）。

我们从来没有想过要从战略上改变我们的业务模式，毕竟我们始终认为我们只是一家在市场缝隙中求存的咨询公司。2002年，杰拉尔丁（是的，在结婚前我们谈了很长时间的恋爱）问我希望 Moz 成为一家什么样的公司，当时我告诉她，我的梦想是我们的咨询公司有 15~20 名员工，有一批相当不错的客户，有20%~30% 的健康的利润率，还有漂亮的办公室。我希望在 5~10年后我们能实现这个梦想。

几年以后，我把我自己的时间分成了两个部分，一部分是为客户进行搜索引擎优化，而另一部分就是每天花上几个小时的时间在搜索引擎优化的论坛上与来自全世界的、志趣相投的人聊天（由于我们都是搜索引擎优化领域的从业者，互相之间能够学到很多关于搜索引擎优化的实际案例）。但是，我对在其他人制作的网页上发起和回复各种话题时只有一些非常有限的选项而感到非常不满，我想有一个自己的平台和更大的自由度来公布我自己的一些解决方案，所以我花了几个晚上的时间用 Dreamweaver编写了一个博客系统。在当时的市场上几乎看不到像 WordPress这种即插即用式的博客软件。随后，我们在 2004 年 10 月发布了SEOmoz.org 这个网站。

很多人都会问起我们网站的名字（这个名字的发音相当讨人喜欢）。在网上有很多用 "moz" 来命名的项目，比如当时知名的开放目录项目 DMOZ、免费的餐厅和食谱网站 Chefmoz 以及开源音乐发现网站 Musicmoz.org，所以使用 "Moz" 这个名字反映了我对这些网站的喜爱。事实上，这些网站的名字都是从非营利组织 Mozilla 基金会中获得启发的。Mozilla 这个词本身就是"Mosaic killer"这两个单词的混合词。Mosaic 是世界上第一款真正意义上的浏览器，所以 Mozilla 的目标是用一款免费、开源的浏览器来取代 Mosaic 的地位。而我的期望是为搜索引擎优化和搜索引擎世界建立一个类似的、完全开源和免费的权威资源库。我将其注册成了一个 .org 网站，并将"seomoz.com"这个域名重新导向了"seomoz.org"，其目的就是传递这样一个信息：这是一个非商业化的网站。一个相当精明的顾问就曾经因为 .org 这个域扩展名而取笑我。

"你从事的是一项非常高尚的事业吗？"他问道。我笑了起来。我也不知道自己正在从事的是一项什么样的事业。

博客只是第一步，它是我利用业余时间开发的纯属个人爱好的项目，其目的就是从搜索引擎对网页进行排序这个古怪的世界里学到并分享更多的东西。在那个时候，关于搜索引擎的操作以及如何对搜索引擎进行优化的信息还是非常难以获取的，所以我唯一能够寻求帮助的对象就是我的家人。

我的祖父西摩和我曾花了好几天的时间仔细阅读由谷歌和雅虎递交的专利申请文件，我们还阅读了在信息检索（在搜索引擎背后起实际支撑作用的技术）主题研讨会上发表的科研论文。我的祖父还给我具体讲解了谷歌极其著名的、基于链接的算法 PageRank（网页排名）的工作原理——比如想要获得图形的收敛需要进行哪些迭代，为什么会有阻尼因子存在，以及在一张网页上新的链接又是如何从已有的链接中抽取出 PageRank 数据的。对我来讲，他的数学知识和工程师的背景简直就是无价的，在这之后我们开始将我们对有关科研论义做出的总结放到了博客以及

SEOmoz 网站的内容页面上。

我从小就是由我的祖父母带大的，在我稍稍长大了以后，他们还教会了我骑自行车。所以，我欠他们的实在太多了。

和很多初创企业相同的是，我们最终所遵循的创意或者商业模式来自一个完全未曾预料到的地方。作为出于个人爱好而建立起来的博客最终引导出了我们今天的商业模式，并让我们的品牌获得了大量的在机缘巧合才会获得的体验，正是在这些体验的引导下我们走上了现在这条道路。今天可能有人会把这种方式称作"内容营销"，但在当时，在写下那些博文的时候，我有的只是一种想要分享的冲动，或者说是一个年轻人对获得他人关注的渴望，还有就是我对谷歌保守秘密的愤恨，正是在这样一种情绪的驱使下我熬夜写下了那些博文。

2005 年的夏天，《新闻周刊》杂志的记者布拉德·斯通给我发了一封邮件。他想通过采访我们撰写一篇有关搜索引擎优化这个世界的故事。布拉德·斯通后来先后供职于《纽约时报》和《彭博商业周刊》。

获得媒体报道的可能性让我非常兴奋同时也充满期待。尽管我们在搜索引擎优化行业的内部从业人员中已经越来越受欢迎，但我们的债务依然在拉我们的后腿。虽然我们的客户不是很多，但他们给了我们足够多的业务，只不过我们还是需要将日常的费用压到最低。米西格当时已经不再领取任何工资，我的同伴马特和我每人每月也只拿了微不足道的 1 600 美元。在 2005 年初的时候，我在多伦多演讲会上花费的 1 000 美元已经算是一笔很大的开销了。

也就在 2005 年的秋天，斯通飞来了西雅图，他拜访了我们在电影院楼上的那间极其拥挤的办公室。我至今还记得，在昏暗的办公室里我感到非常尴尬，空气中还弥漫着爆米花的味道，但所有这一切好像并没有影响到斯通。他打算撰写关于搜索引擎优化的故事，在当时几乎没有任何主流媒体曾经报道过这些内容，而且他还想更深入地了解关于 SEOmoz 各方面的细节。即便当时办公室的地毯上有一块非常古怪的印迹，而且我们非常肯定曾经有一只小浣熊就出生在那个有古怪印迹的地方，但我想在那不断闪烁的日光灯下，他根本就不会关心我们的办公室是否太过拥挤，或者是否漂亮。

2005 年 12 月，斯通用邮件通知我们，就在下周出版的《新闻周刊》上会有一篇占据好几页的文章，其中还包括我和我母亲的一张很大的照片。我很激动，但随后就开始感到恐慌。

万一有数万甚至数十万的人登录我们的页面，想要更深入地了解搜索引擎优化，我们该怎么办？博客的内容主要面向行业内的人群，对于所有很可能会访问我们网站的新人，他们或许根本就无法看懂其中的内容。他们会首先去其他地方搜索关于搜索引擎优化的信息，这样的话我就会浪费一次尚未到来的机会。

在那个星期我倾注了几十个小时的时间，开始了一个新的项目，我把这个项目称作"搜索引擎优化初学者指南"。到目前为止，这个项目依然是我做过的最具有建设性的疯狂举动之一，最终的结果是我做出了一份非常庞大的文档。从文档的长度来看，它几乎相当于一部中篇小说，其中对搜索引擎优化各个方面都做出了非常详尽的说明，内容包括：如何进行关键词搜索，如何发现你的客户在搜索引擎中输入了什么，如何创建用户和搜索引擎都能够明白的内容，如何识别并找出哪些问题可能阻碍了搜索引擎有效地爬行并对你的网页建立索引，如何获取链接以及关注。可以说，这个文档几乎包括了搜索引擎优化的所有方面。马特认为我就是个疯子，在那几天里我几乎没有进过办公室，大部分时间我都待在家里废寝忘食地想尽早完成这份指南。这甚至让一些客户的订单没有赶上截止日期。

在这个大部头的文稿终于完成后，马特利用他的设计技能对文稿进行了美化，然后我们把这份接近 40 页的指南放在了 SEOmoz 的网页上。我们还在自己的主页上放了这样一条信息：热烈欢迎那些很可能阅读了《新闻周刊》上的那篇报道后才知道我们这个网站的访客，如果他们还想要了解更多关于搜索引擎优化的信息，我们就会把他们引导到"搜索引擎优化初学者指南"那里。现在剩下的就只有耐心等待了。

2015 年 12 月 11 日，那篇报道首先出现在网上，一个星期后，也就是 12 月 18 日，文章出现在了印刷版杂志上。家庭订阅的读者基本上是在这两个时间点之间拿到这期杂志的。围绕着这篇文章，在两周的时间里我们终于看到了 SEOmoz 网站的访问量急剧增长，但是按照我们的分析，所有这些新增的流量仅相当于不到 5 000 个新的访客。考虑到每天我们通常都会有至少 1 000 个访客，那篇报道实际上只给我们带来了很小的增量，这距离我们曾经期望的高速增长还有很大差距。

但是，《新闻周刊》的那篇文章用一种间接的方式帮助了我们。我们是在 12 月 6 日将"搜索引擎优化初学者指南"放在博客上的，原本期望的是《新闻周刊》上的那篇文章能为我们带来更多的流量。但是在 12 月 7 日的某个时候，当时相当受欢迎的技术新闻网站 Slashdot 把我们的这篇指南放在了它的主页上，在接下来的 24 个小时里，有超过 35 000 名访客登录了 SEOmoz。数十家其他的博客和网站也紧随其后，这给我们的网站带来了巨大的流量和关注度。仅仅这些加在一起，"搜索引擎优化初学者指南"的关注度就远远超越了《新闻周刊》上的那篇文章的流量和新闻价值。最初我只是担心没有办法为《新闻周刊》的读者提供更多关于搜索引擎优化的信息，但最终整件事情演变成了为 SEOmoz 的博客以及相关品牌进行宣传的极其有效的利器，我原来的目标读者群并没有帮上多大的忙。

那篇文章原本只是为了服务少数几家杂志的读者，但现在它使我们从一个处于夹缝中的、主要服务于行业内部人员的博客网站转变成了在搜索引擎优化领域中最受认可的品牌之一，而且它还为我们带来了当时我们急需的能够让我们生存下去的客户。在几次应邀演讲后，我们的客户中开始出现像易贝、Yelp、OpenTable、Zillow 这样的公司。

随着营业收入的不断增长，我们已经不再担心公司能不能撑过下一周，而且在面对讨债人的时候也不再是想尽办法四处躲避了。此时，我发现我们陷入了一个很多企业都曾经陷入过的怪圈——我们正变得越来越舒服了。

账单已经付清，客户通常都很高兴，他们还把我们介绍给了他们的朋友，另外我们的工资也涨了几百美元。所有这些当然都不是什么坏事情，但我总是感觉好像少了点儿什么东西，而我始终无法摆脱这样的感觉。对一家咨询公司来讲，我们的网站实在是太受欢迎了，这确实有点儿说不通。我们的网站每天都会有上千名来访者，但我们每个月只能承接不超过六七名活跃客户的订单。咨询业受到的限制只有时间和人力，对我来讲我只需要2~3天的时间就能搭建出一个能够通过审核的基础网站。我们也曾经聘请了一些刚刚毕业的大学生，在对他们进行了几个月的培训后，他们都能在一周内完成同样的工作（当然我会在旁边进行监督和评估）。但除了这些基本的工作，我每天还要处理很多日常的通信，关注这个行业发生的变化，在博客上写作，与客户达成新的交易，婉言拒绝那些和我们提供的服务不是很匹配的工作，而单单最后这一项就非常耗费时间。我们实在是太忙了，但是增加人手只会消耗我们更多的精力（因为每多聘用一个新人就需要我们签下更多的客户，投入更多的培训时间以及评估资源）。很多企业都会陷入这样的怪圈，它们不想再扩大业务规模了，因为从短期来看，规模越大，需要做的事情也就越多，同期利润率却在不断下降，但这样的选择从长期来看必然会削弱它们的优势。

这种有生意上门但无法承接下来的情形使我的内心深处不由得滋生出一种让人惴惴不安的感觉。我们并没有真正把握好我们眼前的机会，SEOmoz这个品牌应该能够为我们带来更多的东西。

对我们来说幸运的是，其实更大程度上来说完全是出于偶然，Moz的业务最终还是从纯粹的服务转变成以产品为中心。在2006年的下半年，马特和我孵化出了这样一个想法，即将我们以前开发的一些原本只用于为客户进行搜索引擎优化的专利工具放在我们的网站上对外开放。这些工具的用途涉及在搜索引擎中对排名进行跟踪，并查找有可能会影响到网站可见性的各种问题。我们这样做的最初目的主要还是让我们的网站吸引到更多的流量，但同时我们也意识到，如果让用户免费使用我们的工具，很可能会使我们的服务器带宽过载，而且这样做的成本也确实太高了。因此，我们给这些工具设定了一个每月通过贝宝收取 39 美元费用的方案，我们认为这种做法不但能帮助我们降低因流量过载产生的风险，还能让我们获得更多的客户。

当时我们根本不知道这种做法几乎在一夜之间就彻底改变了 Moz 的商业模式。

2007 年 2 月，我们正式开放了专利工具的付费使用，这件事在当时并没有让我们有一种在一夜之间就完成了重大转变的感觉。每天都会有一些新的付费用户加入进来，但总的来说，业务还是一切照旧，我们的业务重心依然集中在咨询上。但仅仅几个月之后，当具体分析我们的营业收入时，我们才看清楚付费业务的发展潜力。我们新产品的点击数像野草一样开始疯长，到 2007 年年底，我们在搜索引擎优化咨询业务上的营业收入是 40 万美元（此时我们在这项业务上已经运营了整整 4 年的时间），而在软件业务上我们的营业收入达到了 45 万美元（即便我们在这项业务上只运营了 10 个半月的时间）。此时我们才真正被唤醒，现在我们手上的这款产品已经使我们拥有了在睡觉的时候继续赚钱的能力。

如何逃离仓鼠转轮式 [1] 的服务

为什么只有极少数的咨询公司能够成功地发布一款产品呢？是什么让 Moz 的案例如此特殊？另外，为什么在咨询业务已经获得成功的情况下，我们依然决定转向软件订阅模式？

一个有效的专注于产品的商业模式有两个基本特征。第一个特征是产品的覆盖范围，即产品能够影响到一大批受众的能力。第二个特征是可规模化，这是一种与生俱来的、可以让营业收入的增长远远超出成本增长的能力。

传统上来讲，很少有咨询公司会具备上述这两个特征。咨询公司并不需要有广泛的品牌知名度或者一大批受众，只需要有一小群目标非常明确的个体和组织，能够知晓它们的存在并了解它们所提供的服务，其口碑通常已经足以为它们的咨询业务带来所需要的客户。在一项基于产品的业务里，尽管通常来讲你确实需要一批相当广泛的受众，但是对于品牌知名度以及市场渗透度，你往往会有更大的需求。如果你的产品只面向一些特定的企业，那么单凭口碑也确实足以支撑起一批类似于你这样的公司。即便如此，大的市场竞争环境也要求你具有一定程度的市场覆盖以及规模化的市场营销，而这两点在咨询公司的世界里基本上永远找不到。

很少有咨询业务能够规模化，除非公司有非常多的员工（比

---

① 作为一种宠物，仓鼠会不停地在转轮内跑动，从而使转轮始终保持转动的状态。——译者注

如德勤或者麦肯锡）。想要做到这一点，关键还在于你要有一个合适的工作流程以及足够的人力资源。在一项基于产品的业务里，规模化来自产品自身是否有能力用某种单一的功能（或属性），或者用受益于相同的设计和开发流程的一系列产品来服务一批很宽泛的受众。在一家咨询公司里，客户花钱购买的是你的时间和完成的项目，而在一家基于产品的公司里，客户花钱购买的是某件具体的物品，或者针对该物品（无论是实体还是虚拟物）的使用权。

在 2007 年，当我们仔细地观察我们早期的软件收费业务和我们已经经营了数年之久的咨询业务的区别时，事情立刻就变得非常清楚，我们需要向软件收费业务方面倾斜。这并不是因为这样做对于所有人都是正确的，而是因为这样做对于我们自己是正确的。我最喜欢做的那些事情——帮助他人、写作、演讲、建立网络社区——恰好可以被我们当作吸引客户并为他们提供良好服务的市场营销渠道。咨询行业的背景使得我们能够从客户的角度出发，因为现在我们要做的事情就是他们之前曾经做过的，而且我们（也常常是他们）很清楚什么样的产品才能帮助我们更好地完成自己的工作。和绝大多数咨询公司不同的是，我们还可以充分利用一个大型的网络社区以及一个由我们自己创立的、拥有很高流量的网站，当然这个网站并不直接参与我们的软件业务。我们承诺会与所有的竞争对手一起公开分享有关的知识，而且我们刚好有一个程序员能够制作出一款软件来对我们的这个过程进行规模化。

我们曾无意识地在很多关键领域进行过投资，而且这些关键领域正是开拓一个成功的、基于产品的业务所必需的。我们在内容、网络社区以及影响力上的优势意味着，尽管我们的第一款产品并不是什么了不得的产品，但我们还是在一个特定的领域里给我们自己贴上了一个值得信赖的运营者的标签，而这在企业发展的历史上是很少见的。

但促使我们走向软件行业的并不仅仅是我们所具有的优势以及内心的激情，财务方面的考虑也有很大的影响。从软件收费业务中获得的营业收入有相当不错的毛利率，我们每赚取一美元的时间投入也远远少于在咨询业务上的投入，何况我们还不需要雇用额外的人手或者外包相关的业务。另外，通过试错，我们还发现了一个在资本市场上早已为人熟知的事实：从一个可重复获取收益的模式中赚到的钱要远远超出从服务模式中赚到的钱，其中的原因就在于，前者是可规模化的，而且单件产品还有其自身的利润。

有些钱要比其他钱赚起来更容易吗

任何用来评估一家公司营业收入的财务模型都会特别关注毛利率（这里指的是，在没有额外成本的情况下，某项业务或者产品的营业收入中能够被用来向客户提供服务的百分比）。如果你制作了一款软件并把它提供给你的客户，那么你的成本将包括：软件的维护，服务器的租用或维护，为使软件保持运行状态你需要另行购买的数据，以及……剩下的也没有多少了（也许还有售后服务和客户支持）。可以想象的是，即便你停下所有新项目的开发，并让大部分的员工卷铺盖走人，软件的使用费还是会持续不断地流入你的钱包。所以，基于软件产品的业务毛利率通常都会在 75%~80%，而咨询业务的毛利率大多在 25%~40%。

上述这些区别不但会影响某项业务的营收产生过程，还可能会影响潜在的买家以及投资人对该项业务价值的评估。你从服务中赚取到的每一美元平均来说可以让你在企业收购或估值的过程中获得 1~2 倍的报价。而对于由产品推动的业务，比如说像我们这种软件订阅模式，同样的收购或估值常常会达到 3~8 倍的报价。

假设现在有两个创业者，在过去的几年里他们各自创立了一家规模和实力都差不多的公司，现在他们都已经准备好出售自己的公司，然后退休养老。妮基的公司是一家对软件进行收费的公司，而西尔维奥创立的是一家咨询公司。这两家公司都有 50 名员工，而且在过去的 12 个月里各自获得了 1 000 万美元的营业收入，另外在过去的 4 年里，它们每一年都能达到 30% 的增长率。在这里我做了最大程度的简化，但由此获得的原始的平均结果还是很有指导意义的。

完全可以合理地推断，妮基的公司在转手后将为她带来最低 3 000 万美元，最高 8 000 万美元的收益。如果市场对她的技术有特别的需求，或者她手下的工程师拥有某种特别的技能，又或者她搜集的数据是独一无二的，而且目前已经被她占据的市场对多个非常有实力的公司均有着异乎寻常的吸引力，那么在达成交易后她的收益甚至可能会更高。

西尔维奥也许会期待自己这家有着类似规模的公司能够卖到 1 000 万~2 500 万美元。如果对于最后的成交价格还需要一些修正的话，通常就要看这家公司的 EBITDA（未计利息、税项、折旧及摊销前的利润）、公司的净利润率，以及与市场的相对需求、投标人、所在的行业等有关的一系列因素。

这一点儿也不奇怪，通常投资人只愿意给咨询公司投这么点儿钱，但对于软件企业他们会很乐意多花些钱。所以同样毫不奇怪的是，在 Moz，一旦我们理解了这一点，我们很快就在软件产品上押上了双倍的赌注，而减少了对拓展咨询业务的关注。

我还是需要服务的

那么是不是所有的咨询公司，或者基于服务的企业都应该想办法转向产品订阅模式呢？当然不是。尽管在前面的小节里我们给出了一个案例，但对很多基于产品的企业来讲，在收购的前后，企业估值的差额并不像某些技术类媒体所宣扬的那样富有戏剧性。基于产品的企业通常会获得更多的关注和媒体报道，这一点确实没错——对于 Salesforce 和 MailChimp 这两家公司，不但在全国性的报纸上有很多拍马屁的文章，而且几乎所有的媒体都毫不吝啬地给予其创始人花样百出的阿谀奉承。尽管这样的事情很少会发生在咨询公司身上，但是基于服务的企业仍然有很多优势值得你认真考虑。

- 在公司起步的时候几乎不需要任何启动资金，你完全可以在自己的家里创立这样的公司，你需要投入的除了你自己的时间、精力以及勤奋，别无其他。

- 你可以完全控制企业的规模、费用以及利润率，你只需要通过控制你的客户数量，降低或抬高你的价格，选择自己来做某个项目、雇用其他人或者把项目外包，就可以非常精准地控制所有相关的财务数据。

- 只要你愿意，你可以随时放下你手中的业务，而且这样做绝不会对你的企业产生任何潜在的长期伤害。一个月没有什么新的客户，或者没有需要按时完成的项目，这意味着你可以在这一个月的时间里和你的家人在一起或者外出度假。

- 你永远也不需要放弃公司的所有权或者与其他人分享你的股权，你的公司还可以享有额外的税收优惠（大多数咨询公司注册的都是 S 类公司或者有限责任公司，这意味着无论是你的利润还是工资都不会被收两次税），另外你对你的公司将拥有完整的控制权。这并不是说一家基于软件或基于产品的企业做不到上述这几点，而是它们做到这几点的可能性会低很多，尤其是如果它们想要进行融资的话。

- 一般来讲，在咨询行业雇用人员的成本会低很多，因为平均来讲绝大多数咨询人员的工资要比软件或产品工程师、设计师以及市场营销人员低很多，而且人员的流失也没有那么严重，他们的福利与津贴往往无法和服务于谷歌、脸书这类公司的同行相比。

- 最让人感到惊讶的是，对一个创始人来讲，服务型企业往往会成为一笔更好的金融交易。

你不相信我上面所说的最后这一点吗？那么让我们再对妮基和西尔维奥创立的这两家公司做一下对比吧。

妮基在创立了她的软件公司后，前后一共经历了两轮融资，最初天使投资人给了她 50 万美元用以交换 30% 的公司股权，之后在 A 轮融资中，她又从另一个风险投资人那里拿到了 800 万美元用以交换公司另外 40% 的股权。这些不多但也不少的投资，再加上她放在员工期权池内用来分配给团队成员的 15% 的股权意味着，一旦她出售自己的公司，她只拥有出售公司后所获收益的 15%。这个数字只比初创企业的创始人通常能够拿到的中位数稍稍高一点儿，大多数创始人在退出的时候只拥有自己公司11% 的股权。

与妮基不同的是，西尔维奥并没有寻求外部的投资，他保留了他的咨询公司 100% 的所有权（这是咨询类企业的标准做法）。那么在公司转手后谁又能获得更多的收益呢？假设他们都拿到了对他们公司估值的中位数，那么妮基到手的就是 4 000 万美元的15%，也就是 600 万美元，而西尔维奥到手的是 1 500 万美元的100%。尽管软件行业的估值会高出很多，但妮基与西尔维奥相比，收益整整少了 900 万美元。表 2-1 是两人最终实际收益的比较结果。

表 2-1　最终实际收益的比较

	西尔维奥的咨询公司	妮基的基于产品的公司
融资金额（美元）	0	8 500 000
企业出售时所持有股份的比例	100%	15%

	西尔维奥的咨询公司	妮基的基于产品的公司
企业出售时总的营业收入（美元）	10 000 000	10 000 000
企业出售时估值按营业收入的溢出倍数	1.5 倍	4 倍
实际成交金额（美元）	15 000 000	40 000 000
创始人能到手的实际金额（美元）	15 000 000	6 000 000

这是很大一笔钱。事实上，亚当·威斯特主演的电视连续剧《蝙蝠侠》中的蝙蝠车在 2013 年的一次拍卖中所获得的金额也只有这个数字的一半，所以西尔维奥要比妮基多出整整两辆蝙蝠车的收益。我想大家都会同意，这两辆蝙蝠车代表了很大一笔财富。

但是，作为一个以产品为主导的企业的创始人，如果你保有的企业股权数大于股东持有的平均数，这就会是一笔好买卖。如果妮基能够保住她所创立的企业 60% 的股权，并且再次假设这两个创始人都能为他们所创立的企业拿到估值的中位数，那么妮基最后就可以拿到 2 400 万美元（4 000 万美元的 60%），而西尔维奥依然能拿到 1 500 万美元的 100%。

所以，如果当初你的决策没有丝毫差错的话，或许你到手的会多出一辆蝙蝠车，甚至还有可能是两辆。

但如果你的创业失败，上面的对比也就失去了意义，0 的 15% 依然是 0。不过，技术型初创企业的创业失败率要远远高于以服务为基础的初创企业。2012 年，斯科特·谢恩在有关小企业发展趋势的报告中分析了美国人口普查局的数据，他发现在小企业中服务型企业具有最高的存活率：有 47.6% 的服务型小企业存活的时间超过了 5 年。而与之相比，只有 25% 的技术型初创企业能够存活超过 5 年。从统计上来讲，服务型企业的成功率是技术产品型企业的成功率的近两倍。

但是，非常奇怪的是，在科技类的新闻中我们几乎从来不会读到任何关于服务型企业的收购消息。即便在科技博客聚合网 Techmeme 的底部，我们也几乎从来没有看到过任何曾经在咨询业真实发生过的价值 7 位数、8 位数甚至 9 位数的并购案例，更不用想会有初创企业界的某个名人在推特中提起这样的新闻了。所有媒体关注的焦点几乎总是产品型企业、受到风险资本追捧的公司以及少数几家与"科技岛生态系统"的主要媒体渠道有关联的美国公司。以我的观点，这种现象的出现不仅仅和人们对服务型企业的看法有关，这在本质上还是一种因果关系。

我有很多朋友和同事也在经营咨询公司。无论什么时候，每当我们谈起融资时，他们都会感到很惊讶，因为他们每年都有几十万甚至上百万美元的营业收入，所以他们每个人的经济状况都要远远好于我妻子和我个人的经济状况。

"这怎么可能？"当我向他们分享我们的真实处境时，他们都会这么问道。

"情况就是这样，"我会这样回答，"我在 Moz 有一份工资，当然我还拥有公司的股权。但是，我不能把公司的利润拿来支付我个人的账单，除非我把公司卖了或者公司能够上市，否则我的股份是没有流动性的（无法变现的）。"

"这算什么？"他们总是会摇头叹气道，"一个年营业收入达到 4 500 万美元的企业居然不能让你成为一个富人。这也太奇怪了。"

在第八章我还会更深入地探讨那些得到风险资本支持的创始人必须面对的金钱的吊诡之处，还请不要走开。

如何推送你的产品

我并不想不公平地或者非理性地来指责对于产品的专注，有很多很好的理由可以让你选择以产品为核心的企业而非一家服务型企业。

- 你对于制造一件产品有激情，但对咨询业毫无兴趣。
- 你喜欢面向宽泛且多样化的受众进行营销，而不是在一个更加边缘化的群体中建立人际关系并树立自己的信誉。
- 在你尝试走产品这条路之前，你一直无法对你自己或者你已经取得的成就感到满足。
- 你可以承受更大的风险、更高的失败率，对资本有更强烈的需求，所以选择一家以产品为核心的公司以换取潜在的、更大的回报。
- 你渴望获得人们的关注、媒体的曝光，并且还想抓住一个极其渺茫的机会使自己成为富豪。

Moz 在很多年以前面临的就是这样的情形，所以最后转向以产品为核心就能说得通了。如果你也面临同样的情形，那么你如何才能顺利地完成这样的转型呢？下面就是我能给你的一些最好的建议。

从一款能够利用你的咨询业务获益的产品入手。你提供的服务让你不得不面对一些消费者和组织机构每天都需要面对的现实问题。你给出的解决方案是一些具体的应用知识，而这就是人们愿意花钱从你那里购买的东西。你的经验会告诉你一件产品应该如何设计，需要包含什么内容，如何展开营销，如何对产品进行详尽的描述，甚至如何建立起最早期的受众群体。Moz 的咨询业务也确实为我带来了所有这些东西——它告诉了我各种大小不同的机构在面对搜索引擎优化时曾遇到的真实挑战。我还看到了数百种不同的场景以及相关的问题，其中有很多实际上是相互重叠的，这给了我关于如何解决这些问题的知识。正是通过公开地与他人分享这些知识，我建立了我们博客网站的基础。在我开发出一种工具前，事实上我已经知道了我想要解决的是什么样的问题。但更重要的是，我还知道有很多像我这样的人正试图解决一些完全相同的问题，在他们中有数千人曾经对我的博文进行过评论（但真正对我有帮助的是他们都选择用电子邮件来发送他们的评论）。

构建一个吸引你的产品受众的、规模可扩展的市场营销方案。因为有太多的咨询公司是通过小范围的市场营销以及口碑发展起来的，所以你会发现很少有咨询公司会谋求建立一个广泛的受众群体。但也正是这一点给了 Moz 在其软件产品发布后进行规模化扩展的能力。如果你能在短期内充分利用市场营销的渠道来拓展你的咨询业务，并同时关注你的产品的长期发展，那么在这个游戏中你就能把其他人都远远抛在身后。这里的关键是如何找到具有足够的重叠度以及吸引力的渠道，使你不但能照顾好现在需要的那部分受众群体，也就是你的服务业客户，还可以发展你将来需要渗透的那部分受众群体，也就是你的产品买家。

用服务业的营业收入来资助你的产品创新和测试。不要让你对新创意的痴迷压倒你为了获得咨询业务的成功而倾入的专注。将你绝大部分的时间以及商业资源都倾注到新产品的开发上是非常有诱惑力的，当你对正在创造的东西感到莫名兴奋的时候更是如此（而且你最好能马上兴奋起来，因为在对产品进行规模化生产的那段艰难的日子里，你确实需要拥有这样的激情）。但如果你的咨询业务收入突然减少，或者没有办法在你的渠道中不断获得新的客户，又或者你的工作质量急剧下滑，那么你的冒险很可能还没有开始就已经结束了。

当我和那些曾经尝试过这种转型的企业创始人进行交谈的时候，他们都谈到了 3 个重要的因素，这 3 个因素可能会非常顽强地阻拦你完成一次成功的转型。

（1）对现有的商业模式感觉非常舒适，并且企业的生存极度依赖于服务业的营业收入。

（2）需要一段非常专注的时间才能做出一款杰出的产品。

（3）为产品寻找到足够多的、对路的客户是一件很困难的事。当下你的服务业客户基本不可能成为你理想的产品客户，因为从根本上来讲他们需要的是你的服务，而不是你的产品。这就是他们会成为你的客户的原因，这也是你无法简单地将你的服务业客户转化为你的产品客户的原因，尽管从表面上来看这两者的需求是有重叠的。

如果你事先内化了这些挑战，那么你就能针对如何克服这些挑战形成一些可供测试的理论。如果你能发现其中所蕴含的机遇、需要付出的牺牲以及这两种商业模式各自的优势，那么你就能理智地在这两者之间做出抉择。我希望你能够从 Moz 的经验中学到一些有用的东西，并利用我们当初的策略使你潜在的转型变得更轻松一些。

咨询业务并不是敌人，偏见才是

哪一种模式更适合你呢？让我们先来看一下如表 2-2 所示的比较结果。

表 2-2　服务业与产品制造业的比较

	服务业	产品制造业
初创企业成本	低	高
5 年的平均存活率	一般（按美国人口普查局数据为 47%）	很惨（按照美国风险投资协会的数据小于 10%）
市场营销的需求	低	高
企业发展中存在的限制	人力，市场，客户留存率	资本，工程能力，客户获取能力
行业进入的竞争壁垒	低	中等到高
可规模化	低	高

	服务业	产品制造业
员工的需求数	员工和客户的比例很高	员工和客户的比例很低
毛利率	低	高
净利润率	中等	低（常常因为需要扩张从而将利润用于再投资）

很显然，对于应该选择基于产品的模式还是基于服务的模式，答案是要看具体的情况。聪明的创始人需要对他们自己的强项、目标以及市场做出最合乎情理的判断，然后以此来决定哪种模式最有可能获得成功，或者他们是不是需要对这两种模式都进行一些尝试。除非你已经清楚地表明你打算从风险资本那里获得融资，否则没有什么能阻止你向购买服务的客户提供一款订阅产品，或者向购买产品的客户提供咨询服务。在这件事情上，绝不能让硅谷的传统文化和思维把你带离你原本为公司和客户做出的正确选择。

第三章
杰出的创始人不只做他们热爱的事情，
还会让愿景成为现实

> 你的工作将占据你生活的很大一部分，在生活中获得真正满足的唯一方式是去做你认为是伟大的工作。而想要做伟大的工作，唯一的方式就是热爱你正在做的事情。
>
> ——史蒂夫·乔布斯，2011 年

我能花一分钟的时间和你聊一些也许很无聊的话题吗?

我热爱搜索引擎优化。

我很喜欢看到在某个网页有一些小小的改变后，这个页面在搜索引擎中会表现出哪些显著的差异，以及这些差异又是如何驱动成百上千的网民访问我的网站的。我还喜欢将技术能力与创造力结合在一起，从而在搜索引擎中赢得对某一个核心关键词的竞争。另外，我对于搜索引擎对页面进行排序背后的秘密，以及揭示每一部分的秘密的过程非常感兴趣。

当我发现了一种新的策略，或者揭开了谷歌排序算法中的某一处细节时，我的眼睛会发亮。我刚刚完成的工作不仅是最好的也是最深入的，我会连续数小时沉浸在这些发现和激情所带来的纯粹的愉悦中。我甚至会不顾一切地想要立刻证明我刚刚提出的在那数百万次的数学计算中究竟发生了些什么的假设，因为正是通过这些计算我们才看到了如此纷繁多样的网页。如果我能够获得足够多的证据，并且还能够通过试验重复得到与搜索引擎完全一致的排名，我就会在所有人面前得意扬扬起来。我会在公寓中四处奔跑，然后像骨瘦如柴并令人讨厌的犹太人洛奇·巴尔博亚那样在空气中挥舞双拳（天哪！我的邻居，不要这样盯着我，不是所有的窗户都会安装百叶窗）。接着我会花好几个小时撰写博文，并用视频记录下我刚刚完成的工作，这样我就可以把相关的内容放在博客上，或者用在将来的演讲中了。当我最后在电脑屏幕上按下"发布"的按钮，或者走上讲台分享我的发现时，我也同时登上了我的专业领域中的一个小小的高峰。分享这些知识，并且通过研究来消除这些系统的不透明罩正是我最乐意做的事情，因为这些系统每天都影响着数十亿网民的上网体验。

显然，作为一家搜索引擎优化公司的CEO，我应该躲在一边偷偷地乐，这才是正确的做法，你说是不是？现在我是不是真的在做一个愚蠢的梦？

CEO 是一份真实（但差劲）的工作

在我职业生涯的早期，我是一个搜索引擎优化咨询师，一天中大部分的时间我实际上都在做我自己喜欢做的事情。但是，当公司沿着一条真实的增长轨迹开始不断成长，我也开始扮演起 CEO 这个角色时，每天我花在喜欢做的事情上的时间可能还不到全天可支配时间的 20%，而且这一部分的时间还经常在连续好几个月里缩减到不足 5%。

我们的公司成长得很快，在我的人生中，我第一次尝试做一个 CEO 不得不做的任何事情。我面对的学习曲线不但非常陡峭，而且令人很不舒服。我不仅要学习，还要立刻应用学到的知识进行反复迭代，直到我能够做对为止。其实这样做的风险是很高的，员工会依赖我给他们分配合适的项目，并期望这些项目能让我们的软件变得更好，或者使我们有能力覆盖一个更加宽泛的受众群体。客户会仰赖我为他们制作搜索引擎优化工具并提供相应的支持，他们期望这些工具比他们自己制作的效果更好，或者至少比我们的竞争对手所提供的工具更有效率。投资人会指望我雇用新的雇员，开展新的项目，汇报工作的进展，加强财务制度管理，以及最后也是最重要的是能够让企业快速发展起来。当然，在我们的网络社区里还有成百上千名市场营销人员正期待我针对搜索和网页营销进行调查、培训，以及在每天晚上发表一些自己的心得。

这没有什么大不了的，不是吗？（但我确实需要好好地喘上一口气。）

我还记得在 2009 年 10 月的某一周，我正不断地面试，想要雇用一名新的首席技术官。与此同时，我还和几名来自硅谷的风险投资人进行了一场几乎已经谈崩的融资会谈，绝望地想要抓住最后的机会。除了这两项工作，我还要为两场马上要召开的会议准备演示文稿，与工程和运营团队的高级管理人员商谈工资和股票期权，为一个重要的新产品创意设计线框图（这款新产品就是现在你看到的开放网址搜索器 Open Site Explorer，我相信它将成为我们最受欢迎的产品之一），参加我作为共同作者为奥莱利媒体撰写的新书《SEO 的艺术》的推广活动。而最不可思议的是，我居然在那一周还与来自联合国的一些高级技术人员会面，一起探讨搜索的可视性如何才能给他们带来帮助。同时，在那一周我还在思考，在万圣节前夜我应该扮演什么样的角色。我最后把自己打扮成了一个穿着红色衬衫的少尉。你应该还记得在《星际迷航》中第一个悲惨地死去的角色吗？还是不要去猜其中是不是有什么隐含的意思了。

　　在那一周，实际上我根本没有时间去接触任何与搜索引擎优化有关的事情。

　　在技术世界的大众文化里，"创立一家企业，这样你就能做你喜欢做的事情"以及"你能成为一个富豪"都已经被看成是神圣不可侵犯的信条。你应该把这些信条拆解开来，然后再仔细地加以审视。尽管类似的说法确实有一定的道理，但这一丝合理被掩埋在令人疯狂的层层谎言之下。

激情无法造就一个管理者

如果你对于一个初创企业的创始人应该具有什么样的形象没有什么成见的话，那么在你的想象中类似这样的描述也许是符合逻辑的：创始人受过高等教育；曾经在某个领域工作过1~2年，正是在这个领域中的工作使他接触到了不同类型的企业（其中也许就有咨询业）；他拿到过工商管理硕士学位；对于多个不同领域的潜在机会曾经进行了非常透彻的分析；他在所有这些机会中选择了竞争程度最低，并且具有最大的潜在需求的领域；他制订了产品、市场营销以及规模化扩张的计划；他还自己完成了融资；并在这之后创立了一家企业。

没错，这听起来好像就应该是这么回事儿。

但是，我们从数据和经验中可以知道，大多数创业者，尤其是绝大多数非常成功的创业者在他们刚起步的时候绝对没有进行过这种深思熟虑的评估。相反，他们都是不假思索地一头扎进了他们为之激情澎湃的领域，甚至从来没有考虑过是否还会有其他的选项、市场风险、行业竞争格局、对产品的长期需求曲线以及宏观经济力量。而宏观经济力量很有可能会向我们预示，当下去做一个新的关于科学制作意大利面的网站绝不是一个好的时机，因为这样的网站完全依赖于廉价的广告收入（但也许在将来的某一天，我们也会烹制出自己的意大利面，然后在网上进行销售）。也许这样做只是因为我们喜欢意大利面，而且我们还想和这个世界上有着同样喜好的人们一起分享我们的激情，只不过他们可能还不知道应该采购什么或者又该如何进行烹制。把这种含有奶酪和黑胡椒的罗马风味的意大利面从一碗含有 5 种原料的糊状物变为最令人满意、最令人上瘾且最令人难以置信的美味佳肴，对于整个过程，你只需要在网上学会几个小妙招就能在 12 分钟内搞定。

创业者往往从他们的爱好开始。不是因为这样做是合理的，也不是因为它有一个很大的市场，而是因为他们想象不出他们还能做其他什么事情。

一方面，这样的激情和投入本身就是一种资产，正是这种激情和全身心的投入使他们能够在公司发展的早期就突破阻碍他们寻找到一种合适的商业模式的屏障。另一方面，一旦一种小规模的、行得通的运营模式能够为他们带来一定的营业收入，那么这家企业的领导层就应该重新关注一家正在不断壮大的企业必须解决的所有问题。比如，对原材料进行检验，拍摄照片，搜寻那些被遗忘的菜谱，并且将这些与帮助你走到今天这一步的群体一起分享，但所有这些还不足以让你从一个美食博客的作者转变为一家媒体帝国的君主。

当你的创业公司逐渐成长起来的时候，每 6 个月你需要解决的问题和你的竞争力都会发生变化。2007—2014 年，我曾做过的最重要的事情中没有一件会持续超过 6 个月的时间。尽管在每一项新的工作中都有我喜欢做的事，但是在一些原本就应该委托给其他人去做的工作内容上我花费了太多的时间，给出的理由几乎与我曾交谈过的每一个创业者完全一样，因为我们都相信这种做法本身就是企业的核心竞争力。而且我坚信我能做得比其他任何人都要好，另外，我有能力在处理好这项工作的同时承担起其他责任。

我差不多全权负责我们的博客，而背后的逻辑是当初是我的博客为公司带来了声誉。即便我很明白我们的博客内容需要有多样性，另外，让其他人来负责博客可以让我空出更多的时间，从而将这些时间投入产品和工程开发中，但与此同时我还继续负责主管和审核原本的咨询业务，这一直持续到 2010 年，我们最后终止了这项业务。我还坚持担任公司的首席产品设计师，并且有好几年的时间我对产品的每一个细节都保留最终的决定权，这显然阻碍了团队中其他成员的成长，并且还极大地降低了产品更新的速度。

除非你喜欢做的事情就是管理人员、处理危机、授权、让其他人承担起他们自己的责任、招聘、安排人员，持续不断地强化和重复企业的使命、愿景、战略以及价值，否则成为一家创业公司的 CEO 也许并不能让你去做你喜欢做的事情。

但是，一家创业公司可以让你具备这样一种能力：你可以创造一个你喜欢的愿景，并亲眼看到这一愿景成为现实。你或许会这样说："今天世界是这个样子的，但是一旦我的企业建立了起来，而且企业的规模还扩大到足以让它实现我赋予它的使命，那么这个世界就会变成另一个样子。"如果你能将你的激情从"我想要做'这件'事"转向"我想要看到我创造的东西用'这样的'方式改变这个世界"，那么你的期望值也许就能与现实对应起来，并且在这个转变的过程中，由于把你从你热爱的工作中硬拽出来从而给你带来的"认知失调"以及挫折感也会慢慢地消退。

注意，在这里，"改变世界"并不意味着你需要"改变整个世界"。你的使命可以是获取或者接触到艾米利亚-罗马涅已经被人遗忘的、美味的意大利面食谱，也可以是给西雅图的民众带来更好、更令人满意的瑜伽体验，或者通过建立一个具备哈佛大学那样的品牌声誉和严谨的教学理念，但成本只不过相当于网飞的月费且人人都能支付得起的教育平台，来消除学生因助学贷款而产生的债务以及全世界的阶层差异（最好真的有人能够做这样一个项目）。但是，如果你赋予你自己的使命是"做我自己喜欢做的事情，任何业务上的理由都不足以阻止我这样做"，那么我强烈地建议，任何需要有更多的人加入你的团队的增长模式就绝不应该是你追求的方向。雇用更多的人会让你的组织架构越来越复杂，并使你再也无法专心致志地埋头深耕于自己的领域。

成为 CEO 的 6 个简单但极具挑战性的步骤

在你将要接手的工作中有很多不同的限制正等待着你，如果你已经准备好接受这些限制，并且把"引领你的愿景"放在"做你喜欢做的事情"的前面，那么在你的前方就会出现一系列全新的挑战。一个在他自己特定的领域之外不具有任何竞争力的人是无法创立一家伟大的创业公司的，一个创业者需要精通财务策略、任务规划、人力资源、冲突处理、办公室管理、融资、客户支持、账款回收、商业情报，以及一个普通的创业者在其创业早期根本就不会去考虑的其他几十项能力。你将不得不学习上面提到的每一项能力，而你的学习过程在初创企业的世界里往往会被戏谑地称作"摸着石头过河"，只是在这里我想采用一种更加精准的描述："痛苦地跋涉在失败、学习还有重复的泥沼之中。"

大体上，你会经历如下过程。

（1）令人沮丧的是，一直要到后期你才会意识到，有一个特别的痛点会让你的团队无法有效地或者高效地达成某一个目标（比如，你无法在你的网页上进行 A/B 测试，因为你没有一个框架来衡量你的结果，更不用说你完全不知道如何建立有效的测试）。

（2）为了克服这个痛点，你尝试了很多不同的技巧（在相关的实践上雇用一位拥有经验和能力的人，你自己开展相关的研究和学习，委任团队中的其他人去进行相关的学习，获取相关的技术或数据，实施一个非常严格的新流程，等等）。

（3）你不得不承认，你之前尝试的大多数方法都失败了，而且你还反复尝试了更多次，直到你……

（4）你体验到了当问题获得突破时那种突如其来的兴奋，即便只是部分获得了突破，但你确实获得了一些成功。

（5）但很快你就会发现，在你的解决方案中存在新的、令人沮丧的负面作用以及你从未想到过的后果。

（6）之后，有一半的时间，你会很无奈地接受这样一个现实，那就是你只能部分实施有关的解决方案，以及一系列还算过得去的妥协方案。很快所有这些就成为新的常态。但在另一半的时间里，你会逐渐意识到，所谓的解决方案甚至很有可能比原来就存在的那个问题还要糟糕，所以你决定采用另一种方式来避开或者忽略那个痛点，一种可能的做法是重新调整你的战略方向，这样你就不用去处理那个让你感到头疼的问题了。

在这里我想和你分享一个在 Moz 发生过的真实案例。

2004—2012 年，我们公司里的项目规划一直沿用着一种非正规的方式。通常我会和我们团队中的某个人或者其他几个人坐在一起，随意地闲聊他们现在可以做些什么，他们想要做些什么，以及我们认为还有哪些对于我们当下的业务是最有帮助的。就这样，在每周或者每月的闲聊对话中，我们为公司今后的发展规划了一张路线图。有时候我们很可能在一连串的邮件中，或者在公司走廊的闲聊中就调整了其中的某个项目，而其他的时候我们会很正式地将计划告诉公司里的其他人员。但由于涉及的项目实在太小（至少当时我们 4 个职能团队中的所有人加在一起还不到 30 个人），这种非正式的方式在大多数的情况下还是很管用的。

但到了 2010 年，Moz 已经有了近 40 名员工，如果他们中有某个人想要了解其他人或者其他团队正在做什么，那么他就会感到非常苦恼，因为这些信息绝大部分被分散在了 3 个不同的地方：（a）我的"记忆银行"里；（b）一系列随机的邮件中；（c）多个不同的项目跟踪系统中。而其中有些跟踪系统实际上只有一个人在使用。当项目需要进行跨团队合作，并且在一个不太合适的时间里，或者在未经事先通知的情况下就将某个人从他自己的工作中抽调出来时，这种苦恼就会被放大。为了解决这个问题，我们尝试每个季度举行一次全体员工大会，在会议上我或者部门的经理会把接下来两三个月的时间里所有的项目都过一遍。尽管这种做法确实减少了某些痛点，但同时也产生了很多新的问题。

所以我又尝试在每个周末通过邮件进行沟通，每个团队在每周五会发送他们正在进行的项目的汇总，以及接下来他们开展的工作。但是当我们开始普及这种做法时，在周五所有员工的邮箱都会收到大量的邮件，只是大多数人对其中的绝大多数邮件实际上是视而不见的。由于很多人抱怨这种没人阅读的邮件实在是太多了，因此我们又引入了一种新的汇总流程，按照这个流程，在每个周末会有一个技术项目经理收集所有团队的报告，然后再把所有报告中的内容合并成一个非常冗长的星期五邮件。如果你足够勤奋而且还非常有耐心，那么你可以通过翻看那一长串的清单来了解所有人正在做些什么，以及他们有哪些计划。事实上，这份邮件只对我一个人有用。我很喜欢邮件，我还善于处理邮件，在那一长串的邮件中我经常是唯一一个在邮件中不断地回复问题，并对问题进行梳理的人。

你完全可以想象，上面这一系列的做法根本无法有效地扩大信息的覆盖范围，而且公司里也没有人真的把这些做法当回事儿。当莎拉·伯德在 2014 年成为 Moz 的 CEO 时，她采用了一种全新的方式——每个季度召开一次全公司范围内的项目规划会议，在这个会议上所有的团队可以在 2~3 天的时间里进行充分的讨论。会议是在一个很大的会议室中进行的，里面到处是展板，上面还张贴了每个团队的项目以供大家讨论和标注。在那几天里，来自各个团队的代表以及他们的经理和主管会凑在一起，仔细地探讨其中的每一个项目和计划，决定工作的顺序，争论项目的优先级别。但有很多次，伯德不得不直接进行干预，并最后敲定对公司来讲哪些项目才是最重要的。

在会议开始前，首先进入会场的是外部支持人员，他们中有很多人包括我自己在内，都有一种不真实的感觉，原因是眼前的这种做法更复杂且制造了更多不必要的流程。不过，因为在沟通和讨论的过程中可能会出现的一些额外的因素被事先排除了，所以整个会议时间缩减到了只有一天半。但最终我们还是意识到，或许我们对这样的会议寄予了太高的期望，而且因为会议本身也没有向我们提供足够多的价值，再次举行这样的会议已经毫无必要，所以伯德彻底取消了这种做法。接着，她按照各个业务部门的具体功能对公司进行了重组，同时她还缩减了各个业务部门共享的服务部门的数量。现在公司的运行模式已经不再需要将每个人正在做的每件事都通告给公司里的所有人。每一支团队都被授予了更多的自主权，可以自行决定它们自己的产品路线图，另外，在完成工作的过程中，对其他团队的依赖程度也大大降低了。就这样，这个痛点慢慢地消失了，我们前进的步伐也开始加快。尽管并不总是能知道其他人在干什么，但是 Moz 的员工不再那么苦恼了，压力也不像以前那么大了，而且还能更加专注于自己手头的工作。

在这里我省略了大量我们曾经采用过的改善型措施、各种困难的决策以及乏味的改变过程，而所有这一切都用于处理在解决这个痛点的过程中不断出现的麻烦和困扰，不过故事的大概框架还是保留了下来。如果你曾经在一家正处于高速成长状态的企业工作过，也许类似的故事对你来讲一点儿也不陌生。如果你想创立一家需要快速成长的企业，理解在这个故事中我想阐述的问题就非常重要。当初我们花了 6 年的时间，经历超过 10 次的迭代，还有两任 CEO，才找到了在 Moz 能够行得通的产品规划流程。最终，伯德还是做出了一个尽管艰难但很聪明的抉择，通过对公司进行重组，彻底避开所有可能会出现的问题。

最好的领导者都知道
什么时候应该在前方引领，什么时候又该回避

很多创始人都认为他们可以把企业的关键业务授权给团队中的其他人，而且他们也确实是这样做的。但是，在任何关键的岗位上你雇用的第一个人都会需要你的指引、支持和建议，而且偶尔你还需要亲自了解并发掘这些岗位中的细节，原因也许是你并没有找到合适的人选，或者你不得不让他们离开，又或者你只是想更多地了解企业所面临的问题，这样你就能判断出究竟是你的员工出了问题，还是你的管理、你的流程或者其他什么地方出了问题。

我曾雇用过好几位首席技术官来负责我们公司在技术方面的事务，但我一直没有弄清楚相关的流程，所以也就无法为公司的技术领导者提供一定的支持或指导。在接任 CEO 后，伯德起初的做法和我相似，但最终她还是下定决心，亲自深入并挖掘这个职位的职责。实际上，我们之间对于这件事曾有过很多争执，安东尼是这 6 年来我们的第四任技术主管，当安东尼离开时我对伯德没能及时招聘到另一位首席技术官而感到非常愤怒。但她顶住

了我给她的压力，而且还花了大量的时间来理解并亲自领导我们公司这一块儿的业务，不过她对于雇用到一个合格的空降人员始终抱有疑虑。差不多有一年多的时间我们两人一直处于这种不断争吵的状态，但最终她证明了她是完全正确的。她对团队和人员、需要完成的工作、各种关系和冲突的深刻理解使得她顺理成章地找到了一位出色的技术领导者，她雇用了他，最后把他提拔到了首席技术官的职位。

伯德和我都将一些并不适合我们自己干的工作授权给了合适的人选（我们两个都没有什么技术背景），但直到她花费了大量的时间来理解这些工作的实际运作情况，我们才真正把这些工作理顺。

在一家不断成长的企业中，创业者需要做的工作是深入挖掘问题，解决冲突，把人们从束缚他们的思维定式或者组织架构中解放出来，精心打造（并且一遍又一遍地打磨）公司赖以运营的支柱和政策。你在业务中投入的时间将会从做你喜欢做的事情逐渐转向实现企业的愿景，并带领企业在前进的道路上绕开各种障碍。为了让你的事业蓬勃发展，你要做好准备去做一些你并不喜欢做的事情。如果你没有这样的心理准备，那么随之而来的失望和沮丧就会扼杀你内心的激情。

拥抱你眼前的现实吧，这样你就能把CEO这个角色看成一个"愿景的促成者"和"问题的解决者"。对于那些喜欢助人为乐的人，这样一个角色意味着不会再有任何束缚，他们将看到他们想要获得的成就远远超出自己单干能够达到的程度，这将是一份能够获得极大回报的工作。

第四章
当企业转变经营方向的时候还请小心谨慎

创意毫无价值，执行意味着一切。

——斯科特·亚当斯[1][2]，2010 年

在有关硅谷这个"神圣殿堂"的传说中，始终有这样一种说法，"转变经营方向"是所有初创企业被赋予的最基本的权利，

---

① 斯科特·亚当斯是美国连载漫画《呆伯特》的作者，该漫画出版于 1989 年，其内容主要是讽刺性的办公室幽默。——译者注

② 斯科特·亚当斯关于伦理学、政治学和人性的说法绝大多数是彻彻底底的废话。绝对不要去看他的博客，除非你已经准备好看到一个很有天赋的漫画作者实际上是一个金玉其外、败絮其中的"人渣"。——原书注

这项权利可以被用来消除你在过去曾犯下的错，并且使你的公司能够从 Tote 走向拼趣，从 Odeo 走向推特，或者从 Glitch 走向 Slack。如果当初你在创立企业的时候做出的决定被证明是非常鲁莽的，不要害怕，因为你可以通过转变经营方向来拯救你自己。大胆地走出这一步要比花上好几个月的时间进行评估，然后选择一条理智的道路更加重要。你永远也无法知道哪条路才是最合适的，只有不断地试错，你才有可能发现最适合你的道路。所以，你要做的就是大胆地猜测，然后再转变经营方向。

这简直就是一派胡言。

在创业史中，有上万家企业获得了引人注目的成功——它们都获得了数亿乃至数十亿美元的投资回报，并且还对它们所在的生态系统或者行业产生了持久的影响，它们的客户和用户都非常满意，另外在经济上获得了巨额回报的创始团队现在有很多整天沉浸在钱堆里。

但是，在所有这些成功的企业当中，又有多少家曾经进行过经营方向上的重大转变呢？如果我们使用正式的定义，即彻底从一种商业理念转向另一种截然不同的商业理念，那么我曾做过的所有研究也只发现了数十起这样的案例。Slack、Flickr（图片分享网站）、推特、拼趣、贝宝、高朋网以及照片墙等创业公司不但是其中最著名的案例，而且也是仅有的几个获得了成功的案例（至少它们现在是让人只能仰望的成功者中的一员，而且这些公司的创始人现在都有一个装满了金币的游泳池）。

这应该不会让人感到惊讶。企业经营方向的转变绝不会一蹴而就。只有当事情真的变得非常糟糕时，你才应该考虑改变你的商业模式、你的产品、你的市场或者你的原始创意。任何其他的做法实际上都是在瞎胡闹（如果没有真正走投无路的话，绝不要轻易地改变你自己的经营方向）。当然，想要从一开始就建立起所有这些东西，这将会是一件让人感到难受、难堪、艰难甚至让人筋疲力尽的事，但如果你能在上面任何一项中取得某种成就，你就很有可能会坚持下去，然后再通过不断的学习对其他的东西加以改进。

鉴于这一现实，当你选择一个行业、一个创意、一件产品以及目标客户的时候，你需要进行更仔细的分析而不是随意而为。或许选择一个被其他人忽视的领域同样会给你带来很大的好处，这是因为某些以虚荣为核心的逻辑会认为，被放弃的往往都是一些枯燥、粗略或者无趣的东西。

拿我自己来作为例子，Moz 选择的领域让我们体验了高速的增长，因为我们是在谷歌的急速发展期进入这个与搜索引擎紧密关联的行业的。Moz 选择的商业模式让我们很神奇地实现了快速的扩张，原因是我们的软件产品能够帮助市场营销人员和搜索引擎优化的从业人员更高效地完成他们的日常工作，并获得更好的结果，而且我们还投入了大量的精力对相关产品进行不断改进。我们在市场营销、软件开发、数据采集、产品界面设计、留住用户以及所有其他对于我们的业务具有核心价值的事情上不断地精益求精。我们更愿意去提升我们的执行能力，而不是去改变我们的商业模式、我们的市场或者某些最根本的东西。2007—2013 年，我们的坚持为我们带来了每年 100% 的增长率，我们成为这个行业的领袖，我们获得了各种各样的荣誉，我们还受到了客户和投资人的青睐。

具体实施的能力要比市场、商业模式
以及创意更具可塑性

  2003 年，我开始撰写关于搜索引擎优化的博文。在那个时候，只有非常少的几个人在做类似的推介工作，更不用说用一种透明的方式帮助其他人学习搜索引擎优化了。当时在这个领域中有很多人相信，过多地分享关于搜索引擎的工作原理，或者介绍采用什么样的技巧可以让你的网页排名上升等有关的信息最终只会让你自己被这个行业除名。对他们的客户来讲，很多搜索引擎优化的咨询人员把他们的"独门技巧"看得比工作本身还重要。

  这种保密的风气，再加上当时还很少有人了解这个行业，这使我的博客获得了一种非常独特的优势——因为我的博客是以一种开放、透明的方式来介绍这一主题的，所以在所有能够获取的信息中我的博客开始脱颖而出。我的文字并没有什么特别的，而且我在博客中给出的建议本身也并不明显优于其他作者的方案，但是在当时，我们的竞争对手中绝大多数都不愿意公开分享这一类的信息，除非你愿意私下签署一份保密协议并且再支付一笔相关的咨询费用。因此，当人们发现在我们的 SEOmoz.org 网站上只需要点击访问就能得到这一类的信息时，事情就变得完全不一样了。很快在其他的网站上也开始出现我们网站的链接，新闻媒体也开始引用我的博客内容，咨询客户主动在我们的网页上寻找联系方式，上千名渴求搜索引擎优化知识的行业从业人员在我们的网站上注册，期望每天都能看到更新。

再快速地推进到 2007 年，也就是在这一年我们推出了软件收费业务。当时，我们放在网上的工具还不能说是非常出色，它们经常会损坏或者超载，软件反馈的数据在最好的情况下也只不过是一些很普通的数据。但是数字化营销是一个飞速发展的领域，搜索引擎优化正是其中越来越热门的一种方式。对于那些没有能力开发他们自己的软件的用户，我们的网站几乎可以说是唯一的自动化工具的来源，所以 Moz 开始脱颖而出。

在上面所说的那两种情形中，我们只是一个非常普通的供应商，但随着时间的推移，我们从根本上改善了我们的产品。在 2004 年我撰写的东西在质量上还是相当糟糕的（你依然可以在 Moz.com/blog 上找到那些早期的博文并做出评价），在我能够写出任何可以被称作"高质量"的东西之前，这样的情形实际上持续了好几年的时间。同样地，当我们在网上发布我们最早的软件产品并且在贝宝上每月收取 39 美元的费用时，我们的工具软件套装实际上一无是处，软件的所有性能都低于业界的平均水准，软件的可用性也只是比"极其难用"稍微好上那么一点儿。

那么我们做对了哪些事情呢？

我们挑选了一个很好的市场，我们在很偶然的情况下发现了一种极其吸引人的沟通媒介，另外我们还选择了一种很好的商业模式。这些在无意中做出的明智选择掩盖了我们曾经犯下的大量错误，以及一条极其陡峭的学习曲线。

在我的博文获得一个稳定、广泛的读者群体之前，我已经上传了不少于 1 000 篇博文，今天我们所看到的这些博文给我们带来的价值不得不归功于这样一个读者群体。从 2003 年年底到

2007 年年初，每周我会坚持 5 个晚上（从周日到周四），每个晚上花一个小时或几个小时来撰写博文，而且在第二天的早上还会另外再花几个小时来推广这些博文，回复在博文后面的跟帖，并寻找新的话题进行讨论。当我的博文终于出现在了"必读"的榜单上时，我已经投入了数百个小时的时间进行研究和撰写。最开始的时候我只是一个业余爱好者，但今天我已经有了大量的粉丝，正是这些粉丝为我们的网站带来了上万的点击量以及各种点赞，而且，通过我的博客网站，这些粉丝还对各种商业行为产生了强有力的冲击。

Moz 在软件业务上也有着不可思议的相似之处。我们的第一款工具软件可以说根本不值得当初用户为之支付的订购费用。但是在很多年以后，我们在软件开发流程上，在招聘以及雇用出色的工程师方面，还有在设计更加有用的应用程序方面做得更好了。从只有十几名付费用户到今天的上万名付费用户，客户的平均终身价值从只有几百美元到现在的 2 000 多美元，可以说我们在 SaaS 模式[①]的各个方面都做出了重大的改进。

我们很喜欢强调团队的执行力，就好像无论面对什么样的陈旧观念，只要实施到位就一定能达成所愿。当然，巨大的投入、熟练的技巧还有杰出员工的努力工作可以让我们克服大多数的障碍。但如果从一开始你就在具体的行业、采用的方法、目标客户群体、经济模式以及营销手段等各个方面做出了明智的选择，那

---

① SaaS 的意思是软件即服务，在这种模式下，基于对付费用户不断重复收费的方式，可以让客户通过一个网站或者通过一个联网 App 来获取特定软件所提供的服务。——原书注

么所有这些对于你将要面对的困难以及在接下来的旅途中可能会遇到的坎坷都会产生巨大的影响。不是每个人都有能力承担从头再来的成本，也不是每个人都有实力可以胡乱地尝试各种对于市场的猜测。如果你有一个家庭，如果你还有债务，如果你失败的成本不是零，那么谨慎行事就是真正的王道。

转变的成本是你无法承受的

在那些力挺创业公司转变经营方向的说辞中最吊诡的是，比起你的创意、你的商业模式、你选择的行业甚至你的团队，具体的实施方式实际上更容易被替代。

当一家创业公司不断取得进步的时候会发生什么呢？创业团队的工作质量会不断改善，客户服务人员会缩短他们的响应时间，产品特性和功能会不断满足客户的需求，工程师会提供更好的技术，用户体验会从简单了解发展到令人印象深刻，市场营销渠道会越来越宽，客户的转换率也会不断上升。

如果你把具体的实施放在了优先的位置，并且不断地从你之前的错误中吸取教训，那么你实际上早就已经在做上面所描述的这些事情了。

现在想象一下，从一个目标市场转向另一个市场到底有多困难。你的市场团队、销售人员或者业务开发人员历尽艰辛获得的很多经验和教训将会完全失效。你将不得不回到原点，去重新思考如何吸引客户、如何达成一笔交易、如何获得用户的忠诚度。这是不是让你感到很惊讶？

假设你决定转向另一个创意或者产品，即便在这之前你已经投入了数月或数年的心血和汗水，验证了一个概念、赢得了客户的认可、吸引了有影响力的人和媒体，甚至还引起了投资人的关注，你也要亲手抛弃这一切。也许这种新的产品或服务比起你之前的产品或服务可以更容易地建立起来，但这样做你肯定需要付出一定的代价。而且可以肯定的是，无论在哪一方面，包括吸引和获取客户，都会让你再次经历挫折。

或许你正在从一种商业模式转向另一种模式，这种形式的转变也许要比前面讨论的那两种形式的转变小很多，但你仍然需要花费大量的精力，而且这很有可能意味着你需要把你的客户从一个补偿系统迁移到另一个系统（如果他们愿意跟随你的话）。

请不要相信各种天花乱坠的宣传，执行和实施并不是一切。你可以是一只乌龟而不是一只兔子，但只要你选对了赛跑的方式和赛道，你就能打败比你更有天赋的团队，因为在一个没有其他人选择的、远不是那么拥挤的空间里你始终在不断进步。

选择市场和创意的非常规技巧

如果你还没有读过埃里克·莱斯的《精益创业：新创企业的成长思维》，那么现在就去找一本，好好地读一读。读完后再去找一本由杰克·纳普和谷歌的风险投资团队一起撰写的《设计冲刺：谷歌风投如何5天完成产品迭代》。第一本书可以帮助你弄明白选择和验证一个市场的基本方法；第二本书则分享了我在确定新产品和新特性时最喜欢采用的方法。

现在，你已经像一个老板那样开始分析你的竞争对手的UVPs（独特的价值主张），然后脱口而出那些为人熟知的、讽刺产品与市场不相匹配的笑话。但在这里我可以再给你一些额外的建议。

（1）如果你的目标是创立一家估值为数十亿美元的独角兽企业，那么对风险资本的追求就必须放在高于你实现自我和个人抱负的位置上。也许有很多人会给你这样一些建议，比如选择一个庞大的、正在快速发展的且对于开展颠覆性的创新已经成熟的市场，但你也可以完全无视这样的建议。相反，追逐一个你拥有独特的知识和激情的小规模市场是一件很酷的事情，在这样的市场上，只需要少数几项创新就能让你脱颖而出，而且你的生活也会因此变得更加轻松。在这个世界上，有成千上万甚至无数类似的机会，在它们的身后你几乎看不到任何风险资本以及哈佛大学工商管理硕士毕业生（或者斯坦福大学计算机专业的辍学生）追逐的身影。还是让我们面对现实吧，我们大多数人都不会成为人类探索外太空的创新者，但我们也许有能力开发出一种更好的方式来清理垃圾，而不是就这样用手来处理。

（2）伟大的创意和产品往往来源于一些很普通的人和事，但是真正的关键在于你是否有充足的时间，能否做到不自以为是，还有能否坚持到最后。你需要有充足的时间去进行迭代，只有这样你才有可能使原本平庸的东西演变为某种非凡的东西；你还需要内省和保持谦逊，看清楚你哪里做错了并承认你的失败，只有这样你才可能继续前行；另外，想要坚持到最后需要利润的支撑，而一项能给你带来利润的服务型业务无疑是上天所赐。

（3）如果在你瞄准的市场上现有的解决方案是如下这几种情形的组合：（a）客户很不喜欢当下的解决方案；（b）当下解决方案的提供方不愿意或根本没有能力按照客户的需求对解决方案进行改进和演化；（c）解决方案被某种你完全有能力打破的竞争性优势保护（或者市场本身的动态变化以及市场法规的变化正在打破这种竞争性优势）；（d）当下的解决方案正处于早期，方案的提供方还没有能力主导整个市场（也就是说，这是一个还没有成熟的市场），那么你的公司甚至会有更大的可能性获得成功。如果你发现市场中出现了上面两种或更多类似的情形（比如在爱彼迎出现之前的度假屋出租市场，或者在众筹网站Kickstarter创立之前的众筹市场），那么你获得成功的概率就会呈指数级上升。

（4）关键词搜索几乎总是能够向你揭示还没有被利用的市场机会，因为在关键词搜索中你可以看到一系列的相关数据，比如人们在使用谷歌搜索的时候使用最多的词语和短语是哪些以及相关的搜索总量。但不要被那些解决方案中的关键词约束，你应该去寻找可以真正揭示问题所在的关键词，比如"城市名＋出租车"这个词组的月搜索量告诉了优步应该在哪些城市启动服务，同样地，"最佳餐厅＋城市名"的月搜索量帮助了Yelp选择在哪个城市拓展市场。在这里我想向你推荐两种很好用的工具——谷歌的AdWords

以及 Moz 的"关键词搜寻者"（Keyword Explorer）。对于前者，你不需要购买任何广告，在注册后就能免费使用。而对于后者，我就厚脸皮地推介一下了，不过这确实是你能找到的最好的工具。

所有这一切都表明，如果在某个特定的领域中，你的能力并不能为你创造出一种独特的竞争优势和价值主张，那么在你投入精力具体处理这一领域的问题之前，你首先需要在某几项基本的要素上做出妥协（我认为，你几乎肯定会这么做），我建议你可以按如下的顺序逐步做出让步：（a）放弃选择一个较大的市场；（b）放弃和竞争对手展开直接的竞争（或者弱化竞争）；（c）在销售和市场营销策略上做出让步。这些妥协将是至关重要的。

第五章
初创企业都背负着创始人的包袱

> 写代码？这是最容易的部分。把你的应用程序发送到用户手上，还有创造出一款人们真正喜欢使用的应用程序——这才是一件困难的事。
>
> ——杰夫·阿特伍德[①]，2010 年 3 月

如果有人说某一家公司继承了它的创始人的性格——无论这种性格是好还是坏，你或许并不会感到惊讶。如果一家公司让一

---

① 杰夫·阿特伍德是一名软件开发人员、博客作者和创业者。他撰写了计算机编程博客"恐怖的代码"。他还是计算机编程问答网站"堆栈溢出"的共同创始人。——译者注

个讨厌女人的人来当CEO，那么你会发现这家公司在某些做法上肯定会表现出对女性的歧视。如果你支持一位有自我价值问题的创始人，那么后果就是办公室内的政治游戏以及缺乏互信。在对足够多的初创企业进行研究后，你会看到这样的模式反复不断地出现。亚马逊继承了杰夫·贝佐斯对物流的偏好，另外可以确信无疑的是还继承了他的抠门，这可以从他支付给员工的工资和福利，以及他总是想把人弄得筋疲力尽的倾向上得到验证。克雷格列表反映了创始人克雷格·纽马克对于创新缺乏最起码的敏感性以及对包容性的渴望。Slack体现了斯图尔特·巴特菲尔德对于视觉设计和用户体验，还有形态各异并给人们带来快乐的复活节彩蛋的关注。

在这一点上，我最喜欢的一个例子是杰西卡·马的创业公司：inDinero。

2008年，杰西卡成为加利福尼亚大学伯克利分校计算机科学专业的一名新生。她对编写代码充满了激情，但在几年以后她发现她是班级里成绩最差的那批人之一。这并不是因为她缺乏成为一个好工程师所需的技能或者智商，而是因为（用她自己的话来说）"缺乏耐心"。在看到同班同学从谷歌和脸书拿到了6位数薪资的聘用合约，并且还有相当可观的股票期权后，她的内心充满了羡慕。当杰西卡认识到她自身真正的优势在于她能够通过她热爱的写作去吸引媒体的关注，通过她的解说去激励其他人的时候，她开始了博客写作（http://jessicamah.com），内容涉及软件开发、团队建设以及初创企业的文化。

硅谷最著名的初创企业加速器Y Combinator的创始人保

罗·格雷厄姆就是她的早期读者之一。保罗·格雷厄姆在很多"创业痴狂者"的眼中几乎可以说是一个"半神"（也许我编造了一个很怪异的混合词）。他发现了她的写作天赋，所以主动邀请她申请 Y Combinator 的加速器课程。

对此，杰西卡是这样描述的："实际上在我毕业后的第二天，我去了山景城，然后在 Y Combinator 开始了我的创业。我对我自己以及我周围的人有很高的要求，但我之前并没有专心于我的学业。我很不喜欢让别人来告诉我应该做什么，我之所以创立 inDinero 是因为我更看重自由和灵活性。"

在接下来的 6 年时间里，inDinero 从最初的两个人发展到了现在的 200 名员工，杰西卡从天使投资人那里拿到了 2 000 万美元的融资（杰西卡不喜欢风险投资模式，她拒绝了很多次风险投资的融资报价），并且还在 B2B 商业模式初创企业的世界里成为媒体的宠儿。

我曾经问她在 inDinero 的发展过程中哪些事情对她来讲是最困难的，她几乎立刻回答道："人员的管理、培训和指导。我不喜欢做那样的事，我没有耐心。"

"当我们只有 10 个人的时候，"她继续说道，"我以为我们不可能成功。我不会耐心地坐在那里看着他们犯错，然后再对他们进行指导并给予他们各种反馈。随着我们公司规模变得越来越大，除了两份报告其他的我都已经不看了。我尽可能地不再去触碰管理，而这种做法显然很管用。"

对 inDinero 来讲，另一项需要投入大量精力的工作就是市场营销。尽管杰西卡是一个非常出色的作者和商业理念传播者，但她从来没有在网页营销渠道中，比如在搜索、社交或者内容等方面找到适合她自己的位置。不过，她充分利用了她那令人惊叹的人际交往能力以及她的逆向投资倾向，并随后建立起了一个非常强大的 PR（公共关系）机器。inDinero 曾经出现在数十种不同的刊物上，而杰西卡自己在数年的时间里曾接受了数百次的采访（每当我看到她出现在某家全国性的技术或财经类杂志的封面上时，我都会感到莫名的兴奋）。每一篇新的文章都是在她的目标客户以及对客户有影响力的群体面前曝光她的企业的机会。

和很多创始人一样，在早期，杰西卡也曾经有过一段很艰难的日子，原因是她的个人技能和偏好与她的企业所需要的能力之间存在着巨大的鸿沟。尽管有很多次她的公司几乎就要倒闭了（其中有一次为了让公司能够继续维持下去，她和她的共同创始人几乎花光了他们的个人积蓄），但 inDinero 最后还是活了下来，并且不断壮大。她又是如何做到这一点的呢？关键还在于杰西卡终于意识到了她自身的强项、弱项，她在性格上的怪癖，以及内心真正的动机，随后围绕着她自己性格上的特征，她对她自己的创业公司进行了重组。

inDinero 当时差一点儿出局，以及很多创业公司最终走向崩溃的原因还在于，这些企业的创始人并不真的了解他们自己，以及他们的创业公司是如何继承他们自己的性格特征的。如果你能够发现并且平衡（或者绕过）这些由企业的创始人传递给初创企业的"基因"，那么你就能充分利用你自己的强项并且避开很多会让你的创业旅程提前结束的陷阱。

创始人的巨大影响

Moz 一直以市场营销为中心。对我们来讲，最容易做到的就是吸引数百万网民访问我们的网站，因为这些网民非常关心我们正在解决的一些问题，同时他们还在寻求众多关于搜索引擎优化问题的答案。这些人就是我们产品的服务对象，而且对于这些平时很难覆盖到的 B2B 模式的受众，我们还是最知名、最受尊敬以及流量最大的网站之一。对我们来讲，市场营销从来就不是什么问题，至少从长远来讲绝对不会是一个问题。对我们来讲，"最难敲碎的果核"始终是产品本身以及在产品背后提供支撑的技术。

从一开始，我们就竭力想要开发一款高质量的软件。也许当这本书出版的时候，这种情况会发生改变（或许到那个时候巨型企鹅已经占领了地球。哈哈，我的意思是，无论是哪种情况这都将是一种进步）。当然，我们在这几年的时间里也确实取得了长足的进步，但是这种进步无论是速度还是质量都不足以让我们超越没有很多资金支持，没有很多经验，并不很知名，也不是那么被人看重的竞争对手。曾经有一个很专业的搜索引擎优化从业人员告诉我，他很想成为我们的客户，迫不及待地希望 Moz 开发出全新软件，或者改进某项功能，这样他就不用将钱交给我们所在领域的另一个玩家。鉴于品牌的偏好和忠诚度对我们如此有利，我以为雇用一些开发人员然后开发出我们的客户想要的软件应该不是件很困难的事。

几乎每一个创始人都在某种程度上相信：通过雇用一些合适

的人来加强你的弱项，你就能专注于自己的强项。

独坐在昏暗的房间里，我的过去就像被切割成碎渣的电影胶片。我的双眼中充斥着血丝，哀伤地盯着眼前的威士忌，茫然地摇着头。

"要是事情这么简单就好了。"我低声说。

哦，很不好意思。这种事情很容易让人伤感。

毋庸置疑的是，一支平衡的团队可以成为一支非常成功的团队，因为团队中任何人的弱项都会被另一个人的强项弥补。但是很多人并不清楚，而且往往是在公司运营了很多年以后才会有人察觉到，企业创始人的性格特征几乎会永久性地印刻在企业的各个方面，而企业运营团队的性格特征会随着时间的推移不断发生变化。部分原因当然是企业创始人的工作年限通常要比任何员工都长，而且时间越长，他的影响力自然也就会越大。在初创企业的世界里，一名员工的平均从业时间大约只有两年，即便你能保留住最原始的创业团队，在企业的各个角落中依然会有你无法否认也无法抹去的创始人的印迹，比如创始人的偏见、由创始人创建的公司架构、由他们亲自招聘的人员、他们授予的权利、他们分配的资源、他们的激情以及他们的盲点。

在大小不同的企业中，在不同的行业里以及在不同的股权架构中，我不止一次看到过类似的模式。创始人（和 CEO）不仅决定了企业的个性和文化，还决定了企业最基本的强项和弱项，而且正是这两者决定了一家企业在数年甚至数十年的时间里的发展轨迹。比如维珍这个品牌，无论是在基调还是在风格上都和创始人理查德·布兰森本人有着惊人的相似度，而且这个品牌还携带了创始人特有的强项——愿意冒险、强大的品牌营销、对年轻人文化表现出的特别的亲和力、把客户的体验当作建立竞争优势的基石。当然，这个品牌也体现出创始人的弱项——倾向于短期思考、关心外观升级而非技术或者产品创新、前后不一致的财务基础等。

你应该不会惊讶，作为 Moz 的创始人，我和我的母亲米西格都没有正式的编程或者软件开发方面的经验，我们甚至没有接受过这方面的教育。我们之所以能进入软件这个世界是因为我们的市场营销背景让我们接触到了这个领域，依靠写作和商业开发技能，我们想办法在早期雇用了一些非常出色的家伙，正是在这些早期雇员的帮助下我们制作出了一些革命性的软件。有一个故事能够很完美地描述过去发生的这些事情。

对你的员工说"永远不要离开我"是一件很奇怪的事

在上高中的时候，杰拉尔丁有一个同学叫本·亨德里克森。亨德里克森是一个非同寻常的家伙，他身高有 195 厘米左右，但体重只有 73 千克。他的专业风度让他看上去既像是一个编程专家，又像是一个漫不经心的教授。你可以想象一下伊卡博德·克雷恩和安东尼·迈克尔·豪尔会面时的情形。

2007 年，当我们刚刚从风险投资公司 Ignition Partners 那里拿到了第一轮融资的时候，杰拉尔丁就把我介绍给了亨德里克森。在一家离我们办公室很近的希腊餐厅里，我一边喝着面前的鸡肉柠檬蛋汤和满是咖啡渣的咖啡，一边向他解释了我古怪的梦想——建立一个模仿谷歌的网页索引。每一个我曾和他们谈起过这个计划的人都认为这个计划是不可能实现的，或者至少在不能像谷歌那样可以随意支配数亿美元的情况下是完全不可能的。但亨德里克森歪着他的头，对着前方的空气凝视了几分钟之后，用他低沉的男中音回答道："我想我可以做到。"

最开始的时候他完全就是一个人单干。首先，他对所有的维基百科网站进行了爬行、索引和存储（单单这一项工作就涉及数千万个网页）。接着在 2008 年的早期，在我们的原型被证明没有问题后，他和我一起招聘了尼克·格纳，格纳成为我们的第二位工程师。我们是通过一个朋友找到格纳的，当时她和格纳的妻子一起在谷歌工作。这个朋友的名字叫瓦妮莎·福克斯，她是谷歌 Webmaster 工具程序的开发者，我们还曾经就网页索引的概念向她进行过咨询。当时亨德里克森、格纳、我和她一起坐在一家印度餐厅里，我们向她描述了我们的计划，接着开始倾听她向我们解释，为什么这样做是完全行不通的，还有为什么类似的尝试是一种很愚蠢的行为。但我们并没有被吓倒，我们 3 个人把自己锁在了 Moz 办公室里那间昏暗的密室中，在接下来的 6 个月里，我们一直为一个代码名为"车洞"（Carhole）的项目忙碌着。"车洞"这个词实际上来源于动画片《辛普森一家》中的一个很老的片段。在那个片段中，酒吧招待莫认为荷马是一个社会精英人士，因为他懂得如何使用"车库"这个名词，即便荷马当时使用了"车洞"这个名词，莫也一样能够听懂。正是在这个意义上，这个名词完美地诠释了我们想要完成的是一件什么性质的事情，即创建谷歌索引的一个简化的版本，至少这个版本你同样也能用。

我对这个产品的结构、设计以及输出给出了建议，而亨德里克森和格纳需要完成的是最困难的那一部分工作，即构建爬行、索引以及数据服务的基础架构，当然还必须包括大多数的前端应用。

我们从投资人那里拿到的钱一直以一种很稳健的方式花在了工资、虚拟主机以及日常的运营上。我们的营业收入虽然一直在不停地增长，但还是无法跟上支出增长的脚步。我们曾期望"车洞"项目［曾改名为"链接景观"（Linkscape），最后改名为"Moz 景观"（Mozscape）］会是一张被我们隐藏起来的王牌。我们知道，我们的客户非常想要了解任何与竞争对手有关的信息，比如在网上谁和谁互相连接在了一起，而谷歌早在几年前就已经将这一类的信息从搜索引擎中删除了（历史上，你可以在谷歌搜索框中使用命令链接 websitename.com 来查看谷歌了解的指向某个特定网站或网页的链接）。在这件事情上我们下了很大的赌注，因为我们相信将这些信息交还给市场营销人员和网站的所有者会给我们收费业务的增长带来巨大的推动作用。

2008 年 10 月 7 日，我早上在纽约市醒来，一个重要的搜索营销会议将在这里召开，而我们也将在这个会议上正式发布我们最新的项目，为此我感到兴奋不已。我下楼前往酒店的餐厅，在那里正好有一群人围在酒吧的电视机前。他们中有很多人显得很烦躁，甚至可以说是彻底地心烦意乱。雷曼兄弟公司垮了，美国和欧洲的所有银行意识到它们暴露在房地产市场的"信用违约互换"风险中，同时股票市场也正在崩溃。之前曾答应在今天会报道我们产品发布的好几个记者给我发来了邮件，说他们取消了原本在这次会议上对我们进行的采访，并解释说他们有更大的新闻需要报道。我步行穿过市中心来到会议中心，很担心接下来发生的事。

这次的会议基本上没有什么亮点，但至少在我们这个小小的搜索引擎优化的世界里，我们的产品发布还是受到了很多人的欢迎。注册我们网站的客户数量的增速明显加快，所以我们的营业收入的增长也开始同步加速。2008 年 12 月是我们拿到投资款后的第一个有盈利的月份，同时，查斯·威廉斯成为亨德里克森和格纳为他们的团队招募的第三名成员。威廉斯在读大学的时候就已经独立开发了一个原型项目，Moz 从他的手上买下了这个原型项目，然后把这个项目合并进了我们的套件。

看起来我们的创业梦想真的实现了。通过融资，我们成功地完成了一个重大的、很有挑战性的技术项目，之前所有人都认为这是根本不可能的，但现在我们已经在预算内按时完成。另外，我们还发布了相关的产品，并吸引到了想要使用我们产品的真正用户。我们在公司的第一次假日派对上庆祝这件事，我们戴上了很好玩的帽子，穿上了很奇幻的衣服（好吧，更确切地说我们穿上的是非常不合身的运动外套以及闪闪发亮的衬衫……毕竟当时我们还很年轻）。我们拍了照片，喝了香槟。我们还邀请了我们的投资人，他们也真的到现场和我们一起庆祝。

在接下来的两年时间里，我们的产品越来越好用，而且我们的营业收入也快速增长。但是到了 2011 年，格纳首先离开了公司。一年后，谷歌给了亨德里克森一个他无法拒绝的出价，不久之后威廉斯也跟着离开了。为此我们不得不聘用其他的工程师来管理"链接索引"这个项目。当我们尝试扩大索引覆盖的范围并提高内容的新鲜度时，我们获得的只是一些增量型的改进，但同时需要面对很多非常有挑战性的问题。在接下来的 5 年时间里，我们投入了几近疯狂的精力、金钱以及工程时间尝试对这个项目加以改进，但始终没有获得任何成果。单单为了这一个项目我们就雇用了十几个工程师，其中有些人成功地解决了一些问题，然后留了下来，但其他人不得不离开。在这段时间里，我们对部分软件做出了改进，但是我们的链接数据始终停滞不前。

与此同时，有两家竞争公司逐渐成长为这个市场的主导者。其中一家是 Ahrefs，这家公司在乌克兰和新加坡有秘密的运营基地；而另一家是由一个充满激情的俄罗斯工程师创立的英国公司，他最初的目标是推出一款能够替代谷歌搜索引擎的产品，他还把这款产品命名为 Majestic。在引领了这个行业数年之后，Moz 在"链接索引"这个领域成了一个还没有失败的参与者。

那么在这段时间里到底发生了什么呢？我们原本是这个领域的先驱，但现在已经被人超越。我们曾经完成了一件被认为是不可能的事情，现在却无法维持原来的地位。这就是作为奥运会短跑世界纪录的创造者，尤塞恩·博尔特不愿意参加马拉松赛跑的原因吧？

前后有好几年的时间我一直无法走出这次失败带来的痛苦和精神折磨。一个又一个无眠之夜，我睁着眼躺在床上或者呆坐在我的计算机前，仔细地琢磨事情是怎么变成现在这个样子的，我究竟做了什么导致这样的事情发生，当初应该如何做才能避免这样的事情发生。两个季度的时间又一次这样过去了，但结果仍然很不尽如人意。这一次我和所有的工程师一起坐了下来，决定花上几个小时弄明白我们究竟在什么地方出现了失误，并弄明白事情是如何偏离我们原定方向的。但我不是一个软件工程师，我甚至无法正确地理解到底是什么出了问题。这就像你在没有获得任何医学学位的情况下想要诊断一个有 3 颗头颅的外星人的病情。

回顾过往的一切，各种分析、对比、竞争对手的情报、愤怒、悲哀、沮丧等所有这一切都不断地涌来。但其中最糟糕的是……我真实地感觉到了无助。

杰夫·阿特伍德曾这样说过，写代码是"最容易的部分"。也许对阿特伍德来讲确实如此，但我想说的是，对 Moz 来讲，写代码才是最困难的，同时也是最让人头昏脑涨的部分。对我来讲，市场营销、接触并引导我们的目标客户，然后再把我们的产品送到客户的手中才是最容易实现的部分，这才是我最拿手的。

让客户对我们提供的产品产生深刻的印象——这对我来讲就是噩梦。

我很幸运当初能找到亨德里克森、格纳和威廉斯，他们成功地做出了一件其他人告诉我们根本不可能完成的产品，但正是这件事给了我一种虚幻的信心。我以为我能够专注于我自己的强项，然后把 Moz 的弱项交给我聘用的员工，但事情并没有如我所愿。在经历了好几任不同的首席技术官，组建了多个成员和规模均不同的技术团队后，我们一直没能再现亨德里克森和他的团队为"链接索引"这个问题带来的奇迹。

好吧，更准确地说，在我们把他们找回来之前情况一直没有发生改变。

2016 年，在亨德里克森离开 Moz 的 5 年后，他和他之前的同事查斯·威廉斯一起创办了他自己的初创企业 Idina。那一天我和亨德里克森坐在一起吃早饭，在吃饭前我就已经给他介绍了好几个人，目的是帮他卖掉他的羽翼尚未丰满的公司。我们之间的交谈使我意识到，我们两人所面临的挑战恰好相反，在他的公司里，尽管后台有非常强大的软件，但市场营销和客户支持根本就不存在。

我们谈了一些可能的报价，还谈到了他和威廉斯在 Idina 一起开发出来的那项技术。在听完了亨德里克森对他们的数据提取和处理系统的描述后，我不由得脱口而出，Moz 是不是也应该参与对他们公司的投标呢？亨德里克森避开了我的视线，在那里尴尬地嗯哼了好几秒钟后，他问道："好吧，那么你们是否已经解决了链接缩放的问题？"

"我很希望我能够告诉你我们已经解决了。"

"这样的话，也许 Moz 确实应该把我们买下来。"

"那么……在我把你介绍给所有其他的投标方之前，你就应该告诉我你的想法了。"

很快，在 3 个月之后，通过一种创造性的、结构化的（当然也是非常有利可图的）收购方案，整个团队再一次回来了。亨德里克森、威廉斯以及 Idina 的基础团队现在已经是 Moz 的一部分。一年后，我们再次成为"链接索引"这个领域中的领先者，从指标来看我们已经完全可以和竞争对手相抗衡，而且我们还有更多合作非常愉快的客户。

我没有办法肯定的是，如果我拥有一个工程学位，再把大数据软件的设计能力和执行力算作我个人的强项，那么 Moz 当初是否还能够维持在那个领域中的领导地位和产品的质量呢？同样我也无法明确地知道，如果亨德里克森、威廉斯都是拥有丰富经验的市场营销人员，那么他们的创业公司在吸引用户这方面是不是还会遇到困难呢？但是我非常肯定地知道，我们所遇到的绝不是什么孤立的个案，事实上这样的事情相当普遍。

如果你从来没有玩过橄榄球，那么在美国橄榄球联盟年度选拔赛上取得好的名次是极其困难的

每一个创始人（或者一群创始人）对于在创业的过程中所遇到的最困难的部分往往会有不同的看法，而那些对于困难的部分有相同看法的创始人对于创业中最容易的部分又会有不同的看法。你在和两个创立了自己的公司并且很有天赋的软件工程师交谈后会发现，招聘、管理或者市场营销会被看作最困难的问题。但与在这条街的另一头创立了一家公司的市场营销人员和人事经理交谈后，你听到的情况可能会截然相反。

一个残酷的真相是，这些"最困难的部分"和"最容易的部分"实际上和创业过程中你需要面对的挑战无关，更多关系到创业者自身的强项和弱项。我们都相信，我们需要面对的问题和经历都是最为常见的，是每一个创始人都必须花精力去解决的。实际上这种情况可以用"可得性启发式偏差"（Availability Heuristic Bias）这一心理学原理解释。

尽管刚刚出现的这个名词有点儿令人望而生畏（当你喝醉的时候绝不要尝试使用这个名词），但它的概念非常简单，即"我

们所处的环境决定了我们的感知"。比如，对于人们亲身经历的某件事情，在使用统计学原理还原出事情的真相后，不同的人往往会形成完全不同的政治观点，此时如果你试图去说服另一个人接受你的观点，你就会明白这一心理学原理的强大之处了。（回想一下，你曾经有多少次在某个餐厅经历了非常糟糕的体验，但在 Yelp 上你发现有 238 个关于这家餐厅的评级居然都是 5 星。）

那些通常认为你可以通过雇用出色的人才来弥补你的弱项的观点并不是完全错误的，因为出色的人才确实能给你带来他们的强项，但是当你将这样的建议传递给另一个人的时候，它同时还应该包含如下 3 个提醒。

（1）在某个领域缺乏深层次的知识和理解往往意味着你不太可能在那个领域建立起你自己的人际关系网络，不太可能在那个领域中辨别出哪些人你找对了而哪些人你又找错了，而且更不可能成功地招募并说服出色的人才加入你的公司。你甚至根本无法意识到你缺乏的到底是哪方面的知识。（对未知的东西你根本无从着手，你说是不是？）

（2）一个创始人的弱项常常会被烙印在企业的 DNA 中，并成为某种象征性的债务，或者更确切地说成为企业日常运作或系统上的某种缺陷。企业想要取得进步首先就必须解决这样的问题。如果你缺乏技术，那么企业常常会表现出在技术方面的负债。企业在增加产品的功能或者进行规模化扩张之前，就必须通过重新架构和重组企业的核心系统来对这种情况做出修正。如果你缺乏的是人事管理方面的技能，企业就会表现出在组织架构上的负债，你很可能需要花费好几个月的时间来深入挖掘企业内部人与人之间、各个团队之间存在的冲突。在必要的时候你完全可以也应该让一些员工离开，然后再雇用一些新人，只有这样你才有可能在企业内部构建一个能够促进协同工作以及团队合作的流程。

（3）当你依赖某个人（或者几个人）来提升企业的某个弱项时，单单这几个人的离职就会给企业带来未知的风险，原有的疮疤会被重新揭开。在一个比较小而且还不是很有经验的团队中，这样的风险会更大。在这样的团队中一个资深的领导者往往还可以通过他个人的存在来确保这个小团队聚而不散。但是，随着企业的规模越来越大，这个领导者也只能在确保冗余的前提下通过雇用更多杰出的人才，以及建立起出色的管理流程，来维持产品质量的前后一致性，也只有这样做上述的风险才会逐渐降低。

雇用或者找到一个拥有相关技能的共同创始人并不是提升企业某个弱项的唯一方法。

如果你非常确信（或者极其害怕）在某个领域中的弱项可能会导致你公司的衰落，那么你就应该加强在这方面的投资。但首先，你需要确认这样的弱点确实是存在的。

这个过程是很容易就能实现的，但是很少有创业者有这样的自觉，或者会花时间对企业进行诊断。我在这件事情上已经失足了很多次，所以我的建议是，当考察你自己的强项和弱项时要做到既审慎又规范。这样的话，这个过程几乎总是能够让人震惊地映射出你公司的强项和弱项。

把你的公司的主要职能部门列在一张清单上。现在基于你个人对于每个职能部门的倾向性，运用下面的衡量标准对它们做出评判。

- 第一层：你只拥有理论上的知识（或者更少）——你有朋友曾经在这个领域工作过，而且在理论上，通过大量的阅读以及对于这个主题的强烈兴趣，你能够理解这个领域在具体实践中的一些基本要素。但是你从来没有在这个领域工作过（偶尔作为志愿者，或者提供无偿的协助不作数），从来没有直接管理过在这一领域开展工作的任何人，更没有在这一领域接受过任何正规的培训。

- 第二层：你拥有管理上的知识——在这个层次，你直接的部下曾经在这一领域工作，并且还成功地完成了其中一些项目。你曾经负责对那些项目进行审核，旁听过项目的参与者相互之间的对话，也曾参与了一些非常困难的决策过程，并且还评估了项目可能会带来的结果。但是你无法亲自参与这项工作，至少你没有任何程度的自信或把握进行直接的参与。你不得不依赖别人来告诉你，什么是能做到的，以及为什么有些是可行的，有些却是完全行不通的。而且，当你想对别人说他这是在胡扯时，你也根本没有任何说服力。

- 第三层：你拥有实际的应用知识以及工作上的经验——你自己曾经做过这项工作，尽管很可能是与一支团队共同完成的。即便你只是在管理那些承担了重任和细节的员工，但你仍然能分辨和确认可能存在的陷阱、潜在的问题、糟糕的假设或者可能出现的错误。也许你在学校里就曾学过相关的课程或者接受过正规的培训，但一般来讲，只有实际的经验才是你达到了这个层次的标志。

- 第四层：你拥有更深层次的专业知识以及开展教学的能力——你不但自己亲自参与了，而且还通过管理其他人一起完成了整个项目。多年以来，你在这个项目上所获得的成果一直维持着很高的质量，并且还把具体的实践方法教给了其他人。

让我们以软件工程为例，因为在初创企业的世界里，这个过程是大多数创始人以及潜在的创始人都需要努力面对的。（在那些关注创业的论坛上，你只要看一眼，就会发现有数千个问题是这样开始的："我想创立一家××，但我并不是技术出身……"）假设你和我一样，而且有关的技能目前就在第一层或第二层，你想让这项技能成为你公司的强项，那么可供你选择的做法是很直截了当的。

（1）学习有关的过程，然后你自己直接参与其中。

（2）和一个已经具备了这一强项的共同创始人一起创立你的公司。

（3）在必要的知识上进行投资，使你能够雇用、留住、关注并管理在这个领域中的杰出人才。

我曾见到过的每一条建议几乎都会忽略最后的选项，但都会聚焦前两个选项。在莎拉·伯德成为 Moz 的 CEO 之后，我看着她从第一层的最底端走到了第二层的最顶端，并且在她任职的前18 个月内把在我任职期间 Moz 的一个最根本的弱项转变成了一个核心强项。事实上，在我任职期间我们也只是偶尔地在类似于早期的"链接索引"这样的项目上获得过成功。

她又是如何做到这一点的呢？我曾要求伯德贡献出她自己的经验，这样我们就能直接从源头听到我们想要知道的。

在加入 Moz 之前，我在软件工程上的唯一经验来自很多年前的"计算机科学 101 课程"。我在技术深度上的欠缺会让我在管理技术领导者和团队的时候产生一种不安全感，尤其是当开发不是很顺利的时候，你很容易就会感受到这样的困扰，但通常你根本不知道为什么你会有这样的感受。是我找的首席技术官的人选有问题吗？或者是工程师的问题？也许我们正在尝试解决的技术问题要比我们原来想象的更难？或许是因为我们没有足够的资源？又或者没有合适的资源？在开发基础架构上以及在技术负债上我们是不是有些投资不足？我会一圈又一圈地在各个部门转悠，试图寻找和理解其中的原因。

下面是我曾经做过的一些最重要的事情，正是这些让我成为技术人员和团队的更好的领导者。

- 在一个跨层级的会议上（在这样的会议上，一个高级经理可以和原本向他的部下汇报的团队成员见面），与那些工程师一起提出问题，这样的提问不仅是为了找到问题的根源，也是为了找到明确的解决方案。比如，你可以这样问："有哪些好的软件开发方式是你们以前的公司采用的，但在这里你没有看到？"这就让其他公司的最佳实践浮出水面。

- 当你发现在团队中有个别的工程师采用了一个与他们之前曾尝试过的策略完全不同的策略，并且还很有信心地跑来向你明确说明为什么他们想这样做，你就应该赋予他们一定的权力去尝试并实践。全力支持他们，即便他们只做了一些极为细微的改变。即便这些在策略上的改变并未起到什么作用，你也应该奖励他们为此而投入的精力。

- 尽可能多地阅读各种不同的技术文化以及最佳实践案例，你可以阅读 Spotify、网飞以及爱彼迎这类公司在"如何进行项目开发"这个问题上发表的博文。关于最佳实践案例还有很多非常出色的图书、博文以及会议访谈等。投入一些时间去尽可能多地阅读这些东西，比如，我经常看埃德蒙·刘和杰斯·亨布尔的文章。埃德蒙·刘是一位软件工程师，曾服务于谷歌和 Quora，同时他还在运营 EffectiveEngineer.com 博客网站。杰斯·亨布尔在加利福尼亚大学伯克利分校工作，他还同时运营 ContinuousDelivery.com 网站。不要只停留在口号上，你需要务实地参与高绩效团队举办的各种会议，了解它们的习惯和日常使用的平台。

- 在设计审查的会议上或者在一对一的沟通中，将你听到的关于技术和实际运用的内容记录下来。然后回到你的计算机前，用谷歌进行疯狂的搜索。阅读任何你能读懂的关于技术的内容，在你阅读的过程中，一定不要忘记，工程师们常常会陷入某种信仰之争，他们会毫不犹豫地相信某种技术要比另一种技术好很多。当一个工程师对某种技术从普通的推崇走向幼稚的迷信时，你要有能力辨别这种现象，你需要明白你读到的任何东西里都掺杂了大量的个人喜好。对于某项技术，你需要了解哪些人是迷信者，哪些人是鄙弃者，以及哪些公司正在使用这种技术。一项"完美的解决方案"并不存在，但你要小心那些不这样自夸的人，因为他只是在这两者间做出了妥协而已。

- 你应该招募那些很乐意在工作中指导其他人的技术领导者。雇用一个乐于指导他人的首席技术官也许是让你成为一个更好的 CEO 的最佳方式。你应该从一开始就清晰明了地告诉他，你正在寻找的是一个有能力推动公司发生改变，并愿意在工作中对你以及整个技术团队进行指导的首席技术官。如果一个首席技术官不想让你了解工作中的细节，那么你就要小心了。能够用简单的方法来解释复杂的事情是这个岗位的基本要求。

毕竟，好奇心和勇气才是领导一支技术团队的关键。你必须谦虚、勤于提问，并且还应该多读一些关于技术方面的内容。如果增量型的改变无法让你获得更好的结果，那你就需要有勇气果断地调整技术团队的领导层。不断地做出改变，尝试新的东西，直到你看到有更积极的势头出现，然后你应该果断地从技术团队的日常事务中退出来。

莎拉·伯德，Moz 公司 CEO

这就是从你个人的角度以及从企业的角度了解你的弱项能为你带来的改变。你可以在这些弱项上加强投资，对它们进行双倍下注，在这个过程中你的整个公司也将因此而受益。

如果已经有了强壮的根基，那么就让它长得更高吧

让人欣慰的是，在创始人的身上并不只有弱项（尽管当我们昏昏欲睡的时候，我们的大脑并不是这样告诉我们的）。一个创始人的强项和他的激情常常也会成为一家企业的强项。聪明的企业可以在这一强项的基础上开发一种商业模式，一种团队架构，一件产品，以及销售和市场营销的渠道，以充分利用这一优势，并减少企业弱项可能会产生的负面影响（千万不要忽视这一点）。

我们在 Moz 尽管并不是有意为之，但取得了很好的结果。我们创立了一个拥有数十万名市场营销人员的社区，一个每月有数百万访问量的网站，以及在这个行业中权威的、值得信赖的声

誉。鉴于我们在营销漏斗的顶部有着如此强大的实力，把企业排除在外，仅仅服务于一小部分个人用户是一件非常愚蠢的事。相反，我们采用了一种自助的模式，用户只要经过非常简单的注册就能登录我们的网站，而这每个月为我们的软件吸引了数千名免费试用者。

Moz 将社区的强项和有关内容的庞大流量与能够将输出和获得的价值最大化的公司业务结合在了一起。回想一下，我们在刚开始的时候还只是一家咨询公司，仅仅服务于我们潜在客户中的很小一部分（实际上每个月最多也只有六七个客户）。但在我们转向软件免费试用并随后开始收费服务后，我们在毛利率、增长潜力以及在我们的强项与公司架构之间的联系上有了巨大的提升。

认识你自己：并不只是一条神圣的 T 恤衫标语

作为一个创始人，作为一支团队，以及作为一家企业，如果你想要在自己的强项上进行双倍下注或者最终克服你自己的弱项，有一个关键的前提是你需要对你自己有所了解。

可悲的是，我们中的大多数人对于自己的强项和弱项几乎可以说是一无所知。对我来讲，正是因为缺乏对自我的了解，我蓄起了络腮胡，随后在贝尔法斯特的旅馆房间里只看了一段优兔的视频后就想自学驾驶一辆手动挡的汽车，最后又在完全没有任何编程经验的情况下创立了一家软件公司。

当你在爱尔兰弯弯曲曲的道路上险些送命，接着又莫名地欠下了巨额债务时，你又如何才能找出自己的弱项呢？下面我列出了一些非常有用的方法。如果在我长出那些糟糕的络腮胡之前我就知道了下面这些方法那该有多好。

- 如果你是一个创始人，列出一张在你的职业生涯中你曾经历过的成功和失败的清单，以及在运营一家企业时所有你感到熟悉和舒适的基本要素。有很大的可能性你的弱项并没有被罗列在上面的清单中。

- 对你的成功和失败做连续不断的记录，这样你的员工和团队就可以记录下那些最终被踢出局或者已经偏离了原来方向的创意和投资案例，这将是一份可供大家共享的文档。尽管这份文档对目前的你来说没有什么用处，但是随着时间的推移，你可以对文档中的案例进行归类和分析，并从中识别出有用的模式。

- 当一支团队、一个项目或者某一个投资领域出现问题时，你（或者创始人）会不会亲自过问并提出解决方案？通常来讲，当你或者创始人亲自过问后，相关的问题是不是得到了解决？或者你们公司的市场地位是否得到了加强？如果对这些问题的答案始终是肯定的，那么你已经发现了你们公司的一个强项。但如果答案是否定的，那么你也找到了公司的一个弱项。

- 列出你们公司内部的各个职能领域，不要在意你实际上是如何具体划分团队和人员的，并且记录下哪些团队或者职位有很高的人员流动率或者较高的人员留存率，哪些团队能够很轻易地招聘到人手，哪些很难找到合格的申请人。这些有关招聘和人员留存的数据与你们公司的强项和弱项有着很强的关联性。

- 如果你还没有启动你的业务，或者还处于早期阶段，你可以用你的战略计划来分辨你的得失。有相当大的可能性你的战略计划的有些方面已经完全成型，对此你有很强的信心，并且你还绘制了一份详尽的战术路线图。但是在其他方面你可能还没有任何实质性的方案，你拥有的还只是你内心的期许，其中有太多的细节要么将由你期望能够雇用到的人来填写，要么通过你的团队堪称典范的执行力、学习能力以及不断的迭代来弥补。但后者几乎可以肯定会让你磕磕绊绊。

- 向你的团队、你的投资人、你的朋友和你所爱的人、你的客户、你过去的经理和同事提出问题。我们往往无法看清我们自己，会过多地表现出自傲和虚假的谦逊，而且这两点还经常会在不同的方面同时表现出来。如果有人提到你的某种性格是你的优点或者缺陷，那么你就应该审慎地进行反思。如果有很多人都提到了这一点，那么你应该已经得到了一个相当明确的答案。不要忘记，你越是能虚心地接受，人们对你也就会越加坦诚。

　　以上我并没有穷尽所有的战术手段，而且很可能没有揭示出所有的风险和你需要的机会。保持警醒和随时能够做出反应对你来讲同样重要，同时也是一件很难做到的事情。在企业创业的早期，一个创始人表现出来的强项很可能会在企业的规模扩大后成为企业的弱项，这就像你在经历了多年的失败和不断地学习后，你之前的实践和经验能够将你的弱项转变为强项。

第六章
不要为了错误的理由融资，
或者从错误的人那里得到融资

> 最好的创业者……知道如何通过一个精彩的故事去说服
> 那些天才和投资人加入自己的创业团队。
>
> ——亚历杭德罗·克雷梅兹斯[①]，2016 年

如果你想有一个高于平均水平的机会成为世界上最受尊敬、最成功的创业者之一，那么毫无疑问，你需要从投资人那里获得融资，除非你自己很有钱，或者在你父亲的姓氏中有"朗普"这

---

① 亚历杭德罗·克雷梅兹斯是一个连续创业者，也是云募资平台 OneVest 的联合创始人兼执行总裁，同时还是《创业融资的艺术》一书的作者。——译者注

个音节。融资是一件很吸引人的事。媒体会写文章来报道你，你的朋友会向你表示祝贺，你的竞争对手会因此而感到害怕，你的办公室环境和福利待遇会有所改善，你的工资还会得到大幅度的提升。而且，与你的业务有关的所有事项，包括客户规模、人员招聘、市场营销等都很有可能会从中受益。另外，融资还能帮你交到新的朋友。我妻子有一次就阻止了我在酒吧中大声喊出"所有的饮料我来付账！"这样的豪言壮语，因为当天我刚刚在邮箱中收到了一份融资报价，而这一天正好是圣帕特里克节。尽管当时钱还没有汇入我们的银行账户，但仅仅想到钱马上就要到手我就已经醉了（呵呵，只喝了两杯莫斯科骡子伏特加而已）。

但是，如果你创立的企业无法百分之百地符合他们的模式，那么从机构投资人那里获得融资就是一个很可怕、很不好而且还很糟糕的想法，关于这一点有太多的理由可以告诉你这是为什么。

2007年，我们完成了第一轮110万美元的融资，投资人是Ignition Partners 的米歇尔·戈德堡和 Curious Office 的凯利·史密斯。之后 Moz 又进行了两轮融资，后两轮融资的总金额为 2 800万美元。我很荣幸在另一家同样由风险资本支持的创业公司，即位于旧金山的 Minted 公司担任了几年董事。另外，很不幸的是，2009—2012 年，我每隔半年就要花好几个月的时间进行融资，只是所有这些尝试最终都没有获得任何结果。在那几年的时间里，我花了无数个小时与数十位同样也是由风险资本支持的创业公司 CEO 和创始人待在一起，聆听他们的故事。尽管我对于以初创企业为对象的风险投资行业的理解并不像有些人那么深，但我想我了解的那些应该已经足够了。

风险资本改变了 Moz，也改变了我，它还使我成为一个更好、更加专注、更有雄心的创业者。在一家成功获得了风险资本支持的创业公司里，在我担任 CEO 的最初的两年时间里，我学到的东西比我在之前的 7 年时间里和我的母亲一起在一家艰难经营的家族企业中学到的要多很多很多。

我们为 Moz 筹集的资金，以及加入我们董事会的合作伙伴的帮助，对我们来讲是真正非同寻常的礼物。没有这些外部的帮助，我的职业生涯不可能走这么远，我也不会有机会写下这本书。但是当有人问我在未来的经营活动中我是否还会再次进行融资时，在过去的数年里，我的答案已经从"是的，肯定会"转变为"嗯……我真的不希望再次进行融资了"。

为什么？这里有两个原因，涉及你获得成功的概率，以及相应的成本。

我的意思是，你实际上并没有签下血契

创始人通常会这样认为（当然我也是这样认为的），当投资人决定把钱投入你的公司时，对于结果他们应该已经有了比较一致的看法。你们现在已经在同一条船上，每个人对于公司的成功都会兴高采烈，而且每个人都愿意更加努力地工作以让这一天早日成为现实。

原谅我，但是我不得不给你们每个人都浇上一盆冷水，让你们能尽早从创始人的幻觉中清醒过来。

要知道投资人绝不是笨蛋（我的意思是，他们中有些确实是

笨蛋。没错，就是你，卡尔德贝克，还有你，凯鹏华盈）。当他们大声地宣布，他们会百分之百支持你并竭尽全力帮助你的时候，他们并没有说谎。他们是真诚的，尤其是在刚开始的时候。但是随着时间的推移，当把你的表现与他们投资组合中其他的公司进行比较时，他们对你的兴趣就会发生变化。也就在这个时候，各种分歧开始出现，但是如果你和你的公司，尤其是你的领导团队，并没有为此做好准备的话，那么现实就会给你们狠狠的一击。

长期来讲，机构投资人和天使投资人在投资任何一家公司时都必须面对一种不确定性，这就是为什么他们会同时对不同的企业进行下注。事实上，只有极少数的企业会给他们带来利润，而其余的会让他们亏本，或者刚好盈亏平衡，又或者得到的回报实在太小了以致根本无法"超过市场的平均收益"（也就是说，赚取的回报超过标准普尔 500 指数 8%~10% 的年度复合增长率）。在现实中，对普通的风险投资基金来讲，它们的投资组合的收益状况类似于下面这样的分配。

- 在 10 个投资项目中，有 5 个会彻底失败。
- 另外 3 个项目可以带来一些微不足道的回报。
- 最后两个加在一起将构成基金的绝大部分收益。

对初创企业的投资一般会遵循"帕累托法则"，也就是 20% 的投资会给基金带来 80% 的回报。

如果你已经开始融资，或者已经成功地在这个过程中拿到了钱，你也许会认为，现在你已经有了一个平等的合作伙伴，一种有着共同利益的伙伴关系，一种把他们的成功与你的成功紧密捆绑在一起的伙伴关系。如果你真的相信了这样的观点，那么肯定会有一段非常难堪的经历在前方等待着你。我还不想毁掉这本书的结尾，因为这本书到这里还没有讲完一半的内容，但请相信我，类似的事情曾经发生过很多次（如果你无法克制住这一悬念对你的诱惑，你可以直接翻到第十七章）。

下面是我希望投资人在把钱投给那些创业公司前可以告诉创始人的一些话。

- "我投资了数十家乃至上百家不同的创业公司。10 家中有 8 家肯定不会给我带来任何回报，但是我并不知道它们中有哪家最终会给我带来回报，所以我不得不对很多不同的公司下注。"

- "如果你的公司最终看上去就是那家能够赚大钱的公司，那么我会花大量的时间关注你，我的其他合作伙伴也会这样做。我们会让你感到你很重要、很有权力、很受尊重——你就像是我们亲密的朋友和知己，也许更像是我们自己的孩子。"

- "如果事情朝着另一个方向发展，而且你看上去更像是那些废物中的一员，你应该可以想到我们对你的关注和兴趣会慢慢地消失，也许你很快就会有这样的感觉，和你一起开会并向你提出各种要求更像是一种例行公事而不是完成我们共同的使命。"

- "为了确保一家成长中的企业获得成功，或者尝试去挽救一家陷入困境的创业公司，我们最重要的手段之一就是替换企业的 CEO。如果事情一切顺利的话，我们不太可能会采用这样的方式。但如果事情已经非常糟糕，尤其是这种情况已经持续了很长一段时间，那么采用这种做法的可能性就会很大。"

- "如果能够让你兴奋的是建立一家既稳定又实力强大的企业，并且这家企业还能为你带来利润，让你既有钱又快乐，同时它还可以让你在工作和业余生活之间维持平衡，那么毫无疑问我们将是你错误的选择。"

- "如果为了让你自己的公司能够一跃成为一家罕见的价值数十亿美元甚至更多的企业，你可以坚持不懈地专注于自己的工作，同时还对你周围的团队提出同样的要求，另外你已经无法想象除此以外你还能够干些什么，那么尽管实现目标的可能性并不大，但我还是要恭喜你，因为你这样的模式正是我们想要的。"

- "个人的快乐与成功地从风险资本那里获得融资，这两者之间几乎没有什么联系。"

我并不想对风险融资的模式进行过分负面的描述。如果我说的话听上去有些刺耳，那是因为技术媒体和初创企业的文化已经用一种非常凄惨的方式描述了这个现实。而风险投资人自身，无论在推特上，在技术活动的舞台上，还是在与创业者见面的咖啡店里，对此并不是这样描述的。他们中的大多数对于失败的概率往往会轻描淡写，会过度售卖他们能够带来的价值，而且，如果他们确实对你的公司感到兴奋，他们就会让你相信你是一个能够征服世界的天才。只有在一个非常短暂的时间窗口，他们才是极端的乐观主义者。而就在这个短暂的时间窗口，你也会被感染成为一个乐观主义者。

风险资本是如何失败的？即便他们实际上已经赢了

按照美国风险投资协会的统计数据，有 30%~40% 的高潜力美国初创企业最终彻彻底底地失败了，在这里失败指的是投资人最终连一分钱也没有拿回来。但是，如果你把初创企业的成功定义为按预期为投资人的投资带来了一定的回报，那么数量庞大到95% 的初创企业都可以被看作是失败的，这常常还意味着它们也没能给创始人或者企业的员工带来真正意义上的补偿。考虑到创立一家企业，你需要投入大量的时间、精力，承受巨大的压力，另外还要接受投资人的资助、让钱发挥它的作用，这样的失败率几乎是不可思议的。这就好像你同意让尼古拉斯·凯奇担当所有电影的男主角，谁又会在如此糟糕的成功率的情况下心甘情愿地签下这样一份具有极大杀伤力的协议呢？为什么你还要在这里面投入上亿美元的资金呢？

（另外，你有没有看过《灵魂战车》这部电影？还是不要去看了。）

想要理解上述的困境，首先你需要理解风险资本这个世界——风险资本是如何获得它们的投资本金的，它们的目标是什么，它们的基金又是如何运作的。这就像你理解一个供应商、一个合作伙伴、一个外包方或者一个潜在客户的动机以及他们的性格，知道所有这些对于企业的运作是大有好处的。同样，对于初创企业，了解机构投资人的运作方式也会让人受益匪浅。事实上，相比很多其他的因素，这一点实际上更加关键，因为你一旦和风险资本签下了融资协议，通常你的公司就会在整个存续期间与风险资本捆绑在了一起（通常只有 5% 的创业公司能够满足风险投资人的投资回报期待值，所以直到 / 除非你能成为这 5% 中的一分子，否则你与风险资本的捆绑是无法解开的）。

通常风险投资公司从如下这 4 个渠道获得它们投资的本金：来自非常富有的个人或家庭的基金、来自大型雇主的养老基金、资金充裕的大学基金以及邪恶但聪明的亿万富翁。

（在现实中，亿万富翁并不一定是邪恶的，但如果确实如此，那么他们已经被划归到了第一个分类中。）

所有这些资金的来源被称为有限合伙人。与初创企业向风险资本进行融资的过程非常相似的是，风险资本同样也需要向有限合伙人进行融资。风险投资人需要说服有限合伙人的投资委员会，他们寻找到的对一些创业公司进行投资的机会、他们团队的判断力和经验以及他们的基金助理，所有这些组合在一起将确保他们的投资具有高回报率。

最好的风险投资人既是出色的人才也是优秀的投资人，但是他们毕竟还是普通人，对于曾经向他们自己的投资人做出的承诺，他们同样需要承担起相应的义务。在这个时候，激励就会起到一定的作用，在你能站到风险投资人的角度去理解他们的想法之前，想要（以最符合逻辑的方式）理解他们的行为将会是一件很困难的事。

他们的终极目标是提高投资回报率，其手段包括把钱投入股票市场、债券市场或者其他的投资工具。其具体的目标是达到12%的年增长率，这意味着在一个10年期基金的生命周期内获得3倍于基金规模的回报（比如，1亿美元规模的基金最后要达到3亿美元的收益）。想要超过市场的平均收益是非常困难的，真的非常困难。只有大约5%的风险投资公司能够做到这一点，另外还有10%的风险投资可以获得2~3倍的回报，接下来的35%可以获得1~2倍的回报，但最底层的50%收回的资金量将少于他们原来的本金。令人庆幸的是，对95%的没有实现目标的风险投资公司来讲，通常它们还有15年以上的时间来决定某一个基金是否会获得成功，因为它们还有一段不短的时间可以对之前的投资做出安排，并决定是让那些公司破产，还是卖掉那些公司，或者让它们开始首次公开募股。

5%的成功的风险投资公司获取回报的唯一方式就是在极少数的公司身上获得巨大的收益。在某个基金所投资的数十甚至上百个项目中，通常来讲，1~2个投资项目就有可能带来几乎全部的收益。这就让我们产生了这样一种直觉，如果你能够近距离地观察初创企业这个世界，那么每出现一家类似谷歌、脸书、色拉布或者易贝这样的初创企业，必定会有数千家我们大多数人从来没有听说过的创业公司存在，而且它们永远也不会为人所知。

为什么只有"巨大的收益"才能符合风险资本所要求的模式？Moz和它的投资人就是一个很完美的案例。

2004年，Ignition Partners从它的有限合伙人那里融到了3亿美元的资金，那些有限合伙人希望在接下来的10年里，

Ignition Partners 可以为他们带来至少 3 倍于投资金额的回报，也就是 9 亿美元。

2007 年 11 月，Ignition Partners 用这 3 亿美元中的 100 万美元投资了 Moz。这笔交易使 Moz 的估值达到了 710 万美元，并使 Ignition Partners 拥有了 Moz 大约 14% 的股权。现在让我们来想象一下，到 2011 年有一家公司准备用 4 000 万美元收购 Moz（这并不是一个不切实际的场景，我们将在第十三章中更具体地讨论这个场景，说实话我至今还对当时做出的决定感到后怕）。Ignition Partners 的投资回报如表 6-1 所示。

表 6-1　Ignition Partners 投资回报表

代表方	投资金额（美元）	公司占股比例	4 000 万美元收购案中的收益（美元）
兰德·菲什金	0	32.3%	12 920 000
吉莲·米西格	0	32.3%	12 920 000
Moz 的员工	0	20%	8 000 000
Ignition Partners	1 000 000	14%	5 600 000
Curious Office	100 000	1.4%	560 000

实际上，在上面的情形中，Ignition Partners 的收益已经超出了它对这个模式的预测。它的投资已经给基金带来了 5.6 倍的回报，而且在时间上还远早于有限合伙人的预期以及他们当初给定的目标。但是对 Ignition Partners 来讲，这样的回报并没有太大的意义。这听起来好像有些荒唐，但这就是事实。就拿我们这个例子来讲，Ignition Partners 需要向 300 家公司提供类似的融资，并且还要保证每一家公司都能获得上面这样的收益，只有做到这

一点，才能确保它自己也能达成目标。

但对于任何一家基金公司，哪怕只要求它们做到类似上面投资的一半的成功率也是几乎不可能的事，而且正如我们在前面讨论过的，投资的成功率是一种非线性分布，只有在分布曲线最顶部的那几家公司才会有很高的成功率。华尔街的分析师通常满口都是数学术语，而且在他们的眼里往往只有美元，但是即便在这样一双冷静异常的眼睛里，当初那 100 万美元实际上更应该投给另一家创业公司，而且更重要的是 Ignition Partners 的 12 个合伙人中的任何一个人都不应该把他们的时间花在我们身上（合伙人的时间一般用于寻找投资对象，做出投资的决定，作为企业董事会的成员履行董事的职能，以及帮助他们所投资的企业）。

请继续读下去，你也许会对我说，这听起来好像就是邦德电影中的那些高风险的疯狂游戏，而且只有书呆子才会上当。

现在让我们一起来成立一家合伙人制的风险投资公司，我们把这家公司称作"天蝎风投"，在这个名字上有一种相当好看的、隐晦的邪恶光环。现在我们找到了一些有限合伙人，并成功地让他们相信我们正在投资一些天才，就这样我们成立了我们的第一个 4 亿美元的基金。

我们坐在特斯拉轿车里到处转悠了几个月，在一些潮人咖啡店里与创业者见了面，同时还构思了关于物联网市场的论点，最后我们终于找到了一家我们喜欢的企业：Globex 公司。我们与创始人进行了谈判，双方同意在交易前公司的估值是 4 500 万美元，然后在他们的 A 轮融资中我们从我们的基金中拿出 1 500 万美元。在接下来的两年时间里，我们看着他们的公司像野草一样壮大起来，我们充分利用我们的网络、智力以及时间对他们的团队进行支持。在我们的第九次董事会上，他们宣布从行业巨头 C.M.Burns 公司那里拿到了合计 4.5 亿美元的收购要约。创始人感到欣喜若狂！在不到两年的时间里，他们公司的价值已经增加了 9 倍。但是，这个消息对"天蝎风投"的团队来讲实在是非常糟糕的，这又是为什么呢？

因为对我们来讲，4.5 亿美元的合约仅仅带来了 1.12 亿美元的回报。尽管这几乎已经是我们最初投资的 10 倍，而且听上去还非常惊人，但是要兑现我们那个 4 亿美元的基金必须有 3 倍以上回报的承诺，我们需要另外拿到 12 亿美元的收益。这家创业公司的计算方法对我们很不利，因为 Globex 是当下我们最热门的投资，如果这家企业退出了我们的投资组合，那么再想要弥补其他 90% 以上我们所需要的回报，实现的可能性就会更低了。

我们甚至可能会就公司被收购这件事与创始人发生争执，我们会争辩说再过 4 年以上的时间，Globex 的估值可能是今天这个价值的 5~10 倍。创始人的家人和朋友（还有那些手上有期权的员工）也许会这样说，如果放弃马上就能到手的大笔现金，转而选择从现在算起一年后或许可以拿到更多的钱但实现的可能性并不是很大的机会，这实在是太蠢了。无论怎样，在卖掉你的公司后你能马上到手 1 亿美元以上的现金，那么对你来讲再多几个亿的现金真的有那么重要吗？

但是对我们来讲，让这次收购得以顺利完成几乎同样愚蠢，毕竟最终的决定权在我们手里——在当初我们和创始人所签署的合约中，相关的投资条款给了我们对所有交易的否决权。如果我们没有对这次收购进行阻拦，我们自己的家人和朋友，至少那几个明白风险投资背后的数学原理的人，就完全有理由对我们大吼大叫道："天蝎，你们真的完全疯了！"

（我难道因为看《辛普森一家》而荒废了我的年轻时光吗？当然没有，因为时间就应该是这样花的。）

任何正在考虑想要通过风险融资进行创业的人，他至少应该从这个有些过于简化的模型中学到如下这关键的一课：风险资本通常会通过投资众多很可能会失败的企业来寻找极少数有可能会获得巨大到不可思议的利益的成功企业。除非你的企业和风险投资模式能够完全匹配，否则你根本就不适合走这样一条路。要么习惯于面对各种可能性，要么就不要再掷骰子了。风险资本的世界原本就是为那些远离普通人世界的怪才而准备的。

如果你想进行融资，或者打算加入一家正计划进行融资的创业公司（或者已经拿到了融资的创业公司），你就必须理解上面谈到的各种可能性以及这种模式蕴含的风险，否则的话你只是一个在一场所有的牌面都对你不利的赌局中被蒙在鼓里的炮灰。如果你的创业公司已经拿到了风险融资，但是你不太愿意去做一些具有极高风险的事情（通常这样的事情十有八九会让你的公司倒闭，但也有可能会让你的公司成为独角兽），那么你的公司就会和风险资本的投资逻辑产生根本性的冲突。这种冲突很有可能意味着你将失去你的工作和你的公司，或者与你的董事会成员陷入非常尴尬的僵局。

与风险资本的投资逻辑相匹配通常意味着你和你的公司在融资交易中必须具有更加长远的眼光，同时还必须认识到，只有当你达成了一个几乎不可能实现的、价值数亿或者数十亿美元的结果时，你才真正获得了"成功"。这意味着你必须制订这样一个计划，让你的创意转变为一家拥有数亿美元营业收入的企业，或者拥有数千万乃至数亿用户的企业。同时这还意味着你必须拒绝任何早期的收购要约（当然这些要约并不一定能成为现实），即便这些要约很有可能会让你、你的共同创始人还有你的早期员工马上成为百万富翁，只有这样你才有可能为将来投入一笔长期的赌注。

另外，必须说明的是，这会是一段很长的旅途。美国风险投资协会的数据显示，基金退出所需要的平均时间（通过收购或者首次公开募股）已经从 2001 年的 3.1 年快速增长到了 2014 年的 6.8 年。这些数字囊括了所有退出的方式，其中还包括很多没有给投资人或者创始人带来任何正面的回报的情形。当 EquityZen 将它们的分析局限于那些已经首次公开募股的创业公司时（几乎可以肯定的是，这样的公司至少可以为它们的投资人还有大多数的创始人带来正面的回报），它们发现从创业一路走到上市平均需要花费 11 年。

在初创企业的世界里，即便你已经拿到了融资，但想要在一夜之间就获得成功也是一件不可能的事[1]。

---

[1] 尽管在这一章里我们集中谈论了风险资本，但是对于有抱负的创业公司的创始人，他们实际上还有其他的选择。我在本书的后记中，以及在谈及某些资源时还会捎带谈及这样的选择。——原书注

第七章
所以你决定向一个完全陌生的人要数百万美元

　　作为一家由风险资本支持的创业公司，Moz 在最初的 7 年里发展得还是很不错的。一年又一年，我们的增长率始终都能够达到 100%，对于我们的运作模式，无论是投资人还是收购方都给出了高于营业收入很多倍的估值，因此我们也获得了非常多的关注。我的邮箱通常都会塞满各种可以与他人建立关系的即便以今天的眼光来看依然显得非常古怪的活动邀请。比如，在谢丽尔·桑德伯格的家里参加晚宴（我非常感谢她那位极其好客的前夫戴夫·戈德伯格的邀请）；与时任联合国秘书长潘基文一起参加晚会，晚会就在我们的一个合伙人的家里举办，这个合伙人是一位来自西雅图的 Ignition Partners 的投资人。当我去硅谷出差的时候，会有很多人邀请我参加晚宴，或者请我喝咖啡、饮料，又或者拉我去他们的公司，陪同我参观他们的办公室，而这些公司和相关的人物都曾被我视为榜样。我感到我已经是一个很重要的人了，人们都需要我。

但是数年以后，我们的增长率降到了20%，接着又下降到了10%，距我们完成那几轮很大的融资已经过去了很长的时间，而且那些同样由风险资本支持的创业公司对我们公司在专业和社会影响力上的认可也逐渐开始萎缩。原本我们的董事会在投资人的日程安排中是最重要的事情，是绝对不能缺席的，但现在会议的日程经常一日三变，并且投资人还常常通过视频参加会议而不是亲自前来。技术类媒体已经不再撰写有关我们公司的文章，潜在的投资人也不再发送邮件给我。当然，我们的产品越来越好，我们的公司依然在不断地成长，而且事实上我们还有比以前更高的利润率，但是初创企业的文化只关心一件事：增长率。不管以什么样的代价，越高越好。

如果我还没有把你吓得远离风险资本，请不要担心——后面还有更可怕的。因为我们将要深入探讨的融资过程是一个让人极度伤心、极其丑陋而且还很不公平的过程。在经历了这样一个过程后，你会不由得产生这样的疑问：为什么其他人都能拿到钱而唯有我不能呢？

哈哈，玩笑，只是开玩笑而已。

对一些创业者来讲，融资是在创立一家企业的过程中最富有乐趣的那一部分。他们会品味获得关键性反馈的时刻，那些非常难得的可以介绍自己的社交场合，与那些有着7位数或8位数身家的大人物坐在一起同场论道而获得的声望，以及当自己最后达成交易时获得媒体的祝贺并进行庆祝的那种体验。

　　但我不是这样的创业者。我非常讨厌直销这个概念，我很不喜欢通过言语来说服某些人支持我或者相信我的承诺，我更希望能够通过出色的工作以及有组织的市场营销来赢取他们的兴趣和关注。难道你一点儿也不奇怪为什么我会喜欢搜索引擎优化吗？

　　暂且不论你对于融资的好恶，但融资过程的艰难程度确实是让人难以置信的，而且获得成功的可能性还非常低。我的目标是，通过把我个人的经验透明化从而使你能获得一张清晰的路线图，这样你就能理解这一与世隔绝的似乎还非常神秘的世界的运作方式，并最终改善你的融资体验。

　　2009 年，Moz 的发展速度很快，利润丰厚，只是以我当时的观点，Moz 还需要一轮新的融资才能帮助我们加速成长并最终主导搜索引擎优化的软件市场。4—10 月，我接触了数十家风险投资公司，它们中的大多数都在沙丘路上或者就在那里附近办公。沙丘路是加州门罗公园内连接 101 高速公路和 I-280 州际公路的主干道，这条路的两旁有很多低矮的办公大楼，很多全世界著名的风险投资公司就在这些大楼里办公，这条路也因此而闻名于世。在整个春季的大部分时间里，我几乎完全依赖于其他公司 CEO 的帮助来赢取向潜在的投资人介绍 Moz 的机会，而这些 CEO 要么对 Moz 非常熟悉，要么就是 Moz 的粉丝（在过去的这些年里，我曾经帮助过很多这样的家伙来解决他们公司的搜索引擎优化问题，或者向他们提供一些有用的建议，所以他们对我也表现得非常友好）。

　　当时我 29 岁，但对于我自己取得的成就还非常不自信，所以我表现得就像是刘姥姥刚进大观园一样。在最初的几次会议上，我是如此战战兢兢和紧张不安，以至于我甚至无法回忆起究竟发生了什么，而这或许也是我的幸运，我甚至根本就没有听见大多数投资人在说些什么。但是在经历了第四场或第五场的会议后，我渐渐地开始掌握了其中的窍门。

　　你需要先用电子邮件进行自我介绍，这封电子邮件最好是由那些风险资本当下或者之前的投资组合中的 CEO 直接发出的。下面的这封信（你会发现这封信非常像一个模板）是由迈克·卡西迪发出的，他的公司 Ruba 后来被谷歌收购了，正是他把我介绍给了詹姆斯·斯拉维特，我就是在那个夏天和斯拉维特见的面。斯拉维特是格雷洛克资本的合伙人。

主题：SEOmoz 的介绍

迈克·卡西迪〈电子邮件地址〉　　　　　　　　　　6/12/09

致：詹姆斯，兰德

詹姆斯您好，

　　就在前几天的晚上，我和兰德·菲什金共进了晚餐，他是 SEOmoz 的 CEO。他是一个很出色的家伙，手上有一项非常有意思的业务。一些风险资本已经和他进行过接触，但他真正感兴趣的是能够和他合得来的人。我想到了你，如果你们双方都有兴趣的话，我可以安排你们直接对话。

　　祝您一切顺利！

迈克·卡西迪

Ruba 公司 CEO

通过这样一封电子邮件，我就有机会通过电话向投资人进行自我介绍。如果在电话里双方都感觉不错，通常他们就会问我下一次来硅谷可能会在什么时候。在 2009 年，为了进行融资，我前往硅谷出差的次数不下 4 次，几乎每一次去那里，在几天的时间里，我都需要参加 4 次以上的独立会议。

吃着家里自制的饼干，坐在沙发上看《虎胆龙威》的碟片，而我的妻子坐在一旁对着屏幕上的角色大声地嚷嚷着，这样的场景对我来说才是最轻松的。但这并不是现实生活中我所在的世界。

仅仅把车开进停车场就会让你感到谦卑。我坐在一辆租来的汽车里，而周围都是闪闪发亮的价值数十万美元的汽车。这些公司的大堂总是既显得低调，又显得极度奢华，让人难以描述。那些家具看上去并不是很招摇，但价格显然非常昂贵。墙上镶嵌的公司和创始人的名字并没有闪闪发亮，但这些创始人名字之所以被放在这里，就是为了让访问者感受到这里数十亿美元的财富是由他们创造的。对我来讲，这里的所有摆设和装修正不断地提醒我："当你来到这里的时候，你还认为你自己是个人物吗？"我无法想象，如果当一个女性创始人或者一个有色人种的创始人看到这里所有的员工，放在咖啡桌上的杂志封面照片，以及被刻画在墙上以庆祝公司达成了一次完美退出的所有形象都是白人男性时，他们会不会感到特别震惊（尽管在员工中有少数几位亚裔）。

通常我要见的合伙人都会把我们的会面推迟 10~20 分钟，所以我会在大堂中等候，同时期望我能始终保持冷静、自信。我会再一次地细读我手上拿着的有关我将要与之见面的那位合伙人的介绍、他过去服务过的公司、当下还持有的交易，以及他曾撰写或者出版过的所有内容。每次会面几乎都只有一个小时的时间，当然你还要减去之前无论因为什么原因而耗费的时间。如果我们是在 20 分钟后开始的，那么我们就只有 40 分钟的时间。也许对我来讲，单这一件事就不是什么好的兆头……我必须在接下来的会面中确保一些更有意思的提议不会被遗漏。

但是，最迷人的部分通常都要等到会谈的最后时刻才会出现，或者在那些真正感兴趣的投资人随后发出的电子邮件中才能看到。他们告诉我（否则我就会自己询问），他们希望我可以面向他们现在的投资组合中的一些 CEO 做一次演讲。然后他们又向我询问，作为合伙人他们对于我们的公司具有什么样的价值，以及他们作为一家公司能够给予我们什么样的支持。每一个风险投资人都相信，他所投资的那些 CEO 会帮他进行强力的推荐，但不幸的是，平均每 50 位 CEO 中只有两位才会真诚地推荐他们的投资人。我每次都非常勤勉地听从投资人的建议，并与至少 2~3 位 CEO 进行了非常认真的交流，因为在他们每一个人的身后可能都有数十家不同的风险投资公司。他们中的大多数人确实告诉了我一些非常不错的案例，即便其中并不是所有的事情都是非常积极正面的。哪怕这是我第一次和这些 CEO 进行交流，依然有很多 CEO 针对他们自己的投资人给了我一个很诚恳的，同时也是极其冷静甚至可以说是非常直接的负面评价，这让我感到非常惊讶。我发现在投资人（作为合伙人）的自信和创始人（包括 CEO）的坦诚之间存在很明显的脱节，但是这一发现对我来讲非常有价值，因为它可以让人始终保持清醒。

如果你想沿着风险融资这条路一直走下去，请一定要保持坦诚。对于那些正在寻求融资或者已经拿到了融资的人，还请你维护这一传统，始终把和你一样的创业者放在首位。这可以让创业公司进行融资这一布满了地雷的游戏变得不再那么危险，并且还能加深友情。

并不仅仅是在创始人之间的这种亲密和谐的关系，或者风险资本多年以来继承下来的声誉，才让他们在创业这个游戏中成为遵守规则的玩家，交易的流程是另外一个很重要的因素。

在《社交网络》这部电影中，由杰西·艾森伯格扮演的马克·扎克伯格引用了朋友肖恩·帕克的话，侮辱了一群想把钱投给脸书的投资人，然后转身走出了会议室。脸书的创始人确实曾经在一次与风险投资公司红杉资本的见面会上迟到了（我曾代表Moz在红杉资本那里进行过两次路演，我完全同意，红杉资本确实是因为缺乏幽默感而闻名于世的），就在那次见面会上，脸书的创始人穿着睡衣做了一次主题为"不要投资我们的10个最重要的理由"的路演，而前面提到的肖恩·帕克曾经被红杉资本从另一家公司的董事会里赶了出来，那家公司的名字叫作Plaxo。

当然，这只是一个真实现象的极端例子。风险投资公司是基于它们的投资决策发展它们的关系网络以及行业声誉的，当一个创始人或者企业的高层感受到投资人对他们的忽视或粗暴对待时，各种各样的说法很快就会传播开来，那个被粗暴对待的创始人以及他的朋友就不太可能在将来向其他创业公司推荐这个投资人。当有一个很多风险投资公司都感兴趣的热门交易出现时，创始人更有可能会基于风险投资公司的声望以及来自他们个人的社交网络的推荐来做出相应的选择。因此，投资人如果希望在将来能够拿到重要的和有价值的交易的话，他们就会有强烈的意愿去善待每一位创始人以及他们自己的投资组合中的那些公司的高管。

我和 Foundry 集团的投资人布拉德·菲尔德的交往经历就是一个最为典型的例子。2012 年的某个星期一，我和菲尔德通了一个电话，在电话中他邀请我和我们公司的首席运营官在那个周末一同前往科罗拉多州博尔得，并面对他们的整个合伙人团队进行路演。我们和 Foundry 集团的 4 个合伙人一起花了几乎一整天的时间，在事情结束后菲尔德带着我们去吃晚餐，在我们都点完菜后，他告诉我们他已经决定进行投资。在晚餐后他又和我们一起闲聊了近 90 分钟，其间还和我们谈到了 Foundry 集团对 Moz 进行投资的方方面面。我感受到了菲尔德的真诚，他没有在玩游戏，他对我们表现出了最大的尊重和友谊。在那一整天的时间里，在那天晚上，并且从那以后，他在我的眼中一直是一位值得尊敬的人。

有一段我们之间的谈话我一直记忆犹新。我问菲尔德，如果在接下来的几年时间里有人给我们报价，而且这个报价对于 Moz 的创始人和员工都是相当不错的，但并没有达到 Foundry 集团所追求的那种投资回报率，那么 Foundry 集团会做出什么样的反应呢？我的记忆当然不可能是完美无缺的，但是就我现在还能回想起来的，菲尔德当时是这样说的。

在过去的 15 年里，我和很多创业者共事过。有时候他们的第一家公司会发展得很不错，有时候也会很失败，但是我很有耐心。我之所以挑选这些创业者是因为他们是将要与我共事的人，而且我还期望他们在将来能够和我再次共事。所以，如果他们有机会去做他们想做的事情，我们绝不会挡住他们的路。我和他们的关系会延续数十年的时间，无论他们的公司是好还是坏，无论他们是否已经破产或者我们是否已经退出。这就像婚姻一样，无论富贵还是贫贱，我都不想破坏这样一种关系。

当我点头同意一份融资报价的时候，我从来没有像面对他那样充满自信。

根本就没有所谓的一轮免费的融资

我常常从渴望得到融资的创业者那里听到这样一个问题："对于我的公司，风险资本实际能控制到什么程度？"这个问题的答案有些复杂。

投资人和创始人的关系通常来讲还是相当和谐的。当然发生争吵的情形总是会存在的，在一家高速成长的公司内更是如此。当公司一切顺利时，你和你的投资人的关系也会一切正常。但是当事情开始逐渐变糟糕时，公司里的所有一切似乎都出现了很大的麻烦，而董事会所拥有的一项重要权力就是更换 CEO。有时候，只有获得了 CEO 或者创始人的同意董事会才可以这样做，但在其他的时候，优先股的股东（也就是投资人）完全有能力把你或者你的共同创始人从公司里赶出去，即便这种做法完全违背了你的意愿。在融资的过程中，你签下的厚厚的合约中某项看上去无关紧要的条款很可能会对你与你的董事会以及你的公司的关系产生深远的影响。

在过去的数年时间里，我和数十位创始人有过交流，这些创始人的公司都被他们的投资人和董事会拿走了。在其中的一些案例中，也许这样的做法对于公司是一个明智的决定，但在另外一些案例中，这很有可能就是一种恶意的举动，而且对公司的发展前景有很大的伤害。但是作为一个创始人，最关键的是你要牢记你创业的初心，以及如何将你创业的动机和你的投资人的需求相融合。即便你们都在思考什么才是公司在生存、发展以及成功上的最佳选项，但是对于什么才能为企业带来最好的结果，不同的人可能会有完全不同的想法。统计数据实际上站在了你这一边——由创始人领导的初创企业，在企业的业绩表现上，一般来讲要远远好于由非创始人领导的初创企业。但是从领导岗位上被拉下来，或者直接被驱逐出公司也是创始人必须面对的一种很真实的可能性。

当你和一个投资人签约时，你需要同意很多不同的条款，这些条款很可能是一种非常奇怪的组合，其中有些好像是无关紧要的约定，还有一些则是会让你感到担心和害怕的措辞。这里我有 3 个很重要的建议。首先，你在阅读《风险投资交易》这本由布拉德·菲尔德撰写的，不但非常棒、非常透明，而且阅读起来还非常有意思的指南之前，绝对不要尝试融资或者与潜在的投资人进行交谈。其次，让你的投资人为你解释"投资意向书"上的每一个细节（也可以把"投资意向书"看作一份出资报价，但最终的投资文件将以这份意向书为基础撰写），然后让你的律师以及一个真正懂行的并且自己也是创业者的朋友（如果你有这样的朋友的话）来为你解释这份意向书上的相同细节。没错，你确实需要一位真正的律师，但你那个经常看《法律与秩序》这部电视剧的表兄是绝对不能作数的。如果两边的解释出现了不一致，那么对于这个问题，我的第三个也是最后一个建议就会给出一个非常明确的答案，那就是你如果不能百分之百地信任他，就绝对不要与他签署任何文件，而且你也绝不要相信他会把你的切身利益（不仅仅是他们自己的投资组合的回报）放在心上。

最后这个建议听上去要比实际去做困难很多。由于创业者世界的互联互通性，以及所有的创业者通常都会把和他们一样的创业者的利益放在优于投资人的位置上（即便他们相互之间从来没有见过面），投资人的口碑很快就会传播开来。如果你的公司符合风险资本的模式，或者甚至可以和天使投资人的要求相匹配，那么在你的领域中或者在你公司所在地的附近，你去接触其他的创始人将会是一件非常有效率的事。我一直感到很惊讶，其他的创业者居然会如此乐意收到我的邮件或者接听我的电话，为我介绍一些关系，并丝毫不加掩饰地表达他们的一些观点。你可以充分利用这种同志般的革命友谊，一旦你成功地拿到了融资，或者获得了事业上的成功，那么把你曾经受到的这些恩惠传递下去，去帮助下一代的创业者吧。

最后，在这里我再教你一个非常规的窍门：如果有可能的话，在建立你的公司前首先建立起你的人际关系网络，但在建立你的人际关系网络前先积累你的专业知识。这里的每一个环节都能很自然地引导出下一个环节。如果你在创业或者技术的某个方面拥有非常深厚的经验和技能，并使所有与你在电话中交谈的创始人和创业团队都认为这一个小时的通话是非常有价值的，那么你就有了一条清晰且能让人信服的途径来构建一个强有力的人际关系网络。如果你能帮助一些人和企业解决他们所面临的问题（你可以作为一个咨询师，团队成员之一，或者仅仅只是一个乐意帮助他人的外来者），那么当你需要进行融资时，就会有一个内部的人际关系网络来帮助你。正是这样一个人际关系网络，让你的融资过程从近乎不可能转变为有可能。

确实，创业公司进行融资的世界是一个封闭的生态系统，在他们这些书呆子的天堂里，所有的过程都是排他的和封闭的，这一点尤其会让人感到沮丧。但是，你可以和他们的看门人交朋友，一旦你做到了这一点，这个封闭世界中的居民将会非常和蔼可亲。

第八章
创立一家顶尖的创业公司也许
并不能让你成为富人

从经济学的角度来看，你可以把创业看成将你一生的工作时间压缩到几年内的一种方式。与其在低强度下工作 40 年，你也可以尽一切的可能努力工作 4 年。

——保罗·格雷厄姆，[①]2004 年 5 月

大概每个月我都会收到一封来自创业者的邮件，在邮件中创

---

① 保罗·格雷厄姆是美国著名程序员、风险投资人。他以 Lisp（一种通用高级计算机程序语言）方面的工作而知名，也是最早的 Web 应用 Viaweb 的创始人之一。Viaweb 被雅虎以近 5 000 万美元的价格收购，成为 Yahoo! Store（雅虎电商平台）。——译者注

业者会告诉我他们正在寻求融资，并询问我是否有兴趣对他们的公司进行更多的了解。但一直以来我对于这些邮件的回复都是相同的。

> 很不幸的是我无法投资你的公司，因为我没有钱。我很希望在某一天 Moz 的成长能够提供一定的流动性，但现在我只拥有一些属于我自己的股份。祝你好运！

当我写这本书的时候，我妻子和我在银行里刚刚有了大约两年的存款。我妻子依然还在使用 2004 年买入的一辆 2003 年版的起亚 Spectra 二手车，但我自己从来没有买过车。我每天步行上下班，但因为我住在西雅图，我时常还会拿着一把雨伞。我们的公寓位于市里的一个高密度居住区，是一栋新楼，几年前刚建成，公寓内的空间对我们两个人来讲已经足够了。我们甚至很幸运在过去还能有一些余钱可以帮助家人，但是在一家像 Moz 这样的私人公司里，即便你拥有公司的股份而且所占的股份比例还很大，也无法像很多家伙想象得那样有能力支付大额的开支。

我讲这个故事并不是为了求取同情。我的年薪是 22 万美元，这个数字足以让我拥有非常高的自由度，拥有养家糊口的能力，而且还能够让我随意地花钱（我的钱绝大部分都花在了旅行上），但最重要的是让我能够承受西雅图令人疯狂的房租。我之所以告诉你这个故事是因为初创企业的文化已经让很多家伙相信，如果你能创立一家公司，而且这家公司还能够获得风险资本的投资，并且估值达到了数百万美元，那么你已经中了大奖。这种期望值可以说已经在所有想在硅谷这个区域里淘金的人的心中，以及在全世界所有想在技术领域里创业的人的心中根深蒂固了。但是，从统计数据上来讲，真实的情况并不支持这样的想法。

即便成功的初创企业的创始人也不会（很快）变得富裕起来

我们已经谈到了大多数的初创企业是如何失败的，但这并不仅仅是投资人的失败。创始人和早期的员工所承受的打击尤为惨烈，因为在公司创业最初，同时也是风险最大的那几年里，他们的收入往往都会低于市场的平均水平。在 21 世纪初，在几乎所有的经济领域中，初创企业的财富分配大量且完全不成比例地涌向了各个领域中最为顶尖的那几家企业。

相反地，对于技术世界里一些正在冒尖的、具有很强竞争力的企业（如 ThinkBox，Slack，爱彼迎，色拉布），以及一些主要的已经上市的技术领袖型企业（如微软、谷歌、亚马逊、脸书），某个岗位的工资和股票期权有很大的可能性可以让你在短短的几年里就获得大量的金钱。如图 8-1 所示是 2001—2015 年西雅图的技术岗位平均工资与我自己同期从 Moz 所获得的收入的比较。[①]

---

① 如果你感到好奇的话，2016 年我的工资大约是 20.5 万美元，在 2017 年的前几个月里我的工资还没有变，但之后我的工资涨到了 22 万美元。西雅图软件工程师的工资也在继续上涨，但在一家处于后期的初创企业中，一位至少有 10 年工作经验的高级工程师的年收入平均值刚刚超过 18 万美元。——原书注

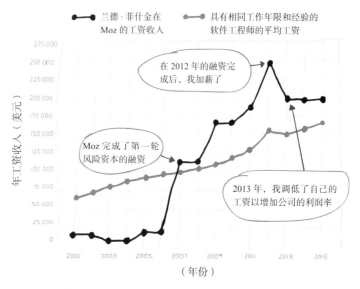

图 8-1 兰德·菲什金的工资 vs.西雅图软件工程师的平均工资（2001—2015 年）

上面这幅图并没有包括我所持有的股份的价值，我希望在某一天这些股份能转变为可以变现的资产。但是很多有可能会成为创业公司的创始人以及早期员工的人会产生这样的疑问：为什么有的时候拥有公司的股份会让创始人成为一个富人，而有的时候又不能呢？

让我们假设这样一个场景：你创立了一家传统的初创企业，公司有投资人和董事会，而且资本退出的目标就是将钱返还给投资人。最开始你和你的共同创始人拥有公司 100% 的股份，但是一旦你们开始进行融资，公司就会将股份划分成如下这几个部分。

- 普通股：你和你的共同创始人所拥有的股份。

- 优先股：你的投资人所拥有的股份（这种股份通常会让持有人拥有某种特权，比如在某一次收购交易中允许持有人的钱首先退出，以及在董事会中拥有一个席位）。
- 期权：你的员工所拥有的股份（期权给了员工购买公司普通股的权利，购买的价格是他们被授予期权时公司的股价，这个时间点通常是当他们加入公司时，或者当他们获得晋升时，又或者当他们拿到了作为奖金的期权的时候）。

如果一切顺利，你的公司的估值会随着时间的推移而不断增长，而你持有的股份也会获得相应的增值。但是在现实中，对于你持有的股份或者你的员工持有的股份（如果他们选择行权的话），只有当有人愿意购买的时候才有可能出售变现，而愿意购买股份的人是非常稀少的。

想象一下，在你家的阁楼上有一幅被认为具有很高价值的画。你把这幅画拿出去进行拍卖，但是没有人喊价。这幅画也许仍然具有很高的价值，但这幅画没有办法转换成现金，除非你能找到一个买家，他不但想要这幅画而且还愿意付钱，并且他还拥有可用于支付的流动资产。对于你的创业公司的股份，实际上情况也是如此。尽管你所拥有的东西有很大的价值，但这些只存在于纸面上，你无法用它来支付你的日常账单或者支付你房子的首付。

私有企业，尤其是初创企业，是一种具有很大风险的投资。90%的失败率使绝大多数的投资人对于这一领域往往会敬而远之，在这里，政府对于谁才能够投资初创企业的规定也起到了某些作用。在美国，如果你想把钱投入上面所描述的那些初创企业，你必须首先是一个"合格投资人"，意思是你需要拥有 100 万美元或以上的净资产（不包括你用于居住的房产的价值），或者在过去的两年里，你每年的收入要超过 20 万美元（如果你已婚的话，那么就需要超过 30 万美元）。[①]

如果风险和上述的政府规定无法阻止那些想要购买你的创业公司股权的人，那么私有股权的基本属性也有可能会让他们望而却步。当投资人在纳斯达克或者纽约证券交易所这一类的交易场所购买可以公开交易的股票时，他可以看到明确的交易价格、历史数据，以及大量的对所有人都公开的信息（这些公开披露的信息是法律要求的，同时也受到监管）。但是在一家私有企业，上面所有这些法定的要求都不复存在，而且价格通常是由买卖双方通过谈判来决定的。没有任何法律和法规让买方拥有法定的权利来要求卖方披露相关公司的绩效、架构、财务或者其他的数据以及信息。一些私下的交易也许会在进行股权交易的时候就包括了获取有关信息的权利，只是哪怕这些最基本的权利也必须首先获得公司董事会的批准，而且进行这样的披露将不可避免地给公司的日常运营添加不必要的复杂性以及额外报告的要求，另外这些要求还很有可能会拖累公司并不是那么出色的会计和财务团队（在任何一家创业公司里，财务往往是最缺乏资源的领域之一）。

[①] 鉴于奥巴马 2016 年就业法案第三章中的内容，成为一个合格投资人所需的资质，以及围绕着更为宽泛的投资所设定的一些限制正在发生改变。想了解更多的内容可参看 https://aaplonline.com/how-the-jobs-act-opens-deal-flow-for-non-accredited-investors。——原书注

出于多种不同的原因，投资人会因为创始人的不同而对私有股权的交易采取不同的态度（当然这里还是有例外的）。一直以来，所有投资人都认为应该让创始人始终维持在一种"饥饿"的状态，同时还应该说服创始人同意追求大规模的退出（即被收购或者进行首次公开募股）。创始人必须明白在投资人达成目标之前，他们手上的股权的价值实际上是被锁定的。投资人之所以会有这样的想法是因为他们认为，一个手上已经有了很多钱的创始人不会再有强烈的冲动，把自己所有的精力都投入公司的发展，另外如果你给了创始人一大笔钱，他很可能会因此而分心，因为他会去思考如何管理刚刚到手的这样一笔巨大的财富。

你个人的成功，包括你的名声、未来的求职能力、资金的流动性等都将和公司紧紧地捆绑在一起。如果公司沉没了，你会随之而沉没。但如果公司成功了，你很可能也会因此而获得成功，当然这还要看你手上拥有的股份数量以及你能否成功找到一个买家来接盘你手上的这些股份。

有时候，如果你的公司发展得足够快，同时有很多投资人都对你感兴趣，但是在某一轮的融资中你没有足够多的优先股进行分配，此时或许就会有某种非同寻常的例外出现。某个投资人很可能会直接从创始人的手中收购私有股权（或者，甚至更为少见的是，直接从已经行权的早期员工的手中收购股权）。但是，这种极少出现的情况依赖于多种不同因素的组合：（a）这必须是一家具有高成长性的并且受到广泛欢迎的企业；（b）投资人对公司股权的胃口要远远大于已经释放的股份数量；（c）董事会成员和现有的投资人还在不断地买入股权，因为，即便在这样的交易中，新的股东也常常会针对某些特权提出要求（比如：董事会观察员的席位，有权拿到通常只向董事会成员汇报的"季度业绩更新报告"，等等）。

但是，如果你的创业公司赚了数百万美元并且还在不断地成长，那么作为创始人和 CEO，你是不是可以提高你自己的工资，或者给你自己发奖金，并用这样的方式牟利呢？简而言之，这是完全不可能的，至少你在得到董事会的同意之前是不可能的。董事会负责决定 CEO 的工资并同时核准员工的工资和期权激励。在几乎所有的初创企业中，员工的期权激励值都是市场平均值的函数。更糟糕的是，如果你拥有大量的股份（即便这些股份是无法流通的），这些股份也会被计入你的"薪酬总额"，这就会让你的上级或者董事会把你的工资的现金部分设定得更低。

（我曾经花了很长的时间试图向我的连襟解释清楚这一点，但是没有得到任何结果。他多次想让我借给他几百万美元。对不起，艾德，我们真的没有那么多钱。）

对于那些在你的投资人的投资组合中的所有公司，你的投资人可以轻易地拿到一系列不同的薪酬范围，另外，他们还常常从那些专门从事工资信息汇总的公司手中购买更多的数据。利用这些经过汇总的统计数据，他们就能帮助你决定你的公司薪酬的范围。任何一方都可以就你的决定给出合理的论证：绝不要太大方，依赖员工的激情以及对期权价值的承诺来激励员工，而不是靠支付最高级别的工资与其他大公司或者其他在你的领域中支付高工资的初创企业进行人才竞争。但是，讨论应该支付多少工资远不是一个 CEO 或者创始人应该关注的问题焦点，而且你这样做几乎肯定会遭到董事会的反对。

想要在初创企业这个轮盘赌上赢钱，
你需要花很长的时间，而且还需要有很好的运气

从根本上来讲，创立一家初创企业或者成为一家创业公司的早期雇员意味着你要承担很大的风险。你失去的很可能是在一家更加成熟的企业中所拥有的一份高收入的工作以及相应的稳定性和高福利，但现在你将要面对的是比市场平均值还要低的工资，几乎没有任何福利，并且你还要期望，如果事情一切顺利的话，你的企业可以成为少数几家能够存活下来并不断发展的公司。到那时，你的薪酬才会上升，福利也会越来越好。另外，等到某一天，如果你非常幸运的话，你的股权价值才有可能超越假设你在另一家公司工作从而多赚的那部分钱。

这完全是一场赌博，但因为我们所听到的故事总是在关注那些大的赢家，比如扎克伯格和安德森，所以我们常常会忘记这一点。

另外，我们同样还会忘记初创企业往往需要很长的时间才能够最终退出，这远比大众文化想让你相信的要长很多。Moz 创立于 2004 年，但在 13 年以后，它依然在不断地变强。Moz 当下正在从被大多数人所称的"早期阶段"进入"中期阶段"。目前，Moz 既没有从需要快速增长的创业公司的行列中毕业，也没有将钱返还给它的投资人或者员工。在很多方面，Moz 确实是一个幸运的怪胎，毕竟大多数初创企业创始人都彻底失败了。

很多人曾以为"投资 4 年就能成为一个百万富翁",但我们的案例表明这样的想法到底有多么愚蠢。

在外人眼中,一个非常成功的创业者应该是那些能够融到大量的资金,他的公司正在以飞快的速度成长,并且还赚到了很多钱的人。但因为在前面所提到的那些原因以及更多其他的因素,初创企业的创始人,甚至按照上面的标准被视作非常成功的创业者都很有可能在经济收入上比那些在一家传统企业的中层岗位上工作的同龄人差很多,至少在他们手上的股份有机会从他们自己的创业公司中退出之前会一直如此。风险投资人和博客作者马克·舒斯特就如何与团队成员商谈期权这个话题给了企业创始人一个很明智的建议。

> 我们会给你期权。我希望在某一天这些期权对你来讲会值很大一笔钱,但还是让这笔期权成为你成功时的锦上添花吧。如果在兑现的时候结果很漂亮,那就太好了。但绝不要抱太大的期望,绝不要让期权成为你工作的动机或者你做出决定时的推动力。

创始人自己也应该非常严肃地对待这一建议。你的股份"价值"可能会使你无法看清这样一个现实,即私有企业的股份是非常难卖出的,而且你的公司的价值几乎不太可能达到你的投资人当初给出的估值。不过,一旦这些股份真的成功售出,在这笔交易的背后所显露出来的力量就远不是你能控制的。

我曾遇到过很多人,他们都愿意降薪来为一些初创企业工作,但最后发现他们手上所持有的股份可以说是一文不值。这样的事情就曾发生在我的朋友、同事，甚至我的妻子身上。

这是不是意味着你根本就不应该创立一家企业，或者加入一家早期的创业公司呢？答案当然是否定的，但这意味着你绝对无法通过创立一家企业从而在短期内获得大量的财富。那种你可以将你的整个职业生涯压缩在几年的时间里，然后直接或持续不断地从中得到现金回报的想法可以说是真的疯了，并且统计数据可以一次又一次地证明。没错，初创企业确实比你买彩票有更高的中奖概率，但是与赌场上"把所有的筹码都押在红色上"相比，你赢钱的概率又低太多了。"创始人一定能成为富人"这种神话已经吸引了成千上万的人涌入初创企业的世界里，他们中的大多数都是出于错误的理由而且几乎可以肯定的是还有着完全错误的期望值。

创立一家企业或者加入一家有风险的、处于早期的创业公司，有其自身的逻辑以及很好的理由。其中最主要的原因是早期的创业公司可以为你提供极大的自由度，尤其对创始人来讲更是如此，他可以自由地决定工作的内容，如何开展工作，应该聘用谁，又该将谁留在团队中，以及企业的方方面面应该如何运作。另外，你也许会有一个创意、一件产品或者肩负一项使命，而所有这一切你都真心地想要和全世界进行分享。这是一项巨大的、有着非同寻常压力的责任，但是当你完成这一切的时候，你会收获巨大的回报。

而且在大多数的时候，即便你没有获得任何结果，你也同样会有很大的收获。

初创企业能够带给你的一项重要的好处是能极大地加速你个人职业生涯的发展。如果你感到你被困在了一个对你来讲毫无挑战性的岗位上，或者这个岗位限制了你的收入以及你潜在的影响力，那么在一家创业公司待上几年，即便这家创业公司最后失败了，你的经历依然能彻底改变你的现状。早期的创业公司所需要的人才必须是能够进行自我激励、具有一定的使命感并且还能在很短的时间里完成大量工作的人。这就要求这个人必须非常努力地工作，在时间管理上有很高的效率，或者能同时做到这两点。如果你能展现出你具有战略性的眼光、强大的执行力，以及进行招聘、激励和领导所需要的品质，那么所有这些品质会让你成为一个现代经济所需要的稀缺人才。有如此多的早期创业公司会同意以很低的价格被收购的原因之一是，那些收购方真正想要的是那些已经被证明的、能自我驱动且具有多项技能的人才，这种收购方式也常常被称作"收购式雇用"。

　　Moz 已经完成的 6 笔类似的交易就是为了获得相关的人才。其中有一个年轻人刚刚从大学毕业，他在学校利用业余时间做出了一件非常有用的产品，正是这件产品向我和我们的团队证明了他对于我们的公司具有非同寻常的价值。我们支付了一笔很小的收购款，大约为 18 000 美元，之后他就加入了 Moz。我们支付给他的工资加上期权，还有他在公司里的地位，都要比其他通过正常途径申请职位的候选人高很多。另一项交易是两位搜索引擎优化的专业人士，他们自己开发了一个很成功的咨询类服务，当时我们内部的产品和工程师团队很需要他们两人所拥有的技能，最后我们支付了 33 万美元（加上期权和留任奖金），让他们加入了我们的公司。对他们来讲，除了有更高的工资和福利待遇，Moz 对于他们的业务也是一种很好的加成。

如果有公司愿意支付高薪聘用你，那么让这家公司提高支付给你的薪酬的一种很好的方法就是你的手上还持有一家创业公司。这也许还是提升你的技能的一种很好的方式，尽管可能性很小，但它依然有可能让你成为一个非常富有的人。

只是绝不要盲目地因为金钱而踏入创业这一领域。大多数的时候，创业是一份相对来讲回报很差但又需要你投入激情的工作。

第九章
可规模化的市场营销飞轮
比增长骇客更加有用

　　增长骇客是市场营销人员与码农的混合体。对于这样一个传统的问题："我如何为我的产品寻找到客户？"增长骇客的回答是，采用 A/B 测试、登录页面、病毒因子、电子邮件送达以及 Open Graph（开放图谱）通信协议等方法。除此以外，他们还对直接营销的原则进行了划分，强调定量化的测量、利用电子表格进行场景建模，以及大量的数据库查询。

——摘自安德鲁·陈[①]的文章
《增长骇客是你新来的营销副总裁》，2012 年

---

① 安德鲁·陈是硅谷著名的天使投资人和博客作者，也是风险投资机构 Andreessen Horowitz 的普通合伙人。——译者注

2009 年年初，尽管当时已经爆发了金融危机，但 Moz 正处于一个非常好的发展阶段。在成功发布"链接索引"工具后，整个团队就像发了疯一样加倍努力工作，期望能再上一层楼，但成本挡住了我们的去路。如果有更多的资源，我们就能扩大我们的数据集合并抵挡住任何市场竞争压力。但如果没有资源，恐怕一个拥有充足资金的模仿者就能轻易地从我们手上抢走市场。

这时，我想到了是不是应该再进行一轮融资来帮助我们扩大规模。尽管在 2008 年的金融危机后，对初创企业的投资断崖般地下降，整个风险投资行业的气候非常糟糕，但是我相信投资人依然需要一个地方以投入他们手上的资金，而在过去的两年里，Moz 的付费用户数和营业收入一直在稳步地增长，所以 Moz 对投资人来讲应该是一个难得的增长机会。在 2009 年的上半年，我多次从西雅图出差来到旧金山湾区，在机票、酒店以及租车上我花费了数千美元，但是在 40 多个风险投资公司的合伙人面前进行了多场路演后，我什么也没有得到。

所以，我们决定转向现在已经众所周知的增长骇客模式，期望以此来推动营业收入的增长。尽管那次用"电子邮件市场营销活动"的形式进行的增长骇客为我们带来了大量的新客户和新的营业收入，但随着时间的推移，我开始感到后悔，如果我们当初没有开展那项活动该有多好啊，至少不该用我们当初采用的方式。

这只不过是一次小小的骇客行动，又会出什么错

我们的骇客行动是在两位来自英国的非常出色的市场营销人

员的协助下开始的，他们是本·杰森和卡尔·布兰克斯博士，这两位还是"转换率专家"（Conversion Rate Experts）咨询公司的共同创始人。他们的专业特长是针对那些原本设计用来销售产品但表现很差的网页进行改造，其目的是显著地提高网站的"访客转换成客户"的百分比。这种服务被称作"转换率优化"（CRO），是网页市场营销人员工具箱中非常有用而且还很重要的部分。你很容易就可以知道，为什么改善转换率会对你的客户和营业收入的增长有着巨大的影响。例如，每100个在今天访问你的网站的访客，其中只有一位购买了东西，但是你在第二天进行了改进后，有两位访客购买了东西，或者说你把转换率提升到了1.1。

史蒂芬·帕夫洛维奇是杰森和布兰克斯聘请的一位同样非常出色的员工，他们3个人和Moz的员工共同设计了3样东西：首先他们对我们的网站主页进行了更新，然后对用于销售软件付费业务的网页进行了改版，最后我们举办了一场电子邮件促销活动。（史蒂芬·帕夫洛维奇后来还独立创建了Conversion.com网站，并且还和Moz的一个员工结婚了——这是一个很长的故事，而且他们的婚礼非常温馨。）他们的做法虽然听起来很简单，但可以说极富创意而且还极其有效。我都忍不住想劝你复制他们的做法。

第一步：杰森、布兰克斯和帕夫洛维奇向我们要了3种不同类别的Moz用户的联系方式。

• 付费用户。

- 那些试用了 Moz 的产品但最后选择放弃的用户。
- 那些还没有试用过我们产品的 Moz 社区的成员（那些参与了我们的"博文评论和讨论"论坛的用户）。

　　第二步：他们组织了一些电话访谈（也有一些是通过会议或者在他们的办公室里进行的面对面的沟通），参与人员均来自上面三个类别，每个类别有数十人。在沟通中他们会提出类似于下面这样的问题。

- 你从事的是什么职业？你的职位是什么？你的职责有哪些？
- 当初是什么原因促使你注册 Moz 的？你遇到的障碍有哪些，而你又是如何克服这些障碍的？
- （对于那些长期用户）你使用 Moz 的软件来完成什么样的工作？Moz 的软件具体能帮助你做些什么？
- （对于那些早已经注册，但最后放弃的用户）什么是你期望 Moz 去做但它没有做的？是什么让你放弃了你原先注册的会员？什么样的东西才能让你留下来？
- （对于那些在我们社区中的成员，他们很可能从来就没有注册并试用过我们的软件）是什么原因让你还没有进行注册？什么才能让你尝试一下 Moz 的软件付费服务？

　　第三步：他们利用对于上面这些问题的回答来为我们的产品辨识出正确的目标客户，然后再面向这个群体编辑有针对性的信息。对我们来讲，这些目标客户通常都是专业的网页市场营销人员，他们更在乎的是网站的搜索排名以及搜索流量。他们要么是咨询人员，比如独立咨询师，或者正在为某个机构工作；要么是待在办公室里的市场营销人员，全职为某个网站或者某个品牌工作。

第四步：对于那些经常访问 Moz 的网站但从来没有试用过我们软件的人，他们汇总了一份清单，上面罗列了这些人不愿意注册的一系列理由。他们还制作了另外一份清单，上面罗列的是那些付费用户喜欢我们产品的理由，其中包括这些用户当初是如何克服不愿意使用 Moz 产品的抵触心理的。最后他们还附上了在和这些客户会面的过程中的对话记录。

第五步：帕夫洛维奇和我们一起重新设计了登录页面，目的是处理在一个特定的客户群体中我们经常听到的反对意见，这个群体无论是他们的个人素质还是对专业的关注程度都符合我们的最佳客户标准，但是他们从来没有注册并试用过我们的产品。这个新的页面长度几乎是原来那个版本的 8 倍，实际上你依然能够在"转换率专家"网站上看到这两个版本之间的比较，他们利用这两个版本的页面做了一个真实的案例分析。

第六步：最后，我们所有人坐在一起构思了一个促销方案，这个方案的目标人群是我们的社区中从来没有试用过我们软件的所有成员。这份名单上有近 12 万个电子邮件的地址。

新的登录页面是我们打赢的第一场大胜仗。与之前的那个版本相比较，新的登录页面以接近两倍于老版本的速度将我们网站的访客转变为客户，这是非常显著的改善。直到今天，我仍然对"转换率专家"网站在"拒绝理由的采集以及处理拒绝的方法论"方面所拥有的强大威力深信不疑。我强烈地建议各种不同类别的市场营销人员在他们自己的登录页面上尝试一下这种方法。

但是，一种良好的改善转换率的措施并不能归类在增长骇客这面大旗之下，不过我们的电子邮件促销活动却可以被看作增长骇客的做法。在 2009 年，我们当时发出去的邮件是这样写的。

×××您好，

非常感谢您今年经常访问我们的 SEOmoz 博客网站，我很高兴对于我们的工作您能给予如此多的关注。为了感谢您对我们工作的支持，我们特意给您奉上了一份礼物，我个人认为，这份礼物将对您今年在搜索引擎优化方面的工作业绩产生重大的正面影响：您现在只需要支付 1 美元就能获得一个月的 SEOmoz 专业会员资格。

这只是一份微不足道的礼物，但因为我们所提供的是由 SEOmoz 的员工亲自负责的一对一的问答，在目前这样的折扣前提下我们不得不限制实际能够兑现的礼物数量。尽管我们把这份礼物发送给了 122 451 名 SEOmoz 的客户，但只有最早回复的前 5 000 名客户才能兑现这份礼物。绝对不要犹豫不决，2月9日星期一我们将在我们的博客网站上推广这个一辈子也只有一次的1美元优惠活动。所以请您现在就行动起来，在那些非常容易兴奋并且还无法自控的粉丝听到这个消息前行动起来。

想要仅仅支付1美元就获得您的第一个月的专业会员资格，请访问 www.seomoz.org/trypro，然后输入促销代码SUCCESS09。这个代码将在2月13日也就是下个星期五过期作废，不过请记住，礼物兑现的数量是有限的。

如果您决定不兑现这份只需要支付1美元就能获得的特别礼物……那么还请回复一下这份邮件，并简短地解释一下为什么您对此不感兴趣，请不要担心您这样做会伤害我的感情，我的妻子说过，这可以塑造品格。

祝您2009年万事兴旺!

谨致谢。

兰德

另：万一您找不到在哪里可以兑现，这里就是您需要的链接。想仅仅支付1美元就兑现整整一个月的专业会员服务，请访问 http://www.seomoz.org/trypro（促销代码为SUCCESS09）。

经典的增长骇客的做法是这样的，首先针对某一款产品给出一个报价，同时强调这款产品的数量有限，只是这里的报价将会是一个非常特殊的、有很大折扣的价格，通常会远低于平时的价格（当时我们产品的正常价格是 79 美元 / 月 ），然后再对整个促销活动的持续时间进行限制，做法一般是给出截止日期。如果这封邮件看起来有点儿像是"限时优惠"的电视商业广告信息，这并不是偶然，这两种不同的做法确实使用了完全相同的策略。

2 月 4 日，星期三，我们发出了 122 451 封电子邮件，邮件的标题是"只花 1 美元试一试 SEOmoz 的专业版"……而邮件的回复地址是我的私人邮箱。（结果，除了其他的事情，我们经历了一场 7 个小时的电子邮件马拉松，在这 7 个小时的时间里杰拉尔丁和我手动回复了超过 2 000 封邮件。我可怜的老婆，她在我们公司的很多事情上倾注了那么多的时间，但至今没有拿到任何报酬，亲爱的，实在是太对不起你了。）

这本来就是有意而为之的举动，当初设计的目的就是改善相关信息的送达率并让这次活动在某种意义上成为一次对产品的公开报价，只是结果却是在活动开始后的 24 小时里我们收到了上千封的回信，其中绝大多数人都询问了一个完全相同的问题——"在一个月之后我是否必须支付正常的月费？"因此，我们很快就决定再发一封邮件，邮件的标题是"在那封 1 美元的邮件中我犯了一个错误"，在邮件中，我们澄清了在第一个月之后，我们并不会强制要求客户继续使用我们的产品，而且对于那些支付了 1 美元使用费的客户，也没有人会强迫他们在将来继续支付有关的费用。

这封邮件甚至比第一封邮件有更高的参与度，它带来了大量的访客和新注册用户。这两封邮件以及在随后的一周里我们发布在博客上的帖子，所有这些加在一起使我们原本定下的 5 000 个新用户的名额几乎被疯抢一空，这已经超过了 Moz 付费用户数的两倍。按我们的估计，这次邮件促销活动以及随后出现的新用户让我们获得了约 100 万美元的营业收入。

我在很久以后才知道，为什么增长骇客这个模式会使用"骇客"这个名词。

把他们称作"骇客"是有原因的

这场电子邮件促销活动并没有让我们的产品变得更好，也没有让我们的付费业务变得更有黏性，更没有帮助用户更好地完成他们的工作。它只是在短时间里提升了用户对我们产品的关注度，而这在随后的时间里又带来了很多复杂的、长期的问题。具体的问题包括：

- 在 1 美元促销活动期间注册的用户，他们的留存率要比那些在非促销期间正常注册的用户低很多。在那次促销后的几年时间里，当初在促销期间注册的 5 000 个用户数量不断减少，而这让我们的耗损数成了一个无法摆脱的噩梦，因为耗损数对软件运营服务业务来讲是最重要的指标之一。

- 作为一支团队，我们变得过度迷恋这次邮件促销活动给我们的营业收入和企业发展带来的冲击。在随后的几年时间里，我们尝试通过一系列非常大胆的折扣以及在有限的时间段内进行报价的策略来复制这一成功，但获得的结果马马虎虎。现在回想起来，沉迷于复制以前的"成功"使得我们忽视了对产品以及市场营销的长期投入，而这才是我们真正应该专注的方向。

- 促销价格，尤其是当你向一个非常大的群体提供促销价格的时候，会造成这样一种印象，即折扣和特殊报价才是这个品牌应该具有的正常价格。作为一个潜在的用户，与其在没有折扣的时候进行注册，那还不如等到下一次促销时再注册。我们在进行了几次这样的促销后（通常每年2~3次促销），发现一大批搜索引擎优化社区用户对 Moz 产生了上面这样的看法。如果你曾经因为怀疑某个品牌很快就会有促销活动，所以不愿意当下就全价购买这个品牌产品的话，那么你应该很熟悉这样一种消费心态。

对于我们的付费产品，我们在登录页面上进行的转换率优化的投入正在持续不断地获得非常好的结果，而且在这方面我们还会不断投入以期获得长期良好的回报。辨识正确的目标群体，发现他们拒绝的理由，利用登录页面上所提供的信息来帮助客户克服拒绝的理由，理顺退出和登录的过程，所有这些只不过是在转换率优化上进行的投入，而不是所谓的增长骇客行为，它们在本质上是对驱动我们营销的基础飞轮所做出的改进。

我对沉迷于增长骇客时所受到的诱惑可以说感同身受。关于初创企业市场营销的博客帖子和各种简报都充斥着这样的故事：

一种优秀的策略是如何改变一家新的企业的成长曲线并使它们成长为行业领袖的。如果你曾经在这个领域花时间进行过调查，那么你很有可能也听到过同样的故事。

爱彼迎采用过的增长骇客方式就是获取克雷格列表中关于度假和出租房屋的清单，然后主动与所有的房主进行联系并说服他们同时在爱彼迎的网站上展示他们的房屋，或者按照有些人的说法，在没有获得房主的同意下就直接这样做了。实际上，这样的做法违反了克雷格列表的服务条款，这里的服务条款指的是由服务提供方发布的网页使用指南。然而，在初创企业界的增长骇客中，这样的做法现在已经成为一个传奇。他们用这个故事争辩道，如果你不打碎某些由"服务条款"组成的鸡蛋，那么你也就没有可能烹饪出一盘"增长"的煎蛋卷。

Dropbox 采用过的增长骇客方式是一种双向推荐的系统，在这个系统中，当一个用户向另一个人推荐 Dropbox 的服务时，推荐人和被推荐人都能获得账户升级的福利。有好几年的时间，这种增长骇客的方式在市场营销的舞台上以及在各种博客网站上被反复不断地提起。但是，对这种策略的无休止的模仿还是导致了很多让人感到挫败的情形，因为有很多企业根本无法按照 Dropbox 的方式进行资本化。当 Dropbox 的创始人德鲁·休斯敦在 2010 年进行题为"初创企业的教训"的演讲时，他很明智地提醒道："针对某些市场类型的市场营销策略很有可能在其他的市场上彻底失败。"Dropbox 自己也曾经试图复制其他初创企业的增长骇客方式，但没有一次是成功的。休斯敦曾经尝试过但最后失败的项目包括付费搜索、公共关系、加盟营销以及广告关键词。

Hotmail 采用过的增长骇客方式也是在网页领域中最早期的营销方式之一，而且直到很多年以后这种方式才被人们称作增长骇客。如果你在 20 世纪 90 年代末和 21 世纪初就已经接触互联网，那么你也许还能记得 Hotmail 的做法。Hotmail 的免费邮件服务会在每一封发出去的邮件底部加上一句话，这句话的大意是，这封邮件是通过免费服务发出的，同时它还邀请任何收到这封邮件的人注册他们自己的邮件账户。网页和电子邮件本身的快速扩张使数百万人获得了这条信息带来的好处，而在当时很多其他的邮件服务都会向用户收取月费或者年费。

2006 年，Yelp 采用了一种全新的增长骇客方式，这种方式为他们的整体流量和品牌带来了巨大的好处，他们把这种方式称作"网站标记策略"。具体的做法是，Yelp 会给各家餐厅 4 星或 5 星的评级，这些评级都是食客在用餐完毕后上传到 Yelp 平台的。一个拥有评级"标记"的餐厅的老板可以将这个标记放在餐厅自己的网站上以显示食客给予他们餐厅的正面评价。这个"标记"还与 Yelp 的主页相连接，可以向 Yelp 发送有关这家餐厅网站的具体流量，以及为这家餐厅的名字、分类、所在城市等提供高搜索排名，而所有这些排名都是通过搜索引擎上的"友情链接"获得的。这一策略曾经被旅游平台猫途鹰和在线城市指南网站 Citysearch 尝试过，但是没有人能够将这一策略运作得比 Yelp 更有效率。在仅仅数年的时间里，在这些"标记"的帮助下，Yelp

从搜索引擎优化的浪潮中收获了巨大的回报。[①]

上面这些故事并不是什么特例。贝宝就曾经有过推荐他人注册可以获得 5 美元奖励的促销活动；优步曾针对不同的城市采用了不同的骇客手法，其中包括到处散发各种推荐卡片，星期五的晚上在酒吧和餐厅里的厕所里张贴未经许可的海报，恶意地假装搭乘竞争对手的车辆，并用这样的方式来影响竞争对手的利润以及对客户订单的反应时间；脸书在早期的时候就采用了只关注大学生市场的增长策略，比如他们会在脸书上开发希腊语系统然后等待其他人的跟进。初创企业的创始人、投资人以及专家学者还可以举出更多的例子来证明，找到正确的、更有创意的骇客手法已经取代了传统的市场营销手段，任何新近创立的企业都能够而且完全应该利用各种增长骇客的手法来获取极高的增长率。

和绝大多数关于成功的故事一样，围绕着事实和真相的核心总会有大量夸张的言辞以及过分简单化的解释。

有些增长骇客的做法确实很有用，但大多数的骇客实际上没有丝毫作用。甚至在上面提到的那些企业中，绝大多数单一的增长策略根本没有起到任何作用。可悲的是，媒体绝不会报道或者

---

① 你可能会觉得我对于这种增长骇客的方式表现得好像有些非同寻常的熟悉，那是因为这原本就是我给他们的创意……是不是感到有些奇怪？作为搜索引擎优化领域的咨询师，当时就是我为 Yelp 提供了相关的服务，而且在"标记"中嵌入 Yelp 网站的链接也是一种改善他们自己的网站并使其在谷歌搜索中获得更好排名的方式。所以，当我向他们提出这样的建议时，他们同意了并全盘接受。另外，这种方式还要归功于米歇尔·布罗德里克，他代表 Yelp 参与了当时的这个项目。——原书注

关注这一类的案例。从中我们可以得到的教训是：实际上所有这些企业都曾经尝试过数十种非常有创意的市场营销策略，在这些策略中它们往往还结合了正在不断改进的强势产品以及很多种传统的最佳市场营销实践，只有在某些特殊的案例中，作为这种混合策略的一部分，会有一些经过特别设计的单一策略被证明是非常有效的。但是，与这一事实相悖的是，最后登上新闻头条的正是这些经过特别设计的、有特定目的的策略，而且这些策略居然还在技术型初创企业的亚文化中流传开来。

企业的创立和成长有其自身的困难和特定的生命周期，如果对于这些现象的观察能够教会我们一些东西的话，那就是绝不要停留在浮于表面的浅显解释上，你应该去寻求更深层次和更加复杂的真相。在这里，我们也应该采用同样的做法，在你逐步提升你的初创企业的品牌，客户的覆盖率、转换率、留存率、参与度以及病毒式的传播手段的过程中，你当然可以去寻找那种独一无二的"骇客"方式，但想要做到这一点，你需要对你正在尝试解决的问题有更加深刻和广泛的理解。

替代的选项：可持续的市场营销飞轮

伟大的企业几乎都是由一套强大的、始终在不断推进的市场营销流程支撑起来的，正是在这样一套流程的帮助下，企业才能吸引到合适的受众的关注，最后成功地把这些受众带到企业（实体或虚拟）的门口。

我喜欢把复杂的市场营销流程描绘成一个飞轮。飞轮是一种在工业革命时期出现的机械部件，这种部件可以将不同来源的旋转能量用惯性的形式储存起来。这种储存起来的惯性能量可以被用来驱动任意数量的、需要稳定能量输出的系统。在这里，作为一个例子，我将向你演示 Moz 的市场营销飞轮是如何工作的。

我们的飞轮是由内容驱动的，我们在搜索引擎优化社区中的客户可以通过各种不同的渠道，比如搜索引擎、社交媒体、口碑、会议和活动、电子邮件订阅，以及在其他网页上的参考链接等寻找到相关的内容，如图 9-1 所示。

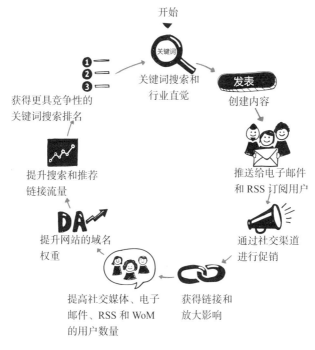

图 9-1　Moz 的市场营销飞轮

注：RSS 全称为 Really Simple Syndication（简易信息聚合），是一种用于描述并同步网站内容的格式，是应用最广泛的 XML 应用。WoM 是指口碑营销。

创建相关的内容，通过不同的渠道放大这些内容的影响力，使相关的内容覆盖新的受众，然后再将这些新的受众带回到我们自己的网站上，这样一个完整的流程是一个强大的、持续不断的推进系统。正因为有了这样一个系统，我们每个月可以拥有数百万的访客以及上千名新的免费试用者。但是，和所有现实中的飞轮一样，它在启动的时候也需要大量的能量，而且只有在它开始平稳地转动，惯性不断积累后，它才能稳定地运行在这种低摩擦的状态下。

在创立 Moz 后的最初 5 年里，每周我有四五个晚上坚持发表博文，在博文中我会将我的直觉和经验转变成各种形式的内容，而我的直觉和经验又来自和客户打交道的过程，参加各种在线论坛，与其他搜索引擎优化专业人士的对话，以及搜索引擎世界的各种新闻。我会撰写书面的博客文章，制作各种插图，制作用于演讲的演示文稿，拍摄以白板为背景的视频，举办在线研讨会，进行统计调查，开展互动问答，等等，而且我还会将所有这些内容都放在我们的网站上。在最初的两年里，如果我创作的内容能够收获超过 10 次的点击量我就已经心满意足了。到了 2006 年，在"搜索引擎优化初学者指南"获得成功后，我收获的点击量开始不断地增加，我通过发表新的内容能经常接触到数百个用户，接着在很短的时间里我的客户数量增长到了数千甚至更多。

最终的效果是相互影响的。我们创作的内容影响到的人越多，相关内容的影响力被放大的可能性就越大。这种放大的效应常常是通过链接和分享的形式表现出来的，这就使得相关的内容可以获得更好的搜索引擎排名，从而吸引到更大的流量并接触到更多的用户。这些新增的用户通常都是一些非常优质的客户，对此你一点儿也不用感到惊讶。因为一般的用户通常只会在社交、新闻、RSS 或者电子邮件的流媒体上寻找他们感兴趣的内容，而与一般用户不同的是，这些在网上主动搜寻特定答案或者资源的用户通常都会深入那些具有更高点击率的链接。这个飞轮为我们的市场营销工作提供动力已经有好几年的时间了，它给我们的网站带来了大量的对搜索引擎优化和网页市场营销非常感兴趣的访客。另外，通过我们网站上的内容，我们希望能够使这些访客建立起对 Moz 品牌的了解和信任。等将来的某一天，如果这些访客想要在网上搜寻相关的软件和工具来帮助他们进行搜索引擎优化方面的工作，我们希望能够负责他们的业务并且让他们成为长期用户。

事实上，几年前，当我们着手分析我们网站的访客以及转换率时，我们就已经发现了关于 Moz 的市场营销和客户的有趣数据。尽管这些数据已经过时了，而且很可能发生了变化，但这些数据依然保留了以下特征。

假设你第一次是通过谷歌搜索"搜索引擎优化工具"这个关键词才找到并访问 Moz 网站的，那么即便你当时就注册了我们软件的免费试用，你作为 Moz 用户的时间也很有可能不会超过 4 个月，而全球平均时间大约是 9 个月。

但如果你在注册免费试用软件之前，在 3 个月的时间里你先后访问了 Moz 的网站不下 12 次，那么作为 Moz 的付费用户，你持续付费的时间就很有可能会超过 14 个月。现在你应该有点儿明白了吧。

这个统计结果表明，我们最好、最忠实的客户一般都是那些之前在我们的网站上花费了大量的时间，参与了我们的社区活动，使用了我们的教育资源，并且还测试了我们的免费工具的人。因此，从 Moz 的利益出发，我们根本就不应该过于频繁地促销产品，或者过快地提升客户的转换率，对于那些新来的访客尤其如此。很多市场营销人员所推崇的经典的"营销漏斗优化"策略就包含了这样一种奇特的看法，即我们应该尽快并尽我们所能地将更多的访客转化为付费用户，而且任何失去的机会都意味着我们的市场营销流程存在缺陷，但我们的数据表明事实刚好相反。如果我们想要在客户的增长和留存率上有最佳的长期影响，我们就需要有耐心。在我们推动那些潜在的客户成为我们的付费客户之前，我们需要耐心地等待他们做好准备并主动和我们开展互动。

我认为，这样的做法在我们的价值、内容以及付费服务之间促成了一种很和谐的共生关系。我们想帮助其他人更好地开展市场营销；我们希望他们能首先进行细致的了解，而且只有当我们的产品真正适合他们的时候才鼓励他们进行注册。实际上，我们的业务绝大部分都来自那些长期的、低流失率的、高参与度的客户，这样的客户需要我们进行深度的投资。所以，我们不但需要从访客中发现我们所需要的客户，更应该在这些潜在客户的职业生涯和接受培训的过程中发现他们。

专业提示：如果你的营业收入来源按年或按月收取服务费，或者依赖某种经常性的收入，那么请确保你是通过业务的推介来源或者在访客转换为你的客户之前对你的网站的访问次数来测量你的 LTV 值的。在这里，LTV 指的是任何一个客户的生命周期价值，也就是客户在和你的公司保持业务关系期间为你的公司带来的营业收入。如果你获得的统计数据类似于 Moz 的数据，那么也许你应该采用一种和我们类似的慢热型的转换过程。

市场营销飞轮的作用对我们来讲是一目了然的，但它并不仅仅对 Moz 有用。在那些最成功的初创企业里，几乎每一家都有一个清晰可辨的市场营销飞轮，这些飞轮从正确的受众那里为企业带来了市场的认可和流量，并且在恰当的时间将这些受众转换为一次真正的销售，或者在你的网站上的一次新的注册。

"一元刮胡俱乐部"（Dollar Shave Club）是洛杉矶一家著名的创业公司，这家公司以每月几美元的价格向客户提供传统的男士刮胡刀（最开始的时候客户每月只需要支付 1 美元，但这家公司在被联合利华收购后就发生了改变）。这家公司用幽默的在线视频构筑了一个市场营销漏斗（通道），从而把它们自己的市场定位与那些产品没有丝毫特色但价格非常昂贵的刮胡刀企业区分开来。这些幽默视频的受众通常都是年轻人，他们会在网上花费大量的时间，而且对于社交媒体还拥有非同寻常的理解，所以这些视频才会在网上像病毒一样传播开来并同时收获庞大的浏览量。也就在这个时候，传统媒体也开始对这一现象进行报道，而新闻本身又会在网络上被广泛地分享。最后，所有这一切混合在一起形成了非常庞大的流量。"一元刮胡俱乐部"原本是想通过购买"再营销"和"再定位"的广告来做到这一点的，当然他们同时还想在谷歌的关键词搜索中获得更高的排名。

Zillow 的主要产品是房屋价格计算器，以及主要用来估算房屋价值的被称作"Zestimate"的专利方程式。Zillow 的产品从一开始就在市场上表现强势，而且还在网上吸引了庞大的流量。尽管不可避免地出现了各种争议，但人们依然乐于分享有关 Zillow 产品的信息、链接以及各种故事。正是在这样的背景下，Zillow 建立起了非同寻常的营销飞轮。刚开始的时候，访客一般不会去 Zillow 的网站挑选和购买房屋，但是一旦人们将 Zillow 与住宅房地产数据联系起来，一旦 Zillow 开始利用网上的互动、内容以及链接使它的网站在搜索结果中获得更靠前的排名后，它的成功就已经是不可避免的了。

WP Engine 是非常受欢迎的博客软件 WordPress 的托管网站，这个网站因可靠性而知名。当时，WordPress 的网站因面对极其疯狂的流量而不堪重负，经常出现无法访问的情况。WP Engine 因为向 WordPress 提供服务并为它进行宣传而成为它的托管网站。Reddit 是一家知名的社交新闻网站，其本身也是一家由两位年轻的大学生创立的初创企业。当时出现过这样一种现象，任何小型的网站在和 Reddit 网站链接后都会因为在短时间内出现过大的流量而不得不离线。完全类似的情况还有，如果在一个很短的时间窗口内将大量的访客转移到另一家网站，那么这家网站的网页服务器很可能会被淹没并不得不离线。后来，这样的情形被统称为"死亡之拥"（Reddit Hug of Death）。通过将自己的品牌和技术与"死亡之拥"联系起来，尤其是通过吸引那些曾经遭受过"死亡之拥"的网站所有者，以及那些经常会因为尝试各种新技术从而让其他网站出现"死亡之拥"的技术极客群体，WP Engine 吸引了一群狂热的追随者。随着时间的推移，这些追随者为 WP Engine 带来了更加广泛的知名度和更大的流量。

尽管构筑市场营销飞轮对企业的发展是非常关键的，但是在对飞轮进行投资和对增长骇客的方式进行试验这两者之间还存在着某种程度的重叠。到目前为止，我的经验是，当你在某个领域中发现，骇客的方式可以完美地适用这个领域，而飞轮遇到了各种摩擦时，这就是你利用骇客的最佳时机。

在早期的时候，Moz 的飞轮竭力想要做到的是让那些博客作者、新闻记者、网站所有者以及有一定影响力的人了解我们的网站并主动链接我们的内容页面。我至今还能清晰地记得，在2005 年，当我得知有几家网站链接了我写的一篇文章时，我兴奋地在办公桌前跳了起来并大声地欢呼，随后又在下班回家的路上买了一瓶便宜的香槟。这听起来好像有点儿傻，但在那些日子里，我知道这些引用了我的博文的链接可以把我们之前默默无闻和辛勤耕耘的网站变为一个对于那些专业的访客也具有很强吸引力的站点，而这些专业的访客很有可能在将来成为我们的咨询客户。在我们的飞轮中，最关键的问题就是如何让那些有可能和我们建立连接的人了解我们的网站，以及如何说服他们建立这些连接。

解决的方案就是找到一种正确的骇客方式，这种方式可以让我们的网站被搜索技术和市场营销领域中某些特定类型的网站所有者、博客作者以及写手注意到。我们发现被我们称作"搜索引擎排序因子"的内容与我们想要寻找的骇客方式有关。

公平地讲，我们并不是第一家或者唯一一家尝试罗列出谷歌通过著名的算法决定网站和网页排名的所有因素的网站，但我们是第一家通过在网络社区招募具有一定影响力的群体来这样做的网站。我们的方式首先是设计一项调查，调查的内容涉及所有不同类别、对排名具有潜在影响的输入因子，然后我们邀请著名的搜索引擎优化专业人员来参与这次调查，并要求他们贡献出自己的观点。最后形成的文档汇总了所有被提及的因素，我们对这些因素不同的排名数值求和，计算出平均值，然后按照相对权重进行重新排序。有超过 100 个拥有自己的网站和粉丝的同行参与了这次调查，而且他们中的每个人都收到了我亲自发出的私人邮件，在邮件中我由衷地感谢他们的参与，并恳请他们帮助我们将这次调查的结果传播开来。

这种增长骇客的方式不但为我们带来了高价值的内容——也就是那份关于排序因子的文档——还为我们带来了一长串的业界翘楚来帮助我们克服当时所面临的最大挑战，即获得其他网站的链接并放大我们网站的影响力。因为每个参与进来并且具有一定影响力的业界名人都对这次调查做出了贡献，所以他们很自然地就将有关的内容分享了出去。我们网站默默无闻的日子终于过去了，在几个月之内，几乎所有参与我们调查的受访者在网上发布他们的内容时都引用了我们的网站。除此之外，这些连接还产生了我们期望的对整个市场的冲击。在"搜索引擎优化排名因素""谷歌排名因素""搜索引擎排名因素"以及一系列相关的关键词短语的谷歌搜索的结果中，Moz 当时使用的域名 SEOmoz.org 都排在第一位。所有这些因素加在一起推动了每月上千次对我们域名的搜索。

我们发现了我们的营销飞轮，我们找到了产生摩擦的点，我们还采用了一种增长骇客的方式来减少这种摩擦并使得我们的飞轮可以转动得更快。今天，在内容的创作上，这种将业界名人都包括进来的策略是"内容市场营销实践"的一种主要方式，而且通过这种方式创作的内容也常常被称作"综合性陈述"。我甚至想这样说，即便眼下这种策略很可能已经被玩得过火了，但在市场上仍然还有上百种全新的创造性机会在等待着后来者。

当你具体思考如何构建一个长期有效的市场营销机制，并且在不产生摩擦的情况下实现规模化，甚至还能够随着你的企业的不断成长进行自我完善时，你就需要考虑我们关于飞轮的比喻。每一个飞轮都是不同的，你的飞轮与你的竞争对手相比更应该是独一无二的，因为你的飞轮需要充分利用你的独特技能，并且瞄准的还应该是你的特定客户。

你所采用的骇客方式或者营销策略应该服务于你的营销漏斗，而不是取代它。如果你有一个非常好的创意，可以通过社交网络用一种可以规模化的方式来创建你的登录页面，或者实施一个推广方案，又或者接触到合适的客户，那么请首先确保你已经明白应该如何对这一创意进行测试、追踪，并且在你建立的营销漏斗内部加以应用。仅有增长骇客这一种方式是无法解决你所有的市场营销问题的，但是恰到好处的骇客方式或许会给早就在一旁不停转动的飞轮带来巨大的价值。

第十章
真正的价值（在短期内）并不能帮你赚钱

　　企业的价值观通常是由企业的高层管理人员选定的，而且会在大多数的商业场景中被采用，但是企业的价值观并不根植于最基本的哲学信仰、道德或者伦理。从这个意义上来讲，企业的价值观常常是被当作一种战略来选定的，其目的就是"重整你的军队"，也因此在本质上具有操纵性。

　　　　　　　　　　　　　　　　　　——雷·威廉斯[①]，2010 年

[①] 雷·威廉斯是一家总部设在加拿大的培训公司的 CEO，他被称作加拿大最顶尖的 CEO 教练。在 35 年的职业生涯中，他当过 CEO、人力资源师、管理咨询师和领导力培训师。——译者注

我的朋友罗伯·欧思比曾经有一个令人惊艳的创意，关于如何让 Moz 每年多赚数百万美元。但我这样对他说："不，绝对不行，我们是不会那样做的。"这又是为什么呢？请继续读下去，我的朋友。

在一家像 Moz 这样从事软件运营服务的企业里，客户流失率或许是最重要同时也是研究最多的数据，这个数据可以告诉你每月或者每年有多少比例的客户正在放弃他们的账户。一个很高的客户流失率意味着你需要获取很多新的客户来弥补那些不再需要你的服务的客户，一个很低的客户流失率意味着企业的增长会非常容易，而且通常还会很快。投资人尤其会倾向于认为，与那些有很高客户流失率的软件运营服务企业相比，一家像我们这样的客户流失率非常低的企业，其估值会以更快的速度增长。

2011 年，我们的客户流失率大约为每月 8.5%，当时我们总共有约 1 万名付费用户。这意味着仅仅维持我们当时的营业收入，每个月我们至少需要 850 名新的付费用户在我们的网站上注册和登录。如果我们想要获得增长，那么我们甚至需要更多新的客户。

事实上，每个月有远超 850 名新的客户注册我们的服务，所以尽管我们有比较高的客户流失率，但我们的业务依然在快速地扩张。不过，我们的客户一般只和我们进行了短暂的互动后就注册了我们的服务，这就会不可避免地出现一些让我们非常担心的后果。平均来讲，人们使用 Moz 账号的时长大约为 11 个月，另外，基于一些研究，我们估计在英语世界中有接近 100 万个潜在的 Moz 用户。所以，不难想象，在数年以后，当每个月有上千名新注册用户的时候，我们很快就能将这个群体中的绝大多数人转换为我们的客户，这会把这项业务的长远未来置于危险之中。

我们不但需要为我们的客户提供价值，而且还应该让我们的付费业务更具黏性，只有这样，我们的客户才有可能几年如一日地与我们同舟共济。也就是基于这一点，欧思比提出了他的想法。

"为什么？"他问道，"为什么你们会允许客户仅仅在网页上点击某个按钮就取消了他们之前注册的所有服务呢？"

"难道你认为我们应该让注销服务的流程变得更困难一些吗？"我回答道。

"如果你们把注销流程转移到电话上，"欧思比解释道，"我敢打赌，仅仅因为这个过程变得不是那么方便就能降低你们的月客户流失率。另外，你还可以和那些打算取消服务的人在电话中进行沟通，更好地了解他们是谁以及为什么要取消服务。也许你还能挽留住他们中的很多人，或者使他们在将来再次成为你的客户。也许你还可以让他们中的某些人转向一个更便宜的套餐，或者说服他们购买另一种不同的产品。"

我曾经看到过的一些统计数据是支持欧思比的猜测的，所以我这样对他说："没错，只能通过电话来注销有关的服务确实对客户流失率有实际的影响。但是，如果注册的流程是完全在线的话，只能依靠电话来注销相关的服务就会让客户感到很不舒服，显然你们是故意让整个流程变得复杂的。所以你并没有站在客户的立场进行（移情）思考，而且这样的做法并不符合我们的核心价值——TAGFEE[①]。"

---

① TAGFEE 是 Moz 的企业核心价值，由 6 个单词组成：Transparent（透明）、Authentic（真实）、Generous（慷慨）、Fun（乐趣）、Empathetic（移情）和 Exceptional（例外）。——译者注

"有道理，"欧思比回答道，"那你就只能眼睁睁地看着那么多的钱从你的手上溜走了。"

"没错，"我回答道，"因为我们所有人都同意：如果你愿意牺牲你的核心价值并拿它们来换钱的话，那么它们就不再是你的核心价值了。"

没错，但这还是 TAGFEE 吗

从短期来讲，企业的价值也许并不能为你带来财富，但是从长期来看，它们对任何企业都是无价的。维护企业的价值并不是一件轻松的事，它们有时会让你做出非常困难的决定，它们有可能会阻碍企业短期内的增长，它们还会限制企业具体走一条什么样的道路。建立并维护企业的核心价值会给你带来很多内在和外在的好处，但是这样的好处往往需要等待很长的时间才会变得明了。对创业公司来讲，有时候要不要维护企业的核心价值会是一件让人十分纠结的事情，因为绝大多数的创业公司在早期都很困难，它们都渴求能活得更长久一些，这样它们就会有更多的机会走向盈利或者完成融资。这种两难的处境确实是很难处理的，但是以我的经验，以及坚持企业的价值与企业业绩之间的关联性表明，这样做是完全值得的。另外，守护你的核心价值会让你在镜子中看到你自己的时候，不会再憎恨镜子中那个也在看着你的人。

在 Moz，我们有 6 项核心价值，可以用首字母缩写组成的 TAGFEE 来代表，这 6 项价值是透明、真实、慷慨、乐趣、移情以及例外。我们把这 6 项信念放在了企业的成功或者企业的增长之上。TAGFEE 的作用就像是石蕊试纸，它可以帮助我们决定我们应该或者不应该采取某项行动、是不是该雇用某人或者让某人离开团队、是不是该创建一个新的流程或者制定某种政策。当我们讨论哪些内容应该放在网上，该用什么样的方法与网络社区成员进行互动，应该制造什么样的产品，以及采取哪些内部行动时，我们就会运用到这些核心价值。

我们是在 2007 年启用 TAGFEE 的，当时 Moz 的第一位投资人米歇尔·戈德堡给了我一本书，书名就叫作《从优秀到卓越》。在这本书中，作者吉姆·柯林斯将获得了长期成功的企业与那些最终失败的企业进行了比较，然后对企业之所以能够获得成功的一些基本要素给出了他的经典分析。柯林斯研究发现，有7 项特征与那些在很长的一段时间里均能够保持非凡的财务和业绩增长的企业有很强的关联性。其中有一项柯林斯是这样描述的，伟大的企业都是由这样一些人创立的，他们共享基本的核心价值，无论做出或大或小的决定，他们都会把这一基本的价值观当作他们的指路明灯。

我是一个创业者，一个 CEO，一个独立贡献者，另外还是一个创业和商业文化领域的学生，我所经历的一切都在强化这样一个观念，即如果有这样一群人，他们拥有共同的核心价值，并且相信这些价值正是他们对于这个世界最重要的贡献，那么他们就会拥有巨大的潜力去共同完成一些非凡的事情。

相反，如果企业里的个体无法就某些共同的价值达成一致，那么每一个目标、每一个项目以及之前投入的所有精力都会被浪费掉。在你的团队成员最深层次的个人信仰中，对于某些共同的价值观是不是已经做出了毫不动摇的承诺，并且同意这些价值观对于一家企业意味着什么，对于这两个问题的答案将在很大程度上决定你的企业是较为容易地获得成功，还是必须经历一番艰难和困苦。下面的引述对此做了一个很好的总结。

> 烙印在我们信条上的核心价值很可能就是我们的竞争优势，但这并不是我们坚守这一核心价值的理由。我们守护我们的核心价值是因为这一价值定义了我们的立场，即使在某些情形中这一价值会让我们处于一种不利于竞争的状态，我们仍然会坚守这一价值。
>
> ——拉尔夫·S.拉森，强生公司前CEO

Moz作为一家软件公司，在创立早期就已经明白了这个道理，而且我相信当我们真诚地信奉并在实际的工作中表现出我们的核心价值时，我们的企业就会处于一种最佳的状态，但是当我们远离这些核心价值时，企业就会经常处于一种非常糟糕的状态。

杰拉尔丁是TAGFEE的作者，这可能会让你感到惊讶，但是她原本就是一位广告文案的撰稿人（目前她还是一位作家，她出版的书是《逸兴之旅——旅途中的冒险、真爱和小偷》，你也许应该想办法去搞几本过来，万一你感到读一遍还不够的话）。当我们一路寻找Moz的核心价值时，她显然是一位能帮上忙的人。她对我的了解之深非常不可思议，她还非常熟悉我的公司以及当时的11名员工，她也是一位非常有才能的作者，关键是她的收费不是很高，而这对一家早期的初创企业来说非常重要。

Moz 的每一位员工都需要完成一份书面的作业，把我们在别人身上所看到的，最让我们欣赏的，同时也是我们自己最想拥有的特质和品性罗列出来。我们会一起探讨我们想成为一家什么样的企业，我们想代表一种什么样的价值观，以及在过去我们有没有做过什么让我们感到后悔的事情，无论这些事情是有关个人的还是发生在职场上的。所有人的作业以及在各种讨论中汇总起来的笔记都会转交到杰拉尔丁的手上，接着杰拉尔丁会对这些作业和笔记进行整理，并将其改写为一份正式的文档，然后她把这份文档交还给我们，让大家进行分享、编辑并提出意见。最后这份文档又会再次回到杰拉尔丁的手中，并由她形成最终的版本。现在我们能够看到的最终版本是这样的。

Moz 的指导原则

这份文件描述了我们制定的一些规则，以及在一家企业中我们辛勤工作为之奋斗的理想。我们所拥抱的价值体现了我们是谁，为什么我们会在这里，以及在每一个领域中我们努力想要获得的是什么，这些领域可以是软件、网页内容、我们在工作场所中的行为以及我们走在大街上时所代表的 Moz 的形象。

我们的 6 项核心价值具体如下。

- **透明**——我们相信应该和所有感兴趣的人一起分享我们所知道的、学到的以及正在做的事情。我们拒绝任何形式的隐秘、晦涩以及不透明，并努力使市场营销的世界、搜索引擎优化的世界、软件初创企业的世界以及 Moz 自身能够对所有人开放，并且能够被所有人触摸到。

- **真实**——我们不屑于伪装成一个与我们自己截然不同的人，或者在工作中隐藏我们自己真实的身份、思想或者情感。我们鄙视各种官腔和不真实的行为，以及那些在商业世界中阻碍我们表现出自然的人性和多样性的繁文缛节。我们将始终如一地坚持让 Moz 成为一个让我们所有人都能做真实自我的所在。

- **慷慨**——我们相信人们可以在不求取任何回报的情况下回馈社会。我们的目标甚至比单纯地让企业获得增长，或者在财务上获得成功更加宏大。我们希望能够帮助我们的同行、我们的同事以及市场营销这个行业创造出一个更好、更和谐、更富有奉献精神的环境。

- **乐趣**——我们所做的工作非常具有挑战性，同时还需要承受很大的压力，但是我们认为，你不应该把你自己手上的工作看得太重，无论这份工作对你意味着什么，它毕竟只是一份工作而已。当你真的只把它看成是一份工作时，工作也就回归了它的本质。我们的目标是让我们自己的这一份工作以及我们周围所有人的工作都是令人愉悦的、有回报的并且还始终充满着幽默。

- **移情**——移情是我们最重要的价值，这一价值要求我们能设身处地为他人着想，并能够从其他人的角度出发来看待具体的事物。我们努力创造能够对所有人都表现出友好和尊重的产品、内容、互动以及特定的环境。我们相信最真的移情是那些长期奉行的善行，而不仅仅是短期的、表面上的友善。我们的目标是将这样一种善行（真的移情）以最高的优先级首先应用在我们的社区、受众以及客户的身上，然后是我们自己，最后才是我们的股东和投资人。

- **例外**——如果其他所有人都在用同一种方式做事，那么我们相信找到另一种替代的方式有其内在的价值。Moz很想成为一家独特的、创新的或许还有点儿古里古怪的企业。作为一家企业，我们一直坚持特立独行，我们真的希望能够成为规则之外的一个活生生的案例。

你可以在网上的一篇博文中找到上述文件的最初版本，当我发表那篇博文的时候，这份文件的最初版本距定稿才刚刚过了一年多的时间。

TAGFEE所代表的价值很可能会和你发生共振，但如果没有发生这样的共振，那也没有什么。任何两家企业都不太可能有完全相同的价值，而且你也不应该随意创造一个企业的价值然后再把它强加在另一个团队的身上。Moz的价值之所以对我们有用是因为这些价值来自创始人和早期员工信仰的深处，另外，作为普通人和专业人士，我们的人生经验也帮助塑造了这些价值。企业的价值并不是设计用来为所有人服务，或者用来迎合所有人的。我们的核心价值已经向我（作为一个创始人、CEO和Moz的员工）证明了它们的价值，因为它们提供了3种非常强大的能够将整个企业团结在一起的力量。

首先是所有的团队成员之间有了一个共同的承诺。在一家雇用了上百名员工的企业里，很自然地会存在各种紧张关系、不同的意见以及偶尔会出现的不和谐。但是，企业的核心价值让所有人从他们参加第一次面试的时候就已经知道，正是这些统一的价值观把所有人都团结在了一起。即便我们对于如何达成我们的目标，或者我们的目标是否正确有不同的意见，但至少我们每个人都知道我们内心深处的价值基础是完全一致的。我妻子家里的那些亲戚几乎每天都在为各种各样的事情吵架，通常吵架的时候他们会用意大利语，这是他们的母语，所以每说三四个单词我才能听懂其中一个单词，但是一旦谈到有关政治的话题，他们很快就会达成一致，而这在美国家庭中很难看到。对这个世界和生活在这个世界上的人来讲，什么是对的、什么是错的是一件非常重要的事情，既可以让一顿感恩节晚餐无法进行下去，也可以把所有的人再重新拉回来。在一家享有共同价值的企业中，事情也同样如此。

其次是有了一组用于决策的蓝图。当我们需要做出一个很有挑战性的决策时，大量的数据、直觉以及分析很自然地就成为决策过程的一部分。在这个时候，我们共同的价值就成为将未知的风险挡在外面的护栏，并对我们的决策过程提供强有力的支撑作用。正如在本章开头的时候我们所举的那个例子，我的朋友建议将注销服务的功能转移到电话上，但我们的企业价值让我们做出了这样的决定，即在改善我们的服务、产品、人力资源以及企业的增长方面进行投资。在这一章以及在本书的其他章节中，我将和你们分享更多有关这一过程的例子。

最后是有了一个用于进行自我反省的评估标准。大多数企业都会做某种形式的反省，它们会回顾之前的决策、项目以及投资来判断所有的一切做得是否值得。当进行反省的时候，它们会按照不同的情形使用投资回报、成本收益分析以及各种其他的衡量标准来作为原始的输入数据。这些操作再加上是否符合企业核心价值的判断会让我们获得一种特别的洞察，这一洞察不但能帮助我们强化原有的核心价值，而且还能帮助我们为了获得更大的成功设定对于未来的投资。一致性和承诺对人的心理有很大的影响，当你内部的团队、外部的客户以及更大范围的受众都能感受到你的企业所坚持的价值时，你的品牌就会因此而受益。

我们认为这些核心价值是不言自明的

如果你的团队拥有合适的人才，这些人才还拥有共同的价值观、使命以及愿景，那么历史上那些由价值观驱动的企业早就已经向我们证明，即便在你创业的初期，你的企业毫无疑问也会拥有某种特别的魔力。如果创始人和企业的领导层都认为，在招聘人员的过程中完全没有必要顾及申请人的价值观是否和企业的价值观协调一致，那么一些问题就会不期而至。

柯林斯在他有关"协调动作"的文章中对此做出了非常完美的解释。

在对"协调的过程"进行描述时，我必须假设，你们已经对企业的核心价值给出了清晰的定义，这可以说是一个非常重要的假设。关于如何识别核心价值，我想首先说明如下几点，因为如果不把这些实实在在地说清楚，你不可能进行有效的协调。

首先，你不能"设定"你的企业的价值，你只能够"发现"它们，你更不能将新的核心价值"硬塞入"人们的头脑。核心价值绝不是人们被动接受的某种东西，人们应该早就在内心深处对这些价值有了一定程度的认可。很多企业的高级管理人员经常会这样问我："我们如何才能让其他人和我们一起共享核心价值？"答案是你没法做到这一点。相反，你的任务是找到那些早就在内心深处准备好与你共享核心价值的人，你需要吸引并留住这些人，然后再让那些根本不认可你的核心价值的人去其他的地方。

——吉姆·柯林斯，《协调动作和价值》

我认为，你最容易或者最有可能犯的错误是，雇用一个有很强的能力或者在过去有很好业绩表现的人，哪怕你已经意识到他与企业的核心价值和文化并不契合，但是你仍然相信，随着时间的推移，你可以让他与企业的核心价值相协调。在我的职业生涯中，我曾多次做出类似傲慢的举动，而每一次都让我夹在了失望和灾难之间。图 10-1 最初由 Moz 的投资人布拉德·菲尔德勾画出来，他在图中很好地总结了这一点。

在专业领域，我们倾向于雇用有竞争力的人才。大众文化和长期以来的商业实践向我们灌输了这样一种观念，即雇用的目标就是为团队招募一个已经在相似的岗位上表现出相关的技能和经验的人才。在招聘的过程中包含上述要求并不是什么坏事，但是

文化的契合 = 共同的价值观、能很好地在一起工作、相
互尊重和信任、给团队带来正能量
竞争力的契合 = 生产力、工作的质量、智力、对投资回
报的贡献

图 10-1　竞争力 vs. 文化的契合

如果你想要获得非同寻常的结果，上面这些要求不应该是你要遵
循的唯一标准。

相反，你需要一个考虑到企业的核心价值以及广义的文化契
合的招聘流程，绝不要傲慢地认为你能够把一个内心深处并不认
同或者共享你的核心价值的人转变为一个符合你的要求的人。你
需要把这一筛选程序融入企业的面试过程、上岗流程以及个人对
企业贡献的评估方法。通过运用这样的流程，你可以明白地告诉
你的员工，薪资的提高、业绩的认可以及职位的升迁是如何进行
的。这也是你向你的团队证明企业的价值与工作上的业绩同样重
要的唯一的方式。

对价值观需要保持警醒

把一些在价值观上出现的矛盾和冲突暂且放在一边往往是很有诱惑力的，因为事情涉及的那位员工眼下可能正在做一项高质量的工作，或者他拥有特殊技能，很难被替代。但每次我们在 Moz 做出这样的决定，总是事与愿违。有时候事情发展得很快，产生的损害也很有限。但还有一些时候，在一个人已经被证明他的价值观和我们的价值观存在冲突后，我们仍然让他留在公司，这对公司其他员工的士气造成了很大的伤害。

让我们来听一听玛雅·安吉罗的建议："当某个人向你证明他们是什么人的时候，你最好从一开始就相信他们。"

几年前，Moz 雇用了一位长期在一家大型软件公司里工作的资深员工。他曾经领导开发了一些非常成功的产品，所以被极力推荐给了我，但是他刚上任不久就和团队中的好几个人发生了冲突。他玩弄办公室政治非常娴熟，他的上级以及 Moz 高层中的很多人都没有觉得他的做法是有问题的。不幸的是，公司里和他同级别的同事以及他的下属，尤其是那些不在他的团队中的员工，都开始感到 Moz 对 TAGFEE 的承诺以及对核心价值的坚持出现了滑坡。他们认为，鉴于我们最近又拿到了一大笔风险投资，公司里出现类似这样的家伙很快就会成为一种"新的常态"。公司的领导层不可能不知道那个家伙和我们的企业文化有些不太协调，只是领导层对于这样的事情已经不再像以往那样在意了。他们猜测，只要那个家伙能出成绩，公司就会留住他。在他们的眼中，Moz 已经失去了某些魔力，领导层也失去了一些信誉，在关于核心价值的问题上更是如此。

当我发现这一点的时候，那个员工已经离开了我们公司，除了那些在专业上发生的冲突，他还对团队中的一些年轻女性说了一些涉及性别歧视的言论和玩笑。他还在办公室里挑起过一些很不恰当的话题，并到处传播暧昧的、带有攻击性的梗和链接。另外，他还对一些人在言语上进行了侮辱，而当事人在事情发生后就辞职离开了公司。对此我真的很伤心，我曾经询问公司人事部门的负责人为什么她之前从未向我提起这些事情，或者采取一些行动。

她的回答让我非常震惊。"在你和我谈到这些事情以前，我从来没有听到过有任何人谈及这样的事情，"她说道，"虽然曾经有人抱怨过他，但从来没有人说得如此具体。"

这就是说从来没有人向上汇报过他的行为。我问那几个告诉我这件事情的人，为什么他们从来没有向他们的经理提起这些事情，或者直接向人事经理汇报。他们的回答甚至让我更加伤心："我不认为那样做会有什么用。"但还有人的回答更糟糕："我以为所有人都知道这些事情，但是只要这个人的项目进展顺利，没有人会真的关心这些事情。"

听到这样的回答就好像在我的胸口插了一刀。我创立了这家企业，我如此努力地工作才让它成为一个真正在乎人和价值的地方，但现在所有这些显然已经发生了改变。这并不是因为我们雇用了十几个心怀仇恨的人或者一些邪恶的浑蛋，而是因为即便只有少数几个人多次破坏了我们的核心价值，人们却并没有看到公司的领导层采取任何行动，这就让这种不和谐的行为成为一种常态，另外我分享的这个案例也不是个案。

有三种常见的方式会使企业的核心价值失去作用。

第一种是企业的核心价值被团队成员当作写在纸上，然后又被装裱起来挂在墙上的陈词滥调，没有人会真的始终如一地去贯彻这些价值。当企业的核心价值与一位有良好业绩（或者被经理们认为有很好的业绩）的员工发生冲突时，如果你忽视了你曾经公开宣布的核心价值，那么你实际上揭示了这样一个无情的现实，即业绩（或者观念和政治手腕）比起拥抱企业的核心价值更为重要。

第二种是人们认为企业之所以需要这些核心价值，是因为企业的创始人或者高层管理人员认为，这些价值能帮助企业建立一种类似于极端宗教信徒的狂热氛围，而这样的氛围正是硅谷的文化所广泛宣扬的、初创企业在招聘和保留人才时所必须具备的基本要素。你肯定看到过或者听说过有些企业的核心价值已经成为某种拙劣模仿的对象，类似于"更快一点儿"，"玩命地工作，使劲地玩儿"，"执行力就是一切"以及"船期不会等你"等这样的一些价值就是最典型的例子。

如果你清楚地知道，你深信的价值观并不能为你带来任何竞争上的优势，而且这些价值观还很有可能导致各种冲突，但你依然决定坚守你的价值观，那么无论今后发生什么你都应该继续坚持下去。但如果你的公司的价值观仅仅是为了招聘各种人才而采用的营销手段，那么绝不要把这种手段称作你的价值观。你应该诚实地面对你自己和你的员工，如果有必要的话，你可以把有关的言辞或者口号融入你的招聘材料，并转化为你的公司的内部话语。但绝不要张冠李戴，并自欺欺人地蒙住你自己和其他所有人的眼睛。

真正的价值是有成本的，只是很难明确地体现出来。很多人不一定完全赞同你的价值（期望这些人不是你招聘的人）。至少在有些时候，企业内和企业外的人应该把企业价值看成你在做出一个在财务上有利的决定时必定会遇到的障碍。

真正的价值是那些你认为比赚钱更重要的真理。在现实中，它们必定会导致一些冲突的发生，而你将不得不做出一个非常困难的决定，并向你的团队中的所有人表明为什么你会选择这样一条路。这样的事情绝不会只发生一次，而是会反复多次，只有这样你才能向你的员工灌输一种理念，即企业的核心价值在你的企业中是非常重要的。因为，在很多企业里，通常没人真的会把企业的核心价值当一回事儿。那些在他们的职业生涯中才刚刚度过几年时间的人更会对"企业价值"感到厌烦，这意味着你必须站在更高处向他们证明，你是非常严肃地对待企业价值的。

如果你不愿意为此做出牺牲，做出有利于企业的核心价值但同时很可能会增加成本和痛苦的决定，那么你完全没有必要建立你的企业价值。比如，你完全可以说你的核心价值就是获得营收的增长以及金钱上的成功，这样的话你同样可以吸引那些欣赏你的诚实并且与你具有相同价值观的人。

你对企业价值的陈述实际上形成了一种期望，但是当你无法达成这样的期望时，对于你在创业时招募来的那些令人难以置信的天才和极其聪明的人，再多的装腔作势也无法掩盖这样一个令人不安的事实，那就是只要真正的目标（财务的或者其他的）能够实现，这些所谓的企业价值是可以被随意扭曲的。所以，真正的企业价值需要历经艰难的决策方能得到验证，有时候这样的决策会造成真正的伤痛，但如果在这个时候你仍然认为这是一个"正确的决定"，那么你的企业的核心价值就能得到强化。如果你的员工在去酒吧喝酒或闲聊时，对于公司损失的营业收入或者失去的机会这样抱怨："好吧，我想他们是真的认为这些东西比赚钱更重要。"此时，你方能确信真正的核心价值已经成为你的企业的一部分。

第三种是你的核心价值并没有对外公开发布，而是随着时间的推移，需要人们通过试错，或者通过观察怯懦的员工在与管理层开会时的反应才能逐步发现。对于那些无法快速学习或者跟上系统变化脚步的员工，在这样的环境中工作令人感到非常沮丧、疲惫和厌倦。每一家企业都有某种潜规则或者特别的做事方式，这些都需要花时间去学习。但是，企业的核心价值应该是非常清晰明了的，因为这对于在你的企业里工作的每一名员工的作用就像是电脑的操作系统，它会影响他们的每一步行动以及需要做出的决定。当你逼迫你的员工去猜测一个秘密、去揣摩一些没有用白纸黑字写下的行为准则时，你肯定会将一部分非常有才华的人拒之门外。更糟糕的是，在招聘中利用明晰的价值观获得的好处也会荡然无存。如果你不愿意花一些时间去确认、放大并奖励你的信念，那么你不可能在招聘到的新员工里寻找到共同的信念。

一支拥有共同的价值观和文化的团队在业绩表现上几乎总是能超越一支没有这些元素的团队。那又是为什么呢？

- **人员的留存**——如果你的员工从内心深处根本就不认可你所推崇的做事方式，以及这样做的理由，那么即便他们同意有哪些事情是应该去做的，你想要留住这样一支团队也会是一件非常困难的事。通过招聘不断地重建一支团队既是一件会让人感到筋疲力尽的事情，也是非常没有效率的，通常人们在团队中工作一至两年后才会进入最佳的工作状态。在这段时间里，他们会互相了解其他人的习性以及各种错综复杂的细节，预测对方可能的需求，建立起有效的沟通和处理问题的模式，并且开始针对他们的队友了解什么是能够行得通的，而什么又不能。按照 Namely 公司对美国 2 万多家创业公司的分析，员工的平均在职时间只有 10.8 个月。没错，就是 10.8 个月！如果你能改善你的员工的平均在职时间，那么你就会拥有强大的竞争优势。

- **动机**——你可能会和两种不同的人一起工作。一种是你喜欢的、信任的人，而且在很多方面你们会有一致的想法，而另一种人你会怀疑他们做事的方式、行事的风格以及为人处世的伦理观。和这两种不同的人一起工作毫无疑问会有巨大的差异。前者会很自然地让你感受到他们有良好的合作意愿（这是团队建设、生产力和产出质量的关键要素），而后者却会在不知不觉间形成一种政治氛围，在这样的环境中工作必然会影响到工作的质量。

- **凝聚力**——如果企业的核心价值和文化早就把你们凝聚在了一起，那么要求一支团队对某个路线图、某个项目或者某个流程做出承诺就会非常容易，哪怕他们并不同意你的某些设想。但是当你缺少了这些要素时，你也就失去了构成一个有说服力的论据的基础结构，或者缺少了在进行决策时必须具备的某些基本要素，又或者没有了判断哪条路可行或者值得考虑的基本前提。

同质化会阻碍创新

有一个重大的和致命的缺陷常常会伴随着人们对于共同的文化和价值观的追求，那就是一致性。

初创企业和早期的风险资本需要有多样性。在这里，多样性既有社会学上的含义，也有更广泛的思维模式和经验上的含义。更直白地说，前者是指在初创企业中，从业人员不应该只有来自同一个国家和相同背景的年轻白人男性，而后者是指在初创企业中，你不应该要求所有人都用同一种方式进行思考，更不应该向所有人提供单一的专业或个人体验。多样性和共享的企业文化这两者乍一看好像是有冲突的，但实际并非如此。

事实上，在任何一支团队中，你都应该兼顾员工的多样性以及对企业文化的认同。多样性、企业文化以及企业价值听起来好像是一个非常复杂的、很难糅合在一起的组合。我完全同意，如果你自己的身份和背景没有办法让你接触到各种不同的人群，或者与你有同样价值观的人群，那么想要建立一支具有上述特征的团队确实是非常具有挑战性的。但是当你成功地把所有这些要素都组合在一起的时候，真正的魔法就会呈现在你的面前。

一个主要的认知障碍是，人们会很容易认为，员工的多样性，尤其在企业的早期阶段，是完全没有必要的，因为这与共享企业文化这个目标是相冲突的或者完全矛盾的。当我从其他创始人那里听到类似的反驳时，我的血液立刻就沸腾了起来。他们对企业文化、核心价值以及多样性等概念给出了完全错误的解释。当我们在一支创业团队中，或者在一家早期的创业公司里，又或者在一家更大的企业里讨论多样性的时候，我们讨论的是从不同的背景、种族、年龄、性别以及身份的人群中招聘大量不同的人员。这些拥有不同属性的人群并不一定会和你的企业文化或者你的价值观发生冲突。有色人种的妇女、残疾退伍军人、60 岁以上的亚裔男子，以及那些非二元性别认同的年轻人都可以拥有同样的核心价值，并且对于如何建立一家企业以及人们在一起工作的方式具有相同的认知。

我并不是说任何由不同背景的人随意组成的群体，或者你在纽约街头随意挑选的、年龄为 30 岁的白人顺性别男性组成的群体，"都会"共享某一家企业的核心价值。我想说的是，如果你招聘到的那些确实能共享企业价值的员工同时还能够满足多样性的要求的话，那么这些员工就能为你的企业带来一种巨大的优势，这就好像给你的企业安装了"外挂"。

多样性对于任何企业都是非常有用的，因为多样性可以改善企业的视角、移情能力以及创造性。另外，一支拥有多样性的团队可以为所有团队成员带来某种独特的生活体验，这是一种非常独特的对整个团队的贡献能力，而这种能力是那些不具备多样性的团队无可比拟的。你很难知道什么时候从团队的多样性中获益，或者什么时候因为缺乏多样性而受到伤害，这是因为人们为团队所做的贡献很少直接与他们的背景挂钩，但在这里我会给出6个简短的案例。

（1）当我们通过招聘扩大公司规模的时候，性别上的多样性让结果出现了很大的不同。我的母亲是共同创始人，伯德是首席运营官。在2012年之前，我们公司董事会中的女性人数一直都多于男性人数。这意味着在西雅图人们会将Moz看作初创企业的世界里更欢迎和鼓励女性的地方。2009年，我雇用了一位女性（凯特·马苏德拉）作为我们的工程副总裁，她对Moz的发展起到了非常关键的作用，正是她极大地提升了我们的工程实践能力。我实际上很怀疑，如果Moz当初是一家员工全部都是男性的企业，她是不是还会加入我们。而对于其他很多被我们招聘进来的家伙，无论是底层员工还是高层员工，无论是技术人员还是其他人员，类似的情况也同样存在。想象一下，你把50%或者更多的潜在员工排除在外，只因为你想招聘和你同一性别的、可以和你一起喝酒的家伙，那么鉴于在初创企业的世界里想要招聘到一个合适的人会有多么困难，你就会知道这样一种做法有多么愚蠢。

（2）在为我们的产品开发一个虚拟人格的时候，我们的第一步是为这个虚拟人格起一个名字，但是我们起名字的方式是最典型的白人通用的方式。值得庆幸的是，一些思考得更深入且更具多样性的Moz员工注意到了这种起名字的习俗。他们指出，即便这个名字是给一个虚拟人格使用的，但在具体的名字上表现出来的那种微妙的倾向性，比如对名字的选择以及名字本身所蕴含的性别，也会产生很微妙的效果。因为人们可以通过你具体选择的名字感受到你是如何看待你的客户并为他们设计产品的。如果一个虚拟人格被称作"大学毕业生查得"[①]，那么对大多数人来讲，这个名字的背后就隐含了相应的性别以及一定的背景和身份。我们的设计师会认为查得的视力很好，能够看清楚一些非常细小的文字；我们的工程师会很自然地假设查得对于"高级查询修饰符"应该很熟悉；我们的市场营销人员会认为查得肯定在推特和照片墙上非常活跃。通过转向更具有包容性的对虚拟人格起名方式的约定和描述，我们在这个过程中以更精准的视角看到了我们为其设计产品的客户的多样性。只有看清楚了这一点，我们才能制造出可以被更多人接受的产品，并且在正确的地方、用正确的方式，更深思熟虑地开展市场营销。

（3）几年前，在 Moz 管理团队的一次午餐会上，有人提到了西雅图市政厅的一个决定，希望不要再使用"棕色纸袋"这个词来描述午餐时间在办公室内召开的业务会议。对此我原本也感到非常奇怪，直到我们的首席技术官安东尼——他是个黑人——告诉我们这个词曾经被用来按照人们的肤色区分和归类不同的人群，而他本人还是一个小孩的时

---

① 查得（Chad）的原意是在卡片上打孔后留下来的一小块圆纸片，从而引申为细小的文字，或者细微的修饰。——译者注

候就在华盛顿州的东部地区遭受过这样的对待。我们立刻在 Moz 的所有场合去掉了这个词并转而使用"午餐和学习"，而且对非美国出生的员工和来访的客人来说这个词会更容易理解，这也算是一种额外的好处吧。

（4）在另一场行政会议上，我们谈论了 Moz 内部的各种不同的"部落"。"部落"这个词被我们用来标注跨团队的小组，这些小组的成员会在某个特定的项目上一起工作。安妮特是我们公司的首席营销官，她是美国印第安人，她提议我们是不是可以选择另外一个单词来描述这些小组……这给了我们当头一棒，之后我们就改变了相关的用语。

（5）当伯德还怀着她的儿子的时候（当时她还是 Moz 的首席运营官，现在她已经是 CEO 了），她注意到 Moz 缺少一些私密的房间，当母亲的人和即将当母亲的人无法舒舒服服地照顾她们自己或者她们的孩子，对于这种需求，在卫生间里放上一张桌子并不能解决什么问题。在发现了这一痛点后，我们安排了特别的房间来满足这种需求，但如果伯德不是办公室设计团队中的一员，很可能我们根本不会对这样的问题如此敏感。

（6）最后，而且或许也是最具有广泛意义的，在我们的软件工具之一"Moz 数据分析"第一版的设计评估会议上，伯德以及我们团队中的其他几位女性在看到产品后马上对设计中所包含的几项元素表示反对，这几项元素涉及颜色、排版、字体以及所用的词语。当我们修改这些元素以响应她们的意见时，指标得到了改善。我们在 2012 年收购了戴维·米姆的公司，米姆有部分色盲，所以他会帮我们确认哪些颜色的对比变化是他无法辨别的。马丁·约克是我们的一位高级工程师，他患有诵读困难症，所以他对表单输入中那些常见的打字错误没有得到自动更正进行了评论。在我们的团队中，有一位年纪比较大的成员指出，因为语句的行与行之间靠得太近了（即行间距太小了），她在阅读文本时很难把两行文本区分开来。我自己是根本不可能发现这些问题的，而且和我有同样背景、性别、年龄或者能力的团队成员也一样无法发现这些问题。正是我们团队的多样性使我们的产品更容易被人接受，它改善了产品的互动性，减少了客户在使用中可能会产生的挫败感。

这就是为什么无论在早期阶段的初创企业中，还是在《财富》世界 500 强企业的董事会中，你都能看到多样性与企业的成功有密切的关联。麦肯锡咨询公司的研究表明，在性别上表现出更大的多样性的企业在业绩表现上通常要比那些在性别上非常单一的同类企业高出 15%，另外在种族上具有更大多样性的团队在业绩上也会比它们的同行高出 35%。PE Hub、《风险资本杂志》以及 Women VC（女性风险资本）这 3 家媒体曾发布过一个联合报告，其中具体分析了各种不同的投资基金的回报，它们发现，具有性别多样性的基金团队与大多数为男性以及所有人都是男性的投资团队相比较，性别上更加平衡的团队在投资回报上要比性别不那么平衡的团队高 3.78 倍。当首轮资本公司分析它们自己的投资组合中数百项不同投资的表现时，它们发现拥有至少一名女性创始人的团队在业绩表现上要比那些所有人都是男性的创始团队高 63%。

如果我现在创立一家新的初创企业，那么我会尽全力让这家企业拥有这种特性，使得它相比同行有高出 63% 的可能性获得更好的业绩。

那么创始人应该去哪里寻找这样一种共同的特性呢？当然这种特性肯定和我们的外表以及我们来自哪里无关，相反，你应该将你的注意力集中在人的道德信念，以及运营一家企业的正确方式上。你组建的团队对如下这些问题的回答应该有很大程度的重叠。

- 对于我们的员工，我们应该奖励和认可什么样的品质和行为？
- 什么样的品质和行为是我们应该唾弃的？
- 对于我们想要雇用的人、我们想要提拔的人以及那些我们想让他们离开的人，我们应该采用什么样的评判标准？
- 是什么让某个人成了一个好人或者一个坏人？
- 在我们的企业里我们应该如何处理那些难以调和的冲突？
- 你更愿意采用什么样的沟通方式？为什么？
- 是什么让你交出了最好的成绩？又是什么因素阻碍了你做到最好？

你也许在各种技术类杂志上读到过这样的故事，初创企业有时候会向应聘者提出这样的问题：你是如何评价《星球大战》和《星际迷航》的？你更喜欢哪种精酿啤酒？又或者你喜欢看什么体育运动节目？通过这种方式，初创企业可以判断出眼前的应聘者是不是和它的企业文化相契合。但是这种类型的问题实在是太糟糕了，不仅仅因为这样的问题实际上是在提倡思维的单一性，而且还因为这些问题在有意无意间偏向了具有同样体验的人群。要知道，我们都来自同一个城市，喜欢同一支足球队和同一款电子游戏，这种类型的共同文化是无法帮助你的企业获得成功的。

在技术的世界里，绝大多数的创始人都是二十几岁的白人男性，他们来自中上阶层，而且从小到大过的都是相当富足的生活。我自己也来自这样一个群体，我父亲是波音公司的工程师，我母亲是设计师、市场营销人员，并且还是一家小公司的老板。他们都是犹太人，但他们平时并不严格遵守犹太教教规[①]。我父母的收入还是相当不错的，平时还非常节约，这使他们有能力让他们的 3 个孩子都上了大学（尽管我们中只有一个人，也就是我的姐姐，是真正从大学毕业的）。我们是在西雅图的郊外长大的，而且我知道寻找到一个像我这样的人来作为一家新的创业公司的共同创始人是非常有诱惑力的。我很早就认识了在西雅图这个区域长大的很多其他的白人和亚裔，他们都来自中产家庭，现在都已

---

① 很有意思的是，在 20 世纪 70 年代，犹太人成功地游说美国政府把犹太人归类为白人，并从那以后就一直处在这样一把保护伞下，至少在 2016 年的总统选举前是如此。——原书注

经三十几岁，没有孩子，喜欢玩计算机游戏，并且在看到海鹰的时候会大声欢呼。

那么和我这些从小就已经熟知的朋友一起创立一家公司有什么问题吗？我知道无论是谁我都可以愉快地和他们相处，而且他们的兴趣和激情正好与我自己的相吻合。

但是所有这些共同的经历和背景并不能给我带来任何加成。

和这些与我有着相同背景和身份的同伴组合在一起，只能给我们带来稍稍有些不同的视角。无论我们怎么尝试，我们的观点和我们对事件的描述都会沾染上一定的色彩，而这些色彩将会由我们是谁、我们住在哪里以及我们曾经历过的事情决定，所以，对于这样一个组合，多样性能够带来的好处是不存在的。最终，我们用我们自己制造的产品进行移情、设计、市场营销并服务于广泛受众的能力会受到很大的限制。另外，毋庸置疑的是，我们想要招聘各种不同类型的早期雇员也会因此遭遇到非常大的阻碍，而这一点从长期来看对于我们招聘和组建团队会产生多米诺骨牌效应。如果你想知道为什么在初创企业里会有那么多同质的早期员工，或者为什么会有那么多不同的创业公司只专注于解决很小一部分人群所面临的问题，那么你根本不必舍近求远。这种情况的出现通常并不是因为存在某种故意的、邪恶的或者带有某种倾向性的招聘方式，而是有着更深层次的系统上的原因，比如在面试问题的设计上，在招聘广告的投放地点上，以及在通过朋友和家庭关系网络来进行招聘等一系列的做法上都带有某种无意识的倾向性。

Moz自身在多样性方面，尤其在技术的多样性方面做了大量的努力。我想这是因为我们在无意中成了上面这些原生的倾向性的牺牲品。我们寻找的是具有相同经历的员工，我们还通过熟人招聘了很多早期雇员。我们并没有刻意地去建立一个由应聘者组成的具有多样性的人才池来方便我们的招聘。和很多企业一样，在最开始的那些年里，我们根本就没有考虑过多样性，直到有一天当我们真的想要这样做的时候，情况已经很糟糕了。在 2012 年的时候，超过 90% 的 Moz 工程师都是二十几岁到三十几岁的白人男性或者亚裔男性。我们的员工几乎都是标准的理工男，尽管当时有一位女性（凯特）和一位黑人（安东尼）先后成为我们的首席技术官。

我们不仅在多样性方面付出了大量的努力，还在共同的企业文化和核心价值上投入了大量的精力。之前我们在招聘的时候采用的评判标准是应聘人员的经验、技能以及能力，但是我们并没有一个前后一致的、目的明确的流程来判断应聘人员是不是认可我们的 TAGFEE 或者赞同我们在 Moz 的做事方式。

我们花了整整一年的时间来处理这两个问题。首先，我们建立了一个新的流程，将其称为"TAGFEE 过滤"，在这个流程里，团队中不负责招聘的成员在面试的那一天会花时间和应聘人员坐在一起进行讨论，讨论的内容经过专门的设计，可以很自然地引出有关我们的核心价值和企业文化的话题。例如，如果我们的大数据工程团队正在面试一位候选人，那么这位候选人可以在午餐时间和两位来自客户服务部门的员工一起外出用餐，在用餐的时候就可以谈到有关核心价值和企业文化方面的一些话题。如果这两位从事客户服务的面试人员对于候选人在 TAGFEE 以及 Moz

以人为本的文化上所表现出来的固有倾向性存在很深的疑虑，他们可以直接否决这位候选人……即便工程团队认为这位候选人在专业技能上非常符合他们的要求。

其次，围绕着多样性，我们仔细地审视了我们在过去的一系列实践。让人毫不惊讶的是，我们发现我们招聘的人中很大一部分都是内部人员推荐而来的。所以，在这些人选中几乎没有什么人会拥有截然不同的背景和经验。就像我们现在的这支团队，其中所有人都是上同一所学校，住同一个地方，从小到大都在一个完全相同的环境中成长。通过投资和支持以提升多样性为目的的一些本地化项目，我们刻意做出了一些改变。其中就包括"回归"这个项目，这个项目可以让父母（通常是母亲）在脱产照顾自己的孩子几年后再次回到工作岗位上。另外，我们还在办公室里主办了"艾达开发者学院"，这个项目主要是让女性有机会学习如何编写代码。除这些以外还有"TAF学院"，这是一个在学校里开展的项目，其目的是帮助来自贫困家庭的孩子接触科学、技术、工程以及数学教育。我们的目标是主动去接触那些我们之前根本不可能接触到的潜在的应聘者。

其结果是非常引人注目的。在实施上面这些做法几年后，我们的工程师团队已经改善了性别上的平衡以及在人员背景上的多样性，团队中的有色人种和女性工程师的人数已经超过了原来的3倍，但我们还有很长的路要走。公司里的其他部门——客户服务、财务、市场营销、产品以及后勤——也具备了相当程度的多样性。我们还发现了一些我们之前不知道的可以用来发布招聘信息的地方，明白了是哪些语言表达阻碍了具有不同背景的应聘者向我们提出工作岗位的申请。而且现在我们还有了一张全新的人际关系网络来帮助我们吸引更广泛的求职人群。

专业提示：我们平常会使用并且很喜欢用 Textio（https://textio.com/）来分析我们的招聘广告、网页以及其他专注于招聘的内容，通过这个平台我们可以确信我们使用的语言是具有包容性的和没有倾向性的。进行这样的检查是完全值得的，而且平台上面还有一些免费的和低成本的选项。

在共同的核心价值和企业文化这两方面，我们已经表现出类似的改善。2011—2013 年，我们曾在很短的时间里招聘了一大批新人，这些新员工对于工作的满意度很低，而且要比之前的员工有更高的主动离职率，换句话说，这批新员工有更大的可能性会在很短的时间里离开公司。通过实施"TAGFEE 过滤"，同时在面试和聘用的过程中更关注应聘人员与企业文化和核心价值的契合程度，我们改善了主动留任的数据。在我看来，我们还改善了新招聘员工的实际工作能力。现在整个团队已经能更好地协同工作，可以完成更多的工作量，并且与之前相比还产出了更高质量的成果。

如果你正准备从一无所有开始建立一支团队，或者正处于招聘和雇用的早期，我希望你能从我们的错误和数据中吸取教训。你雇用的人应该和你一样相信，在你的企业里什么才能让他们获得晋升和工资上涨，而不是受到责难或者训导。你雇用的人应该会很自然地亲近你的价值，并且会和其他员工一样为了坚守这些价值，愿意牺牲自己在短时间内的成长或者在经济上的成功。但是绝不要只雇用那些看上去和你很像的人，以及通过和你类似的人生体验来看待这个世界的人。通过积极地寻求各方面的多样性，你获得高绩效的潜力以及更广泛地理解你的客户的能力将得到提升。当你成功地将这两个元素结合在一起的时候，你就为建立一支卓越团队打好了基础。

第十一章
初创企业避坑代码：
融入客户和他们的影响者的生活

开发一款软件的最好方式就是从解决你自己的问题入手。你自己就是目标客户，所以你很清楚什么才是重要的而什么又不是。在开发出一款突破性的产品之前，这可以让你有一个良好的开端。

——贾森·弗里德①，2006 年 3 月

---

① 贾森·弗里德是 37signals 的共同创始人，也是《重来》一书的共同作者。37signals 于 2014 年 2 月改名为 Basecamp，是一家成立于 1999 年的创业公司，主要从事网上文件共享和软件运营服务。——译者注

我认为我有一个令人惊讶的创意。我认为这个创意将会改变整个市场营销的世界。我还认为我们正在做一款所有企业都会需要的软件。我认为这款软件会极大地提升 Moz 的增长率和营业收入。但是上面所有这些自以为是的东西没有一项是正确的。

2011 年，我和亚当·费尔德斯坦一起制订了一个新的项目计划，费尔德斯坦当时是 Moz 的首席产品官，我们把这个项目叫作"Moz 数据分析"。这个新产品源于我的一个理论，即在不远的将来，那些现在还各自孤立的市场运作方式，比如社交媒体营销、搜索引擎优化、内容营销、公共关系以及在线品牌营销等都将会融合在一起，构成一整套营销战术，并由企业中的同一个人或者同一个小组来负责。我已经看到了社交媒体和内容营销是如何相互合作并相互支持的。我还撰写了一些文章，并在一些会议上谈到了在公共关系和品牌建设上有多少已经投入的资源正在与搜索引擎优化融合。另外，我还看到了一些企业已经将这些孤立的市场运作组合在一起，形成了一个不同凡响的飞轮，这个飞轮给它们带来的回报要远远大于各个独立的运作的回报之和。我知道这些走在前面的创新者肯定需要一些能互相协作的工具来对他们的投入进行优化，追踪他们的进展，并将他们自己的工作与竞争对手进行比较。

你有没有注意到我从来没有想过要从外部来验证我的这些创意？为什么上面的每一个句子都是用"我"来开头的？你可以想象，我还可以写出一长串这样的句子。

正在消失的转换案例

2013 年 11 月，在经过了两年多的计划和开发后，我们终于发布了"Moz 数据分析"这款产品。有超过 9 万人曾看过这款产品的预览，并且已经在网上注册，希望能够在产品发布的时候得到通知。这是我们当时最成功的产品营销活动，而且在我们的网络社区中对这款产品的评价很不寻常。另外我们还发现，对于这款产品可能会开发哪些新的功能，以及它将如何帮助人们完成他们的日常工作，在网上每天都会出现各种新的猜测和讨论。就好像我们将要发布的是一部非常轰动和叫卖的电影，而不是一款专门为市场营销专业人士开发的商业工具软件。

但是在公司内部，我们在不断纠结。产品的发布时间已经错过了 5 个不同的时间窗口，我们不得不替换掉产品工程主管。最开始的时候，我们只是砍掉了产品的一些功能，但接着切除了产品中的一些很大的模块，我们将要发布的这个版本不但到处都是漏洞而且还是不完整的。但比这更糟的是，眼下的这个版本并不是我们客户想要的。就在产品发布的那个月里，我在全体员工都在场的情况下面向 Moz 的团队做了一次总结性的陈述，这也是我作为 CEO 做的最后一次演讲。我仔细地描述了公司在什么地方出了问题以及我们当下的处境，下面这张幻灯片（见图 11-1）就是我当时在会议上展示的。

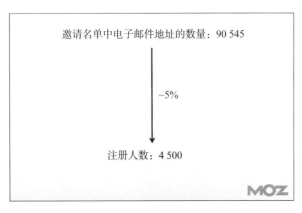

图 11-1 我们为邀请名单确定的预算

下一张幻灯片才是真正"打脸"的（见图 11-2）。

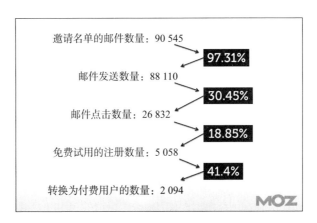

图 11-2 邀请名单的实际表现

在 90 545 个曾表示对我们的新产品感兴趣的人中，只有 2.3% 的人实际支付了至少一个月的服务费用，但更糟的是这些客户比我们以前产品的客户更早地放弃使用这项付费服务。在我们的新产品能很好地服务我们的客户之前，或者在至少和我们以前的产品一样能达到我们的底线之前，我们还需要额外投入几乎一整年的时间来完成最后的开发。

那么我们到底在什么地方做错了呢？

首先，我们用了最糟糕的方式来开发我们的软件。从一开始我们就设计了一项涉及面非常广的工作内容，然后要求工程师，其中既有我们公司内部的工程师也有外包的工程师，分别在很多已经被分割开来的工作内容上同时推进，而且我们还认为这些被分割开来的内容在将来肯定可以重新组合在一起。但事实上，正确的方式应该是，首先创造出最终完成品的一个很小的核心，然后进行迭代，并添加相关的内容，直到我们做出一个让人满意的、有用的和高质量的完成品。当时，我们的很多外包项目小组都没能按时交付我们所需要的东西，同样，很多内部的工程师小组也没能按时完成他们的工作。每个人都士气低落，有好儿次，既定的发布日期向后推迟了好几个月的时间。距最后发布日期只有几个星期时，我们才拿到整套工具组可以进行粗略演示的版本，但代价是我们根本没有时间获取真正有价值的客户反馈，更不用说花时间让产品变得更好或者重新思考整个产品了。

其次，因为我们的延迟，我们感受到了难以应对的压力，这迫使我们想要尽快地发布这款产品。在发布日期前的几周时间里，尽管我们做的客户测试显示，这款产品存在大量的漏洞，而且客户对产品非常不满意，但是公司和整个领导团队的士气都非常低落，所以我们同样需要一场轰轰烈烈的发布会。我们原以为我们或许能够发布一款"还不错"的产品，之后我们对产品进行迭代直到它能让人真正满意为止。

但你猜实际发生了什么？人们更看重的往往是第一印象，当时一共有 26 832 个人访问了我们发布"Moz 数据分析"并且炫耀这款新产品能做些什么的网页，但他们中的绝大多数最后都消失了，再也没有回来。很多尝试了这款新产品的人最后都无动于衷。坊间传言说 Moz 的新产品很蹩脚，根本就不值得花那个钱，对我们来讲这些坊间传言实际上来自网页论坛、会议大厅以及社交媒体上的讨论。这样的声誉后来紧紧跟随了我们 3 年时间，这是一段漫长的时间，让我们的成长遭受到了最严重的挫折。

最后，我们花了数年时间开发出来的这样一款产品完全是基于一个理论，而这个理论在后来被证明是完全错误的。我当时的预言是，社交媒体营销、搜索引擎优化、内容策划、公共关系以及所有这些不同的自媒体运作都将组合在一起，并且将由一个人或一支团队来负责执行，但是在我做出了这样一个预言的 5 年后，在线市场营销仍然和之前一样各有专攻。我以为我对这个领域的了解已经非常透彻，所以我认为我完全有能力预测我们的客户可能需要些什么。但我还是太过于自信了，我根本就没有去做一些真正的研究来验证我的假设。我没有花时间和我的客户以及潜在的客户待在一起，而是花了很多时间和我的产品设计师及工程师待在一起，然后白日做梦般地设想了一件根本就是异想天开的东西。

直到 2013 年 10 月，在我们发布这款注定会失败的产品前几个星期，我做了一件在几年前就应该做的事情：让我自己站在客户的立场来审视这款全新的产品。

如果你曾经或者将来会负责一个大型的软件开发项目，你可以从我们所犯的错误中学到很多东西。首先，你应该大胆地削减你的设计内容，直到剩下的是组成你最终想要的那件东西的最小基本元素。接着在你信任的人面前演示你的设计并尽可能地获得他们的反馈，然后在这些最基本的元素上进行反复的迭代，但每次只开发其中的某一个元素。最后你再增加功能、数据、特性、视觉元素等，直到你获得了某种全新的东西，此时你才可以向你信任的顾问和参加测试的客户进行演示。但是，只要你还没有在上述这两个群体中获得类似于"我们太喜欢这款产品了，没有这样的产品这日子还真的没法过了"这样的反馈，你就绝对不要在一个更大的范围里发布你的产品。

当时我们再一次演绎了 20 世纪 80 年代的经典电影《颠倒乾坤》中的桥段

维尔·雷诺兹是"SEER 互动"的创始人。SEER 是一家有150 名员工的网页市场营销代理商，在费城注册，有着非常好的声誉，并且已经维持了 10 年的稳定发展，在客户工作上令人印象深刻。雷诺兹是我多年的好友，我们一起参加了许多活动，一起去吃饭，然后再一起娱乐。我们俩都有很强的主见，都期望市场营销这个世界能成为一个更美好的地方，并且还都拥有从一无所有开始创建一家企业的经历。

2012 年的某个晚上，在费城的一个酒吧里，我们两人都喝了几杯威士忌，我们决定在下个月，也就是在 10 月，两人都抽出一周的时间去体验一下对方的生活。类似于这种形式的酒后闲聊通常在人们离开酒吧后就没人会把它再当回事儿了。我们所说的体验对方的生活就是，我们会替对方处理邮件，我们还会住在对方的房子里，我们不仅仅在名义上是对方公司的 CEO，而且还拥有真正的决策权。在我们酒醒了以后，并且在第二天早上真正清醒了以后，我们仍然认为这看上去确实是一个好主意，所以我们决定让这个想法变为现实。

10 月 4 日，周五，我和杰拉尔丁一起飞往费城。我们叫了辆出租车，前往雷诺兹位于北自由区社区的家。我首先学习了如何照顾他们家的狗。雷诺兹知道这一点，因为我们两人都经常出差，所以在我们的房子里几乎不会有任何活的植物。我们交换了邮件的登录密码以及其他的关键密码，随后我们各自向对方大致讲解了一些主要的项目以及在日程安排上必须出席的重要会议，最后我们还交换了房间的钥匙。到了周六，雷诺兹飞到了西雅图并住进了我在国会山的公寓。

这一周带给我们无法描述的挑战，日程的安排非常紧凑，但我们都获得了意料之外的回报。

处理另外一个人的邮件本身就是一项工作量很大的工作。我不得不首先去了解那些我不认识的人，了解相关的项目，联系雷诺兹的同事，并就相关的背景寻求帮助，然后就是持续不断地展现我最佳的判断力。我甚至回复了雷诺兹母亲的邮件（令人高兴的是，到今天为止我还偶尔和她通过邮件互相联系）。我按照计划和潜在的新客户进行电话沟通，我还回复了公司内部的团队成员以及现有的 SEER 客户的邮件，雷诺兹已经告诉了他们，在这一周的时间里通过他的邮箱发出去的任何邮件和他们在其他的日子里所收到的邮件并没有什么不同。

雷诺兹要比我们更早地开始新的一天，而我是一个夜猫子。因为我们在不同的时区里，雷诺兹的日程要比我早整整 3 个小时，他进办公室的时间相当于我这里的早上 5 点，所以西雅图的时间真的很折磨人，不过我还是应付了过去。雷诺兹的行政助理斯蒂芬妮非常友善，但又非常严格，她把我一整天的时间都排得满满的，可以说一场会议接着另一场会议，一场活动接着另一场活动，又或者是各种一对一的会面和讨论。我的那个出色的助理赫伦也对雷诺兹做出了类似的安排。我们两个现在依然对各自的助理赞不绝口。（专业提示：你如果支付得起一位行政助理的工资，那么最好还是找一位吧，你可以让你自己的效率整整增加 3 倍，我保证这是真的。）

雷诺兹团队中的成员向我解说了他们是如何开展很多客户项目的，在他们的流程中他们又是如何使用那些软件工具的，其中就包括 Moz 的工具以及其他几家我们竞争对手的工具。在 SEER 的首席财务官拉里·瓦德尔的帮助下，我仔细地考察了他们是如何吸引客户的，他们又是如何来管理因为客户需求量的起伏变动而带来的复杂性的。我了解了 SEER 的财务状况、管理架构、员工晋升标准以及团队的强项和弱项。

我甚至还在周四撞上了一次不在日程表上的会议，在会议上雷诺兹的一名员工递交了她提前两周的辞职信。很有意思的是，雷诺兹在西雅图也碰到了同样的事情，Moz 的一位高级工程师宣布他打算离开公司。

我们并不仅仅是替对方完成各自的工作，我们实际上是在体验另一个人的生活。杰拉尔丁和我自愿参加了费城的麦当劳叔叔之家慈善活动，雷诺兹在几个月之前就曾经对这次活动做出承诺。我还参加了他每月和圣约之家的会议，这是一个帮助无家可归的年轻人获得栖身之所和其他支持性服务的慈善机构。我们和雷诺兹的妻子诺拉共进了晚餐，她因为工作的原因不能参加我们这次交换身份的活动。我给雷诺兹的小狗喂食，还把它带去了办公室。尽管在周一的时候，所有的事情都让人感到很别扭，但到了周五，我们两人和相应的团队已经有了相当惊人的默契，并且对这种交换习以为常。

其间我和谷歌的广告团队坐在一起开会，随后又向两个潜在的客户推销 SEER 的服务，最终拿到了其中一家的订单，但没能和另一家达成合约。有几位 SEER 的员工对我非常照顾，他们向我演示了他们已经做好的流程，并且还解释了他们的网站审计的一些细节、关键词搜索过程以及如何来管理客户的广告支付账户等。

我观察了 SEER 的咨询顾问使用的各种工具，他们有时候用的是 Moz 的产品，但有时候会选择我们竞争对手的产品。其中有两件事是非常值得关注的。

第一，大家都很清楚每一个数据点都需要验证。如果 Moz 的工具显示从网站 A 到网站 B 存在一个链接，或者网页 x 出现了一个特殊的问题，咨询顾问就会进行手工复查以核实从 A 到 B 是不是确实有一个链接，或者在 x 页面上出现的问题是否和我们软件所报告的完全一致。只有当他们用抽查的方式确认了软件报告的内容后，他们才会信赖软件报告的相关结果以及默认的准确性。只要他们发现有不一致的地方，他们就会改用另一种工具软件，或者更糟的是转向完全采用手工的流程。

第二，在 SEER 的咨询顾问使用工具软件的每一个案例中，他们会很轻松地从一种专业化的解决方案快速地转向另一种方案。如果 Moz 给出的关键词数据不够理想，他们就会转而采用 SEMRush 或者 Übersuggest 的相关数据，又或者采用谷歌的 AdWords 数据。如果我们的软件给出的链接数据无法让人理解，他们就会马上转向 Ahrefs 或者 Majestic。这看起来好像在所有品牌的软件工具中，使用者根本就没有所谓的品牌忠诚度这个概念。而且，无论是面对完全不同的用户界面、使用一种截然不同的工具、支付额外的月租费用，还是获得另一种不同格式的数据，所有这些对他们来讲根本就不存在任何障碍或者所谓的转换成本。

我原本认为，将所有的东西都放在一个软件工具组合中必然能给客户带来好处，随后这一想法就在我的眼前分崩离析了。

在接触到雷诺兹的职场生活以及 SEER 的内部工作后，我的思想出现了转变。这原本只不过是我们两个想放纵一下自己的小花招，最后却演变成了很可能是在客户移情方面一次最紧凑的快速课程。以前我只是观察客户如何使用我们的产品，或者就他们的日常工作与他们进行简短的面谈，但现在我就在他们的日常生活中，无论吃饭、睡觉还是呼吸我都能感受到作为一个从事搜索引擎优化的代理商每天所需要面对的挑战。这个星期让我真正感受到了现实与我的想象是如此天差地别，再加上"Moz 数据分析"在市场上的反响很差，这让我开始怀疑我自己是否真的像我之前以为的那样熟知有关网页营销行业的所有事情。

我确实非常需要经受这样一场羞辱，我只是希望这样的事情更早一点儿发生。现在改变这次新产品发布的范围已经太晚了，而且也不可能让时光倒流来警告我的同事和我自己，我们在踏上现在这段旅程的时候忘了带上必需的罗盘。但是在这一周的时间里，当我真正站在雷诺兹的角度看待所有这一切的时候，我对于我之前承诺要去做的每一项计划和产品有了更多的想法。我不再只依赖于我自己的判断，我也不再靠面谈和测试来确认我的一些想法，而是通过强迫我自己实际去操作和使用我们竞争对手的产品来完成类似的任务。另外，我还加强了与同行的交流，通常这样的交流只会发生在去开会或者参加活动的路上，又或者在具体的项目上与他们肩并肩地一起工作。

我做出的另一项重大的改变就是重返咨询行业。尽管我对我提供的帮助并不收费，但是在接触了 SEER 之后我意识到，对某些事情进行理论化并做出预测是我最不应该去做的事情。我真正应该去做的是亲自参与并动手，而且最后这一点才是最关键的。现在我参与的绝大多数项目要么是非营利性的，要么是通过个人关系或者职业上的朋友来找我帮忙的。通常在和一家创业公司的市场营销团队开半天会后，就可以在我们的工具软件中，或者在现有工具软件的世界中揭示出一个巨大的盲点，然后我会带着一个半成型的创意回到 Moz。但是，在最终判断这个盲点是不是真的、是不是值得我们为其进行大量的投入，或者这只不过是一个一次性的问题之前，我会反复不断地进行验证。

如果生活或身份的互换并不是一个选项

有很多不同的路径可以让你去切身体验你的客户的日常生活，但是在你实际选择其中的一条路径之前，你首先需要明白这些客户是真正的人，不是某个"虚拟人格"或者你的"销售目标"。我已经反复多次地注意到，当我们的产品和工程师团队梳理用户的面谈内容或者重新审核相关数据时，他们往往会发现我们开发出来的一些功能和产品与我们的客户正在使用的、早就已经建立起来的流程相比较并没有多大的优势。

我认为，发生这样的事情是因为当初我们融入这个行业的方式，以及在特定的职业环境中我们所接受的如何使用相关数据的培训方式都会对我们的思维定式产生影响。我们看到了数字，我们对这些数字进行了分析，然后基于这些数字表现出来的倾向性做出了相关的决定。

比如，你的任务就是制作一款软件来帮助人们管理他们的个人财务。你针对一个很大的群体进行了调查，目的是了解他们的消费习惯，他们喜欢追踪什么样的时尚潮流，他们希望获得哪些信息，以及从财务分析上来看他们当下的痛点会在哪里。你的调查和面谈揭示了 10 个最重要的消费分类，另外，具体的消费金额在不同的时间段上的分布，以及消费金额的绝对值这两者同样也很重要。基于上面的调查结果，最终你制作出了一款软件，而这款软件与当今所有主要的银行和信用卡公司正在使用且满足同样需求的软件几乎完全相同。

但如果你能够直接和你的目标客户进行接触，花时间和他们待在一起，仔细地观察他们办理银行业务、进行财务管理以及制定财务规划的过程，或许你就会发现，对你的客户来讲，在消费发生前进行预警，依据原先设定的财务规划目标跟踪相关的进展，或者鼓励健康的消费和储蓄行为，都要比你在消费发生后再进行数据分析更重要或更有帮助。①

　　几年前脸书就曾经有过一个非常好的类似案例。内部的数据显示，很多用户都喜欢浏览老照片来回忆过去。这些老照片所具有的"高参与度"促使这家社交网络公司开发了一个全新的功能，名称就叫作"你过去那些年的回顾"。很多人非常喜欢这个功能，但与此同时这件事也登上了报纸的头条，因为对那些在过去有过非常惨痛经历的用户来讲，这是一种他们从来没有想到过的、让人心碎且非常痛苦的体验。埃里克·迈耶为此写了一篇非常著名的博客文章，标题是《算法在无意中表现出来的残忍》，在文章中他首先描述了他失去女儿的经历，接着他开始讲述在一个他完全没有思想准备的时刻，他看到了脸书向他推送的老照片以及关于他女儿的故事。

　　尽管数据是非常清晰的，但程序无法设身处地地为脸书客户中一个非常重要的群体考虑他们在真实生活中的感受。我相信，如果开发"你过去那些年的回顾"这款产品的某个工程师曾经有过和迈耶一样的经历，或者他们认识有这样经历的人，那么在这款产品发布的时候，脸书就会为曾经经历过类似悲剧的人在产品

---

① 没错，我已经注意到，这种类型的功能很可能会劝阻一个人不要花那么多钱，而这一点是与金融机构竭力劝说人们花更多的钱这一目标相违背的，所以不太可能会出现在它们所开发的软件的功能组合中。——原书注

中植入某种预防性的逻辑。

那么在产品的设计和开发过程中你如何才能确保始终设身处地地为你的客户着想呢？这首先需要你为你自己和你的团队创造经常接触客户的机会。

这种接触客户的机会既可以通过一些非常极端的做法被创造出来，比如我和雷诺兹短暂互换我们的 CEO 身份，也可以通过一些更加温和的做法被创造出来。对 Moz 的产品开发人员以及我曾经合作过的其他的创业公司来讲，有些做法确实非常好用，其中就包括：

会议和活动：在各种活动中发表演讲确实为我带来了很多市场营销方面的好处，但更有价值的是，在这样的场合我还可以接触到很多在我们的领域中的专业人士，他们不但需要而且还正在使用我们的工具软件。走廊里的交谈、演讲后的问答环节、喝咖啡时的短暂交流以及在会议结束后的聚会都能提供一种相当广泛的交流体验。通过这些形式的交流，你可以获得各种不同的观点以及对一些问题的深刻洞见，但是你也要确保在你的手上有一些前后一致的、开放性的问题可以让你深入客户日常所关心的问题的核心。

志愿服务 / 学徒 / 实习：有一些初创企业的创始人和产品负责人采用了一种很有创意的做法，他们会作为学徒或者实习生（既有正式的也有非正式的），志愿为他们的客户服务一天、一周或者甚至几个月的时间，其目的只是了解客户每天的工作、需要面对的挑战以及当下在他们的手上已经有了什么具体的解决方案。如果你正处于创业的早期，并且有能力和机会成为你即将为其提供服务的客户，那么即便只是很短的一段时间，我也会竭力建议你这样做。

有偿或无偿咨询服务：Moz 实际上就是从咨询服务开始的。我们首先是咨询师，制作的软件也是为我们自己服务的，只是后来我们把自用的软件开放给了在我们的博客网站的基础上建立起来的一个很宽泛的受众群体。现在，我主要向客户提供无偿的咨询服务，但是 Moz 另外几款产品的开发人员仍然在做一些有偿的独立咨询服务。没错，针对你的目标客户当下所面临的问题或者日常的工作，咨询服务并不总是能够提供完美的洞见（除非客户自己也是咨询师），但是咨询可以让你积累经验，并且还能够帮助你建立起你在其他的情形下无法建立的关系。

教学：教学不但要求你对某个课题或者过程有非常深刻的理解，它还给了你接触到一大批有关课题的实践者或者未来实践者的机会。当你向他们演示在某个过程的背后实际发生了什么，以及整个过程是如何起作用的时候，这样建立起来的师生关系能够提升你的移情能力。所以有那么多的教授和教育工作者被聘为初创企业的导师就一点儿也不会让人感到惊讶了。

雇用或者外包：如果你或者你现在的团队没有足够的带宽或者激情把你们自己嵌入客户的流程，那么再招聘一些人过来用以填补存在的缝隙也就不是什么丢人的事了。在Moz 我们经常采用这样的做法，我们会雇用搜索引擎优化的专业人员来帮助我们为像他们这样的客户制作更好的工具软件，通常这些搜索引擎优化的专业人员对于这个领域有很深刻的理解，而且在过去的数年里他们已经使用过数十种不同的工具软件。但真正的关键还在于如何才能找到这样的专业人员，他们能够把他们自己的问题转变为一个通用的解决方案，并且他们还拥有产品驱动思维，而不是仅仅关注他们自己方案的实现过程。利用这个世界上各种不同的社交软件和博客，我们在这一点上已经做得相当不错了。这些专业人员在这个领域中做出的为众人所熟知的贡献清楚地表明，他们对于整体以及移情模式的亲和力不但对我们这个行业有很大的帮助，并且还极为契合整个行业的需求。

幸运的是，我们在"Moz 数据分析"这款产品上所获得的教训让我们在几年后获得了第二次机会来制作一款全新的产品。在下一章，我会一步一步地告诉你我们是如何做到的，并且尝试反向分析为什么这款产品会获得如此好的反馈。

第十二章
杰出的产品很少是"最简可行性产品"

如果你没有为你的产品的第一个版本感到尴尬，那么你发布这款产品的时间已经太晚了。

——雷德·霍夫曼[1]，2011 年 3 月

在过去的 10 年里，相比于任何其他的方法论，"精益创业"运动对产品设计师、工程师以及创业者实际采用的方法论产生了更大的影响。当然我知道这样的说法存在很多争议，但不可否认

---

[1] 雷德·霍夫曼被誉为硅谷的"人脉之王"，他是领英的共同创始人，曾经担任过贝宝的高级副总裁。他还是硅谷最有名的天使投资人之一，曾经投资过 60 多家创业公司，其中就包括脸书和社交媒体 Digg。——译者注

的是"精益创业"的基本概念的确是非常吸引人的。其核心是首先构造出你的产品或者你公司的简化版本，这个版本通常只需要你花最少的时间和精力对如下这两件事进行确认：首先你正在解决的某个问题是不是真的非常重要，其次是否真的有客户愿意掏钱购买或者使用你的产品。这种最简可行性产品将帮助你更快地学习、迭代，并且用更少的钱在市场上存活得更久一些。这是一种克服诸多麻烦问题的极其强有力的方法，而所有这些麻烦问题往往会长期折磨甚至过早地扼杀一些早期的创业公司和新产品的开发项目。

但这种方法也使人们创造出很多蹩脚的、几乎是毫无用处的产品。

一旦最简可行性产品出局了，我们就能学到很多东西

在 2014 年的下半年和 2015 年的上半年，我和 Moz 的大数据和数据科学团队一起设计了一款最简可行性产品，用来帮助人们找出哪些网站可能会被谷歌认为是垃圾网站。

我们首先对垃圾网页域名以及搜索引擎优化做了一些基本的假设，然后我们尝试通过研究和客户访谈来验证我们的假设。

- 与垃圾网站连接很可能会对网站的搜索排名以及在谷歌搜索结果中的可视性产生负面影响。
- 想要知道哪些网站是垃圾网站是一件很困难的事，因为谷歌不会对那些网站进行标注（如果谷歌真的这么做了，

那些垃圾网站的所有者就可以很轻易地推断出什么东西可以通过谷歌的筛选，而什么通不过筛选）。

- 如果你花时间针对某个网站用谷歌进行搜索，然而无论你用什么样的词语或方式你都无法在你的搜索结果中看到这个网站，哪怕你用的词语是非常显而易见的（比如，假设你用 Moz 或者 Moz.com 进行搜索，但你在谷歌搜索结果的第一页上并没有看到 Moz.com，那么你肯定会认为有什么地方出了问题），那么有很大的可能谷歌认为这个网站就是垃圾网站，所以做出了惩罚或者禁止该网站在搜索结果中出现的决定。

- 如果垃圾网站确实连接了你的网站，此时，谷歌的建议是你可以使用"谷歌搜索面板"上的"拒绝工具"。但是在这样做之前你必须非常谨慎，因为如果你把不是垃圾网站的连接从你的网站上"拒绝"的话会导致庞大的流量损失。（赛勒斯·谢波德当时是 Moz 搜索引擎优化业务的主管，他用他自己拥有的一个网站对此进行了测试，"拒绝"了所有和他的网站进行的连接，然后他这个网站的排名直线下降……这真的是血一般的教训。）①

- 很多和我们面谈的客户是这样说的，因为害怕遭受谷歌的惩罚，他们现在需要不断地去辨别和确认哪些是垃圾网站的连接，哪些又不是，这已经把他们逼得有点儿走

---

① 你可以在如下的网站上看到更多这类幽默而致命的实验：https://moz.com/blog/google-disavow-tool。——原书注

投无路了，而且还消耗了他们太多的搜索引擎优化工作时间。

基于上述这些教训和信息（为了简洁，其他的我就不再罗列了），我们决定在我们的网页指数里建立一个"垃圾评分"，这个评分可以帮助用户判断哪个网站最有可能被谷歌看作垃圾网站，与这样的网站发生任何形式的连接都将是一种非常危险的做法。

在制作一款最简可行性产品的过程中，我们利用了我们的数据科学主管马特·彼得斯的一项极其聪明的研究成果。在这里我长话短说，彼得斯和我曾凭空想象了接近100项很可能与那些被谷歌惩罚或者完全禁止的网站有关联的因素。我们接着生成了一张很大的网站清单，在这张清单上的所有网站使用它们自己的品牌或者域名进行搜索都无法出现在搜索结果的排名中（这表明它们都被谷歌禁止了），然后我们再仔细地审核那100项因素与这些被惩罚或者禁止的网站之间的关联程度。最后我们发现，一共有17项因素都是相对不错的报警器，可以用来判断某一个网站是否已经引起了谷歌的愤怒。

我们把这些因素称作"垃圾标签"，而且在研究中我们发现，如果一家网站拥有的这种标签越多，那么它就越有可能会在谷歌的排名中受到惩罚。这些标签包括域名的长度（好像垃圾网站的所有者大都会采用很长的域名），以及很多实际上几乎没有什么内容的外部链接。你的网站拥有一些这样的标签并不是非常糟糕的事情，大多数网站都至少拥有两三个这样的标签，但如果某个网站拥有这17个标签中的8个以上的标签，那么它就非常有可能受到谷歌的惩罚。

至少对 Moz 的员工来讲，"垃圾评分"最为出色的功能还在于它只需要相对少量的额外工作就可以被收录到我们的数据集合中，然后再作为工具套件中的一部分推送给我们的客户。事实上，完成"垃圾评分"所需要的工作量全部加在一起，也只需要 5 个人花费 3 个月的工作时间，尽管由于其他项目相互重叠的优先级，这项工作从开始到结束差不多持续了一年的时间。我们知道当刚开始推出这款产品的时候，我们肯定会收到一些公平和合理的批评意见，而且我们还考虑了客户可能会有的担忧。

- Moz 的网页指数（在当时）还没有庞大到足以覆盖所有可能会是垃圾网站的域名，也因此它还无法提供一张完整的网站清单可以让你毫无顾忌地使用谷歌的"拒绝工具"。
- 用百分比来表达风险的模式常常会让人感到很困惑。很多人希望你能够简单地告诉他某个域名是不是已经被谷歌惩罚了，而不是一个用特性计数的方式计算出来的用于表达某种可能性的百分比，但我们当时并没有足够的带宽来实现这样的模式。
- 对于某些个人拥有的网站，"垃圾标签"很可能会被误认为是某种潜在的问题，而不是一个用来检验某个链接是否来自其他垃圾网站的过滤系统。
- 5~11 分这样的计分系统（总分是 17 分）可能会让你感到特别烦恼，因为这样的计分方式既可能暗示了有更大的风险会受到惩罚，也很有可能完全无伤大雅。

- 这些标签并不是谷歌实际正在使用的垃圾网站标签，事实上我们根本就不知道谷歌的评判标准是什么，因为谷歌从来就没有公开过它的标准。这些标签只不过和那些被搜索引擎惩罚的网站有很强的关联度。

当产品发布的时候，我们认为尽管有上述这些担忧，我们的这款最简可行性产品仍然能够帮助到很多人。而且和所有好的最简可行性产品一样，它肯定能帮助我们更好地了解我们的客户，以及从长期来讲了解我们的客户想从一款过滤垃圾网站的产品中获得什么。

但问题是，我们的研究已经揭示了客户想要的是什么。首先，他们想要一个网页指数，在这个指数中将包括谷歌搜索引擎爬行并制作索引的所有网站，这样的话这个指数就能够很全面地寻找出所有潜在的高风险链接。其次，他们想要一个评分，他们期望这个评分能够准确无误地告诉他们某个网站是不是已经遭受了谷歌的惩罚。最后，他们还想要有一种简易的方式可以告诉他们，哪些垃圾网站已经连接了他们自己公司的网站，或者连接了网页上任何其他的网站，这样他们就能很容易地制作出一份清单，之后他们要么回避这些链接，要么上传到"谷歌搜索面板"，然后再使用"拒绝"这个功能来防止谷歌的惩罚。

这将会是一款"非同一般"的产品。

但在当时这款产品不是我们关注的重心，同时我们也没有足够的带宽来制作一款非同一般的产品，所以我们发布的是一款最简可行性产品，我们希望在接下来的日子里能了解到更多的需求并逐步进行迭代。我们认为有一款可以帮助到我们的客户和网络社区成员的产品总比什么都没有要好。

在我的职业生涯中，我曾经发布过很多最简可行性产品，但我认为这一次的发布给了我一个深刻的教训。有时候，有确实要比什么都没有要好，但让人惊讶的是，现实往往是相反的。

"垃圾评分"是在 2015 年 3 月 30 日发布的，尽管我们确实收到了相当多的正面反馈，但我们也收到了很多批评、困惑以及疑问。评分的设计确实有很多问题，垃圾标签与一个使用百分比例的风险模型的对应方式很不直观。很多用户将注意力集中在了他们自己网站的标签计数上，而不是与他们的网站连接的其他网站的标签计数上。在产品设计和开发阶段我们就预想到了会发生这样的事情，但为了能尽快地发布这款产品，我们把这些问题暂时放在了脑后。

玛丽·海恩斯是这个世界上在垃圾网站和谷歌惩戒这个领域最有影响力的专家之一，她在产品发布的博客上留下了这样一段评论，在评论中她总结了很多用户围绕这次产品发布所发表的观点。

我很想说我喜欢这款产品，但我真的担心这款产品会带来更多的伤害而不是好处。也许我误解了这款产品想要达到的目的。如果把这款产品当作对链接进行手工核查时的辅助工具，那么这款产品真的很有用。但是对我来讲，它给我的印象是一款对于链接问题的一体化解决方案。我想其他人对此也会有同样的看法。

我们应该在开发这个产品的时候和海恩斯好好谈一谈。我们知道她的担忧，我们知道她在这个领域有着巨大的影响力，而且她以及其他像她一样的专家的认可与支持象征着我们成功解决了这个问题。但是，当我们自己对于这款产品的第一个版本还感到非常尴尬的时候，我们却已经定下了发布这款产品的日期，我们并没有选择耐心地等待直到我们能开发出一款更好的产品。"完美"是"完工"的敌人，不是吗？

在产品发布的 6 个月后，当查看我们的产品在市场上的表现数据时，我们注意到，在一个很小的客户群体中"垃圾评分"已经不温不火地流行了起来，大约有 5% 经常使用"开放式站点管理器"的客户会频繁访问与"垃圾评分"相关的网页，但是这一现象对我们软件的免费试用率、归属率、留存率以及 Moz 专业版用户数的整体增长并没有带来显著的影响。换句话说，哪怕我们从来没有发布过"垃圾评分"这款产品，我们也许依然能够看到和当下完全一样的客户增长率和业务增长率。

在数据采集和研发上我们花费了至少 50 万美元，这是一笔相当大的资金，不是吗？但是感谢上帝，我是这家公司的创始人……否则的话我很可能已经被赶出这家公司的大门了。

最简可行性产品是不是必须且只有最简单的功能

最简可行性产品以及"有总比没有要好"这种模式存在的问

题是，如果你面向一个很大的客户群体，或者一个覆盖面相当广泛的网络社区发布你的产品，那么你在这样做的同时，你实际上把你的品牌与客户对你的产品的第一印象联系了起来。希望你的第一批用户把一件最简可行性产品真的看作一件"最简可行性产品"显然是不现实的。更重要的是，你需要明白你的第一批用户往往是那些非常有影响力的，需要你竭力去吸引的早期尝试者，但也正是这些早期的尝试者往往会夸大你向你所在领域的其他人传递的信息。

按照我的经验，我们的客户以及潜在的新客户一般不会在看到某件新产品后产生这样的想法："哦，这肯定是他们最初的尝试，尽管现在这件产品并不是我想要的，但是我仍然对这款产品保持关注并为其提供帮助，因为我可以想象最终它会变得很有用，而且还会对我很有帮助。"

相反，他们在看到新产品的时候通常会这样想："这东西有意思吗？它对我有帮助吗？它是不是比我现在正在使用的产品要好很多？它是不是值得我花时间和精力去学习一些新的东西，并放弃我早就已经熟悉的产品？"如果你对所有这些问题的回答都是"不"，或者是"嗯，也许吧，但我现在还不能确定"，那么你的产品几乎不太可能对市场造成实质性的影响。

更糟的是，我已经发现当我们发布一款最简可行性产品的时候，在广泛的网络社区中，那些始终追随 Moz 的市场营销人员和搜索引擎优化专业人员会认为我们的新产品质量非常差。我把这种在发布了一款不完整的最简可行性产品后对品牌声誉所造成的影响称作"最简可行性产品残留物"，因为这种极其糟糕的残留印象会一直附着在你的产品甚至你的品牌上，即便多年以后你已经对该产品进行了多次迭代和重大的改进，使得该产品真正成为一款非同寻常的、同级别中最佳的产品，你仍然能够看到这种残留物造成的影响。

对于最简可行性产品，我有一个理论，它可以应用于企业的不同发展阶段，但具体的操作还要看你的受众的数量和影响范围。

对一家早期的创业公司来讲，由于它们的品牌几乎没有受到伤害的风险，而且对它们始终保持关注的受众数量相对较少，期望值也不是很高，最简可行性产品的模式可以表现得非常出色。你应该尽早地发布你的产品、测试你的设想，这样你就能从那些尽管数量不多但很有激情的受众中学到很多东西，接着你就可以反复不断地迭代直到你成功地拿出一款非同寻常的产品。在这个过程中，你的企业（尽管很小）将逐渐和一款不断得到改良的产品联系起来，等到大批有影响力的人士和潜在的客户听到你的名字的时候，你的企业已经初具规模，完全有资格被看作整个行业的领袖和创新者。

相反，如果你的企业早就有了大量的追随者，而且他们对你的企业还有很高的期待，那么面向公众发布一款传统意义上的最简可行性产品（指产品更偏向于"最简"而不是"可行性"这一面）可能是灾难性的。如果你的企业已经达到了一定的规模，那么市场对你公司的感受以及你的品牌声誉将会是你现在和未来获得成功的非常重要的一环。当然，对于你的企业规模的判断会因为你的企业覆盖的群体数量相对于你所在行业的市场容量而发生相应的变化。发布一款还没有达到行业标准的产品会在市场上对你的品牌声誉造成伤害，并且还会被那些潜在的客户看作回避你的企业和产品的理由。这款产品在之后的数年里会一直背负着我所说的"最简可行性产品残留物"标签，哪怕你确实已经对这款产品做出了重大的改进。而且，出于对同一品牌认知的关联，这款产品甚至可能拉低人们在过去或者现在对你的产品形成的印象分。

作为一家早期的创业公司，特斯拉就是一个无法负担发布一款最简可行性产品的最好案例。在它推出面向大众市场的第一款车型之前（特斯拉 S 型，2008 年），由于埃隆·马斯克的名声，特斯拉的品牌知名度和影响力已经非常广泛。在特斯拉公司的组建、发展以及后来拿到政府贷款的整个过程中，媒体一直伴随在它的周围，如果它推出的产品无法做到非同寻常，那么公众对于其品牌的观感就会彻底崩塌，而且它还很有可能会被迫关门。

我们还可以拿 Slack 来举例，在过去的数年里，Slack 是软件运营服务和技术世界里最受追捧的企业之一。如果当初 Slack 这个品牌被人在媒体上与它早期的最简可行性产品——群聊天产品——联系起来的话，那么它很有可能永远也无法获得今天所拥有的巨大成功。它的早期最简可行性产品的功能非常简单，而且在客户体验上也不像群聊软件 HipChat 或者 Yammer 那样引人注目。但因为 Slack 当时还很不起眼，只拥有一款内部应用的产品，所以它可以对市场进行缓慢的渗透，直到它的产品真正成为一款非同寻常的产品，并且已经准备好去赢得更加广泛的受众。在这里，正是这样一个模式创造了奇迹：你首先在内部对一款最简可行性产品进行不断迭代，直到产品真正出类拔萃后才正式对公众发布。

1999 年，当谷歌搜索引擎正式发布的时候，它所面临的情形基本上和 Slack 差不多。当时的谷歌搜索引擎与其他的搜索引擎如雅虎和 AltaVista 相比也只是略有不同，并且有时候它的搜索结果也只比其他的搜索引擎稍微好一点儿而已。但今天，如果你想和谷歌展开竞争，那么你的搜索引擎就需要比谷歌好很多个数量级，而且你的优点还必须非常明显，只有这样你才有可能得到那么一丁点儿的机会和谷歌进行对抗。微软的搜索引擎必应在 2009 年发布的时候并没有做到明显地好于谷歌当时的产品，所以尽管后来微软投入了大量的令人瞩目的资源，必应仍然被公众认为只是一款马马虎虎的产品。即便从那以后必应已经有了非常大的改进，至少现在已经可以和谷歌持平，甚至可以说在大多数的查询中必应的结果已经好于谷歌，但是"最简可行性产品残留物"会在之后的好几年里始终纠缠着它。所以，我认为，正是这样一种印象阻止了网络搜索用户对于应该使用一款什么样的搜索引擎做出符合理性的选择。

另一种选择：特异可行性产品

我的建议是我们应该拥抱这样一个现实：最简可行性产品在某些情形中确实是一种非常理想的选择，但在其他的情形中很有可能给企业带来伤害。所以，各种大小规模不同的企业在决定是否要发布一款"可行性产品"之前需要首先评估一下自己的市场、竞争环境以及覆盖的受众范围。我相信，当你首次面向公众发布你的产品时，正确的选择往往是倾向于特异可行性产品。发布一款最简可行性产品和一款特异可行性产品的价值对比如图12-1 所示。

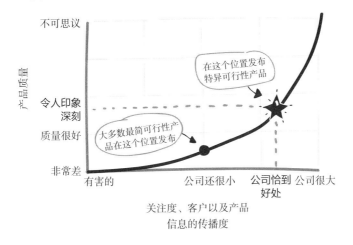

图 12-1　发布一款最简可行性产品和一款特异可行性产品的价值对比

　　首先，开发一款最简可行性产品是一种绝对正确的做法，但是在你拥有一件能够让人们在真实的世界中进行测试的产品之前就试图将所有的功能都开发到完美，这样的做法对一家处于早期的创业公司来讲很可能是毁灭性的。正如我们在第十一章中看到的，或许你能够采用的最好的做法是，首先评估你的品牌的大小和市场影响力，以及在你发布了这款产品后可能会影响到的客户以及潜在客户的范围，然后以此来判断，是否应该在一个较小的范围内，面向少量的受众发布一款最简可行性产品，然后再进行不断的测试、学习以及迭代。采用这样的做法至少能够确保这些少量的受众很清楚他们正在参与的是一次测试。对 Moz 来讲，这种做法在我们好几款产品的开发中都起到了非常重要的作用。在后面我会和你们分享一个案例，在这个案例中你能很清楚地看到这样一个过程是如何起作用的。

在"Moz 数据分析"这场灾难性的发布之后，以及在看到了"垃圾评分"在市场上中等的接受度之后，我发誓我不会再犯最简可行性产品这样的错误。2015 年年初，我向 Moz 的管理团队抛出了这样一个计划，即开发一款新的关键词搜索工具。尽管我之前的几款产品都不尽如人意，但我还是得到了批准，可以和我提议的一支由 5 位工程师组成的小团队一起开展工作，而同时管理团队进一步澄清，这 5 位工程师还需要继续完成他们维护基础设施、对原有的产品进行升级以及负责另一款产品运营的日常工作。我和工程师团队进行了沟通，他们同意在完成现有工作量的同时着手开发这个新的项目。

我知道，如果我把这个项目搞砸的话，那么这很有可能是我最后一次在 Moz 作为产品开发项目负责人的机会了。我甚至还能回忆起当我准备启动项目的时候 CEO 对我说的那些话。我问她是不是相信我可以在这一新的关键词搜索工具上做出很好的成绩，她回答："我认为你很善于从一件产品中看出什么地方出了问题，但我不认为你是一个好的产品设计师。"在接下来的一年里，上面这句话成了我的魔咒以及我想做成这个项目的动机。我决定向她证明，向我的团队证明，向我自己证明，我已经吸取了教训，我依然可以做出非同凡响的东西。

确实，我知道力图证明其他人做错了并不是一种情绪健康的动机，但对我来说，这始终是最有效的动力。

我想做的这个新产品最终被称作"关键词搜寻者"。其目的是帮助企业的市场营销人员正确地判断出他们的客户和受众在网上搜索的具体内容，然后在他们自己的网站上制作出一张其客户在进行搜索时使用的关键词和词组的列表。当然，他们还需要对这些关键词和词组进行优先级的排序，这样他们就可以从逻辑上知道首先需要做什么了。比如，假设你正在做一个新的有关意大利食品的网站，你的目的就是帮助网站的访客挑选出最佳品牌的、新鲜的和干的意大利面，那么你首先需要知道的是，当他们搜索有关内容的时候在谷歌的搜索框里具体输入了哪些词组，另外你还需要知道哪些词组的使用频率要比其他的更高一些。例如，对于"新鲜的意大利面"或者"干意大利面"，哪个词组人们会使用得更多些？"最好的意大利面品牌"还是"最好的意大利面生产商"会被用得更多些？在所有上述的搜索查询中，哪些词组会更容易出现，哪些则很难看到？通常这还取决于哪一个网站早就已经出现在了搜索结果的排名中，这个网站受大众欢迎的程度、重要性，以及还有多少其他网站与它相互建立连接。

我的第一步是做了一个演示文稿，在文档中我向 Moz 的团队抛出了"关键词搜索工具"这个概念。我首先和管理团队分享了这一概念，然后又在整个公司内部对这个概念进行了讨论。对于我们为什么应该在解决"关键词搜索"这个问题上进行投资，我给出了 3 个主要的理由。

（1）在当时，关键词搜索工具这个领域和 Moz 已经投入了产品和工程资源的其他领域（如链接、搜索排名以及网站爬行等），前者竞争的激烈程度要远低于后者。

（2）在搜索引擎优化的世界中，关键词搜索过去是（现在依然是）最为常见的操作，这主要是因为每当你创作新的内容时，这是你无法回避的事情。

（3）我相信 Moz 已经获得了一些独一无二的数据，而且还拥有一定的能力用这个世界上其他公司都无法做到的方式来组合这些数据。

为了上面我提到的在公司内部进行的概念分享以及后续的产品设计工作，在我的研究过程中，我向我的朋友以及在搜索引擎优化社区中的同行提出了很多请求。我询问了好几十位同行，希望他们能详细地告诉我，他们现在是如何进行关键词搜索的，以及他们都使用了哪些工具和流程。我通过推特以及私密邮件轰炸的方式发送了两份调查问卷，以便能亲身感受一下在这个领域中有哪些东西已经非常受欢迎（为此我还写了一篇博客）。这次调查告诉我，哪些工具是人们最为熟悉的，还有哪些工具是人们愿意付钱使用的。在知道了我们的受众已经熟悉的是什么样的命名规则、设计布局以及现有的结构后，我们有了一个非常好的开始。

最后，我和几位搜索引擎优化的从业人员面对面地坐了下来，他们向我现场演示了他们是如何为其网站或客户进行关键词搜索的。

这些调查、面谈以及通过邮件进行的沟通确认了一些很重要的事实。

- 几乎所有从事搜索引擎优化的专业人员对于关键词搜索都采用了一种非常相似的方法。首先，他们通过很多种不同的在线工具搜集了一大批有很大的概率会被用到的词语和词组，接着他们把这些词语或词组放在了一张电子表格（Excel 或者谷歌的电子表格）上，然后采用手工的方式针对搜索的流行度、相对排名的困难程度以及流量的潜力来搜集相关的度量数据。最后，他们会利用某个版本的公式将所有这些度量组合在一起，并对最后得到的清单进行优先级的排序。
- 没有任何现成的工具可以自动完成这项工作。每个人都不得不使用多种不同的工具以及数据源，另外还要加上一个人工处理的过程来建立他们自己的清单。
- 绝大多数的专业人员会付钱使用一种或多种关键词搜索工具。
- 在我曾调查并与之面谈的专业人士中，关键词月平均搜索量的精确性（或者更恰当地说是不精确性）被认为是他们所面临的最大挑战。

在这个过程中，我不由得产生了这样一种担忧，如果说还有什么新的我不知道的东西的话，那就是我还没有做到对客户的需求有足够充分的了解。所有我之前搜集到的数据以及曾进行过的面谈只是确认了我之前的疑虑，我担心的是，在不知不觉间我的产品研究出现了偏差，因为我的直觉不可能非常完美地与现实相匹配。

或许我的感觉没有错。在这种情况下，我不但是一个产品设计师，实际上我还是我自己的客户。在网络上我已经创作了很多的内容，而且我自己进行关键词搜索研究也已经有 10 年以上的时间了。和许多我曾与他们面谈并进行调查的家伙一样，我自己也使用很多种不同的工具来制作电子表格，并构建我自己的优先级计算方式。我参加各种会议和活动，阅读各种博文，还观察行业内部人士以及新手就他们所采用的流程撰写的文章、进行的演讲、发布的推文。我亲身体验了客户的生活，而且正因为如此，我认为对于上面这些问题的集合，我站在客户的角度进行移情思维的能力会特别强。我现在依然非常非常地庆幸我选择了这样一个问题进行研究，因为我需要用我的研究结果来向我的团队证明，对于一款真正值得公开发布的工具，其中有哪些东西是必需的。

2015 年 5 月，我们开始开发"关键词搜寻者"，最初是希望能在年底发布这款产品，但这个日期后来又被延后到了 2016 年的 1 月，等到了那个时候，在我们的手上已经有了一个包含基本功能的、可供实际使用的版本。在输入一个单词或词组后，它就能对谷歌搜索的结果进行分析，就相关的查询词条提出建议，然后返回大量的估算值，并让你很容易地建立起一张用于输出或者分析的清单。对于手上的这款工具，我感到非常兴奋，并到处向我那些从事搜索引擎优化的同行炫耀。1 月的某一天晚上，我在维尔·雷诺兹（他就是那个和我互换 CEO 职位的朋友）的家里过夜，我一步一步地向他演示了这款工具的所有功能。我还和来自 Distilled 的同行分享了这款软件。Distilled 是另一家咨询公司，Moz 与这家公司一直有着非常紧密的联系。但是我认为，真正让我改变主意的那次经历是我向丹·舒尔演示了这款工具。

舒尔是一位搜索引擎优化咨询师，他还是《在线专家》这档播客节目的主持人，他的办公室在马萨诸塞州伍斯特市。在搜索引擎优化社区中，他有一个相当庞大的粉丝群体，并且他还对关键词搜索非常感兴趣。舒尔和我计划在 2016 年 1 月底一起去参加在佛罗里达州奥兰多市召开的一次会议，会议的时间刚好在"关键词搜寻者"计划发布的日期之前。

当我打开我的笔记本电脑，向舒尔演示我们的软件时，我心里非常紧张。我发自内心地期望他会喜欢我们的这款产品。而且我知道，如果他不认可的话，那么我们之后还会有很多的工作要做。我输入了一些关键词，向他演示了一些基本的功能，然后我邀请他自己试着用一下。

好消息是，软件的界面非常直观，舒尔几乎立刻就上手了，并马上开始为他最近的一个客户构建一份关键词清单。他针对我们的数据源以及他是不是应该相信我们提供的数据提出了很多的问题，看上去他对我的解释基本上还是满意的，但他说他还需要用他自己的数据以及他的客户正在使用的谷歌搜索广告再做一次确认。

坏消息是，舒尔对我们的软件还有些不以为意，原因是我们的产品还缺少一些必要的功能，部分数据源还缺乏一定的透明度，无法看到各种度量，以及缺少按照这些度量进行过滤和排序的能力。而最后这一点，舒尔认为对于他进行关键词的选择是非常重要的。我向他演示了一些后台的数据源，主要是通过命令行风格的界面让一些过滤器和他想要的信息浮现出来，对此他兴奋地睁大了眼睛。

那天晚上，我写了一封很长的邮件，在邮件中我分享了我和舒尔对产品进行评估时所做的笔记。我告诉开发团队，并且在随后的另一封邮件中告诉公司的管理团队，基于舒尔和其他几个人给我的反馈，我想推迟产品的发布时间，直到我们能增加 5 项新的功能，我认为这些功能对于让客户最终接受并采用我们的产品是至关重要的。令人沮丧的是，这些功能还需要我们另外投入 4 个月的开发时间，所以我们的产品发布日期将不得不推迟接近半年的时间。

幸运的是，因为 Moz 在 2016 年还有很多其他的产品，另外还因为我们这个小团队以及"关键词搜寻者"被认为只是一个编外项目，对公司的发展规划并不会产生什么影响，所以公司批准了我们延后发布产品。1—5 月，我们不知疲倦地升级和改善这款工具软件，当我们最后发布我们产品的时候，眼前的产品已经是一款我们真正为之自豪的产品。

就在产品发布后的两天时间里，Moz 网站的独立访客人数超过了 16 000 人，"关键词搜寻者"的点击量超过 70 000 次。"关键词搜寻者"在它正式发布的第一天就成为产品搜索平台上排名第二的最受推崇的产品，而且它还在搜索引擎优化和网页市场营销领域的数十份不同的行业出版物上成为头条新闻。在产品发布的博客网站上以及在社交媒体上，有数百个用户写下了他们对这款新产品的评价，而且几乎所有的评价都使用了非常正面的表达。

其中最让我感到欣喜的评价正是丹·舒尔本人给出的，考虑到在 1 月他对于这款软件所做出的批评，我几乎无法相信他居然会对这款软件做出如下的背书。

> 我很兴奋地看到@Moz新的关键词搜寻工具居然上线了，这太令人难以置信了。现在对于我所有的关键词或主题搜索，这已经是一款"必备工具"。
>
> ——在"关键词搜寻者"面向公众发布的当天，
>
> 由丹·舒尔发出的推特

在接下来的一年里，"关键词搜寻者"在 Moz 所有的收费服务中成了最受人称道的、有最多正面评价的以及增长最快（按使用量来计算）的新功能。我们的"客户成功团队"将他们的新员工培训中的很大一部分内容转向了演示这款产品，而且我们的数据还显示，付费客户的数量和使用这款软件的客户数量有很强的关联性。

但这还不能算是彻底的成功。我们向客户提供了两种不同的方式来使用"关键词搜寻者"：通过传统的支付 Moz 月费的方式（每月 149 美元），或者作为一款独立的产品（而这通常只有当你预付了 600 美元或者更高档次的 1 800 美元时，你才有可能买到）。这次的产品发布以及产品本身的成功对于支付月费的方式起到了非常强劲的支撑作用，但同时几乎没有人接受独立产品的方式并愿意付款购买。因此，绝不要低估产品的包装和定价所具备的力量。

对我来讲，选择最简可行性产品还是选择特异可行性产品，这是一个非常深刻的教训。今后，我认为我绝不会再轻易地面向公众发布一款倾向于最简可行性产品而不是特异可行性产品的产品。至少，我绝不会再将最简可行性产品与任何有大量受众的品牌放在一起。获得成功的概率与"最简可行性产品残留物"可能带来的风险相比较，后者对于品牌声誉和口碑的影响实在是过于严重了，以至于你根本不可能做到完全无视。

第十三章
更早地出售你的创业公司?
没错,也许你确实应该这样做

在技术行业中弥漫着一种反首次公开募股、亲收购的心态,正是这样一种心态使得那些技术型企业不再考虑自己的长远利益和目标。

——比尔·格利[1], 2013 年 5 月

投资人、媒体、员工、企业家、初创企业的聚集社区,所有这一切都推动着我们在"做得更大"和"索性回家"之间做出抉

---

[1] 比尔·格利是基准资本的合伙人。基准资本是硅谷最为高产,也最为奇葩的风险投资机构。——译者注

择。宽泛地来讲，创业文化，尤其是在科技领域，颂扬那些能够保持独立、拒绝大额的收购要约并最终成功地建立起一家"改变世界"的企业的创始人。

马克·扎克伯格拒绝了所有意图收购脸书的提议；拉里和谢尔盖拒绝了早期收购谷歌的要约；色拉布因为对数十亿美元说"不"而闻名于世；网飞断然拒绝了亚马逊数百万美元的报价。而另据报道，Slack 曾经拒绝了"8~10 次有关的收购要约"。所有这些故事将创始人的形象塑造成了一个公众神话，而且这一形象还渗透到我们的心中。尽管在创业的早期退出，并确保自己的手上攥有大笔的资金已经被看成是对一种更好的生活方式的选择，但这绝不是一条能够让你成为著名的创业者的道路。

但让人很不舒服的是，保持独立这一被人极力推崇的选项还有着非常丑陋的另一面。只要有任何创始人敢于拒绝收购要约，那么当他的企业进入发展的平台期或者开始走下坡路时，各种各样的嘲讽和批评就会不断地堆积在他的头上。高朋网、社交定位网站 Foursquare、私密社交网站 Path、Dropbox、雅虎、社交游戏开发商 Zynga，还有其他更多的初创企业都曾经是很多媒体头版新闻的主角，在这些新闻中，无一例外，它们都因拒绝了某项巨额的收购要约而受到严厉的指责。

所以，我们这些创始人常常会被夹在两者之间，进退两难。如果在早期就退出的话，你会被贴上一张混不下去的标签，因为你很轻易地就拿到了一大笔钱。如果你拒绝了同样的收购要约，但在接下来的几年时间里一直挣扎求存，那么你就是一个野心过度膨胀的傻瓜，因为你居然敢如此轻率地拒绝落袋为安。如果你走上了首次公开募股的道路，那么你将会面对各种无休止的争斗以及一个严酷的现实，那就是只有不到 5% 的获得了风险资本投资的企业才有可能成功上市。

那么作为一个创始人你又该如何选择呢？

我并不是说我不喜欢那辆已经有 15 年车龄的起亚车，但是有机会当一个百万富翁或许也很有意思

在我们 13 年的历史里，Moz 只收到过一次正式的收购要约。整个事情发生在 24 小时内，当时我在华盛顿特区，这 24 个小时对我来讲既是命中注定的，也是冰冷刺骨的。

2009 年，当时 Moz 刚刚把自己成功地定位成一家软件公司，也就在那个时候我认识了达梅什·沙阿，并且无论是在个人关系上还是在工作中我们都成了对方的朋友。达梅什·沙阿是一位成功的创业者，他之前已经成功地创立并出售了一家企业，他还是天使投资人、博客作者以及 HubSpot 的共同创始人。HubSpot 是一家总部在波士顿的市场营销软件公司，曾经和 Moz 处于一种半竞争的关系，不过现在几乎已经没有这样的竞争关系了，因为它已经离开了搜索引擎优化领域并转而专注于其他方向。但正因为当时曾经有过这样一种半竞争的关系，这反而增进了我们之间的友谊。

共同的奋斗能够很快让陌生人成为朋友，沙阿和我毫无疑问有很多共同点。在深夜，我们会在电话里谈论如何从风险投资公司那里进行融资，如何进行产品创新，谷歌最近又发生了什么事

情，如何挑选一位好的董事会成员，等等，当然我们还会谈到一些个人的私事。杰拉尔丁和瓦尔斯塔德（沙阿的妻子）也常常参与我们的聊天。当我们发现大家都居住在同一座城市的时候，我们 4 个人还常常出去找一家相当不错的餐厅，吃一顿纯素的、有好几道菜，但葡萄酒的搭配非常可笑的晚餐。这样一顿晚餐会持续很长的时间，我们会花好几个小时谈论家庭、政治、书籍、电视节目、旅行，当然还有我们的创业生活。最后的账单每次都相当于我们一个月的房租，现在回想起来好像沙阿只让我们支付了其中一次的费用，他实在是太慷慨了。我常常会这样想，在我们的生活中能够遇到像沙阿和瓦尔斯塔德这样的人，我们实在是太幸运了。

随着 HubSpot 和 Moz 的壮大，以及沙阿和我之间的关系变得越来越密切，我们两人都很震惊地发现，在我们两家企业之间存在的业务重叠以及开展合作的机会越来越明显。HubSpot 通过我们的 API（应用程序接口）成为 Moz 数据的客户，我们通常都会推荐并连接对方的网站。我们每年都会在西雅图召开年度客户大会 "Mozcon"，而沙阿曾作为客户代表在会议上进行演讲。我曾开玩笑地对他说，或许某一天 Moz 会买下 HubSpot，因为我知道他们当时正处在快速的上升通道。2011 年 1 月，有一天晚上，在我们的电话闲聊中，他告诉我 HubSpot 的管理团队已经决定尝试进行一些并购，而 Moz 很可能在他们的考虑范围之内。

沙阿把我介绍给了布赖恩·哈利根，哈利根是他的共同创始人，也是 HubSpot 的 CEO。我们两人都计划于 1 月 24 日在华盛顿特区举办的一次会议上做演讲，所以哈利根和我约定到时候一起喝杯咖啡。

外面的天气是如此寒冷，以至于建筑物内部的供暖都差一点儿没能跟上。我还记得那天我走进了一家非常冷清的、外观就像是山洞的咖啡店，点了一杯滴滤咖啡，然后没敢脱下外套，就这样坐着等候哈利根的到来。我无法确定即将开始的讨论在多大程度上是严肃认真的，我们将只是在理论上探讨如何在市场上联手行动吗？或者这只是一次试探性的聊天？是纯粹想让我们两人有机会在一起交流以便在将来能更进一步吗？

上面这些都不是，这是一次非常直截了当的、公对公的、正式提出收购要约的对话。

在我和哈利根握手然后坐下来的几分钟里，他已经向我摊开了他的计划。HubSpot 正式提出了一个用现金和股票的方式来收购 Moz 的要约，他们想要我和沙阿一起负责产品开发的工作，他们还想要吸收我们的团队，他们已经准备好在西雅图建立一家分公司。而我很有可能不得不经常去波士顿出差，或者不得不搬到那里常住。但在我们谈及这些细节之前，哈利根希望能够首先确认他们的报价在财务上是行得通的。

2009 年，Moz 的营业收入是 310 万美元，其中接近 90 万美元来自咨询业务，但那时我们已经关闭了这一块业务以便能集中精力在软件业务上。2010 年，我们的营业收入是 570 万美元，几乎所有的收入都来自软件付费服务（还有很小一部分来自我们的年会 Mozcon 的门票销售）。我们在 2011 年的目标是营业收入翻番，能够达到 1 000 万美元左右。

哈利根在对财务数据展开讨论之前说出了这样一句话：

HubSpot 对于这次收购打算投入的费用在 2 000 万 ~3 000 万美元。

让我们花一分钟的时间先冷静一下，想清楚这是一笔巨额资金。初创企业的世界可以让你成为一个非常不理性的人，因为在这个世界里你经常可以听到这样的新闻，数亿和数十亿美元的资金可以在瞬间转手。那些刚刚二十出头的小年轻在一家公司拿了几年的工资后就选择潇洒地离开了，但他们到手的钱能够很轻易地把他们送入排名前 0.1% 的财富拥有者的行列。这些极端的例子充斥着各种媒体，而且对我们其他人来讲好像这些已经成为这个社会的现状。"100 万美元并不酷，你知道什么才是真的酷吗？……10 亿美元。"这句来自电影《社交网络》的著名台词毫无疑问应该被当作夸张的讽刺，但是在硅谷，这句台词几乎已经被当成了一句口号。

这真是疯了。100 万美元已经非常酷了。在过去的 10 年里，如果我们能拥有 100 万美元的话，这笔钱对当时的我、杰拉尔丁以及我的家庭来讲无疑是一笔惊人的巨款。而且这一点对 80% 以上的美国家庭来讲也是如此。啊，对不起，实在是太激动了。

考虑到上述的这一切，我实在有些耻于告诉你之后发生的一系列事情。

我给我们第一轮融资的投资人——Ignition Partners 的米歇尔·戈德堡以及 Curious Office 的凯利·史密斯打了电话，在当时这也是我们唯一的一次融资。我还分别给我的母亲、首席运营官伯德打了电话。我只和他们每个人做了简短的沟通，因为我必须准备在第二天会议上的演讲了。之后，我又给他们所有人打了一圈电话，我们谈论了各种估值的可能性以及期待的结果，我们还商讨了 HubSpot 股票的相对估值以及这些股票在将来可能会有的价值。当时 HubSpot 还只是一家私人企业，但它的最终目标是上市。我们评估了这样做的风险和好处，或者至少我们认为我们确实做了这些工作。

我们的分析逻辑是这样的。

- 类似于 Moz 和 HubSpot 这类提供软件运营服务的企业都是在私募股权市场上进行估值的，而且最近发生的类似交易都在 4~10 倍的营业收入区间里（也就是说，一家有 100 万美元营业收入的企业可能的出售价格应该在 400 万~1 000 万美元）。
- 尽管这次交易对 Moz 的创始人和早期员工来讲是有利可图的（当时我母亲和我各自拥有公司 32.5% 的股权，12 位员工各自拥有 0.5%~3% 的股权），但对我们的投资人来讲基本上没有什么意义，因为他们只能拿回他们最初的 110 万美元投资的 3~4 倍的回报。
- Moz 的成长速度相对来讲还是很快的，与前一年同期相比基本上还能够保持在 100% 的增长率，而且在我们的营业收入上还有一个很高的净利润率，这个数字在 80% 左右，也就是说，对于每一个付费用户，我们的成本大约只有他们支付给我们月费的 20%。
- 在我们的目标市场上，我们的地位是很独特的，我们已经被认为是搜索引擎优化软件领域的领导者之一，所以这一次的收购交易应该有一定的溢价。

- 鉴于我们在 2010 年的营业收入是 570 万美元，在 2011 年可以达到 1 000 万美元，像哈利根这样的要约应该在 4~5 倍的营业收入区间里，而我们认为我们应该可以获得一个更高的报价，即在 6~ 8 倍的区间内。

就在那天下午稍晚的时候，我再一次和哈利根见了面。我告诉他，我们对于 HubSpot 提出的交易很兴奋也很感兴趣，但是他们的报价太低了。我们的立场是，如果报价在 4 000 万美元以上，那么我们还可以接着谈，但如果低于这个数，我们也就没有兴趣了。

第二天早上，他给我发了一封这样的邮件。

标题栏：我想我们可能无法承受你们的报价

布赖恩·哈利根〈电子邮件地址〉   1/25/11

致：菲什金

菲什金你好，

你们这些家伙对我们来讲可能太贵了……也许我们真的是贪心不足蛇吞象了。对于整笔交易，我们也许可以支付 2 500 万美元。如果这个报价值得进一步探讨的话，我们还可以继续之前的对话，如果不行，那么在将来的某个时候或许我们还可以接着聊。

在华盛顿特区的时候，和你一起闲聊真的很棒。

兰德·菲什金〈电子邮件地址〉
致：哈利根

　　哈利根你好！非常感谢，我想我们可能无法达成共识，但是衷心感谢您能想到我们。

　　恭喜你们取得的进展，无论你们最后买下了哪家公司，都祝你们好运。

　　在过去的 6 年里，我可能前后有 50 次曾把这一串邮件再次翻找出来。

　　2 500 万美元。

　　2 500 万美元的 32.5% 是 812.5 万美元。2014 年，HubSpot 进行了一次与任何一家软件运营服务企业比较都是最为成功的首次公开募股之一，从那以后它的股价上涨了好几倍，而那笔 2 500 万美元同样也会大幅升值。我一直在竭力克制自己不要去做那样的估算，但是那笔钱也许会翻番，或许会更多。

　　每当我和我的祖父母谈起他们的财务状况，以及他们是否应该卖掉他们的房子来增加预算以便能够住进一个并不是很理想的退休社区时，我都会想到这笔交易。每当我去探望杰拉尔丁的母亲时，当我看到她需要靠出租自己的房间来弥补每月的生活费用时，我就会想到这笔交易。每当我的姻亲或者朋友问起为什么我们还在租房子却没有购买一套属于自己的住宅时，我也会不由自主地想起这笔交易。每当我们遇到某些可能需要 500 美元的慈善捐赠，但我们只能捐出 50 美元的时候，我会再一次想到这笔交易。每当 Moz 遇到麻烦的时候，每当我们因为业务需要不得不做出让我们伤心痛苦的决定时，每当我们没能达成指标或者不得不调整和收缩我们的抱负时，我一定会想到这笔交易。在 2011年的下半年，当那个来自纽约的投资人从我们已经签署的 B 轮融资的条款清单上撤出的时候，当 2014 年经历了一场抑郁症的时候，当我走下 CEO 岗位的时候，2016 年我们解雇了 1/4 以上员工的时候……

杰拉尔丁和我并不是穷人，我们的收入足以让我们进入美国工薪阶层前 20% 的人群。我们可以去餐厅吃饭以及外出度假，当家人有困难的时候我们完全有能力提供帮助。即便在西雅图极其昂贵的房屋租赁市场，我们仍然有能力负担一套很好的公寓。杰拉尔丁还将一本书卖给了一家大出版商，我们几乎已经有了在这座城市里购买一套住宅所需首付的 75%。

但是 800 万美元足以改变我们的生活。考虑到初创企业的股权架构，除非 Moz 在将来发生了什么惊天动地的事情，否则的话，即便我们能够长期维持当下的成功运作，这笔钱依然远远多于我们在今后的日子里有可能赚到的钱。

创始人股权的独特现实

2016 年，Moz 的营业收入是 4 200 万美元，这个数字是我们 2010 年收入的 7.5 倍。但是今天，由于我们又进行了两轮融资（尽管我们拿到融资的时候是非常兴奋的），与 2011 年上半年我们拥有 32.5% 的公司股权相比，杰拉尔丁和我现在只拥有 23%

的公司股权。在今后的数年里，我们手上的股权比例还可能会进一步缩小，因为员工的期权池会不断地扩大（这一部分的股权是要分配给我们所雇用的员工的，但这部分股权由公司保管），另外，新的融资必然会稀释我们的股权。从资本市场的整体来看，一家成功的初创企业平均融资的金额为 4 200 万美元，而我们至今仅融资了 2 910 万美元。Moz 的投资人也有所谓的"一倍的流动性偏好"（这个数字对于创始人和早期员工还是很合理的），这意味着当发生并购或者首次公开募股时，投资人可以先收回他们自己的钱（这里是 2 910 万美元），然后剩下的估值就在其他股权拥有者的手中进行分配。

让我们想象一下，在 2020 年 Moz 以 2.5 亿美元成功退出，这个金额是 HubSpot 在 2011 年所报价格的 10 倍。按照股权的稀释程度，以及到了那个时候还在我们手上的剩余股权数量，再考虑到投资人的流动性偏好，以及基于 2011—2014 年 HubSpot 成功上市前的那段时间里它的股票价值急剧上升的情况，我们在财务上的回报尽管相当不错，却不一定能达到在 2011 年的那次交易中我们有可能获得的收入。

实际上，即便是上述这样的情形也是几乎不可能发生的。从统计学的意义上来讲，Moz 很有可能会以更低的价格被卖出，也许回收的资金只够支付我们投资人的流动性偏好。而且有很大的可能性，Moz 会以一个非常不起眼的价格被其他公司收购，对方的报价很有可能在 7 500 万 ~1.5 亿美元。就在我写下这个数字的时候，前面的那个形容词"不起眼"让我感到非常荒谬，但这就是创业公司所处的环境。这样一个收购方案可以让我们每个人都能赚到些钱，但是如果我在过去的 12 年里一直为谷歌、微软或者亚马逊这样的企业工作，那么我在这些企业所获得的总收入与我在 Moz 的总收入之间的差额并不会比我在上面这样的交易中所获得的少很多。

如果你问我，为什么我会如此关注我个人能够从 Moz 获得的经济收益，我认为任何人提出这样的问题都是无可厚非的。我在这里把所有这一切都摊在桌面上是因为很少有人会愿意对外公开真实的数字，或者诚恳地承认，创立一家公司的很大一部分动机是希望有一天能够拿到一笔巨大到异乎寻常的财富。我们不谈钱是因为谈钱会让人感到很不舒服，但是不公开谈钱并不意味着我们不可以谈论一些重要的故事以及重要的统计数据。在"改变世界"以及"从零开始创造一件东西"这些表面上非常漂亮的口号背后，隐藏着一个非常值得你关注的、关于创业动机的真相。这样的动机是确实存在的，而且它们还非常重要，值得我们去探究。但是真正的透明度是指，我们应该开诚布公地去谈论在创业者以及创业公司身上那些让人感到很不舒服的部分。

接下来让我们把关注的焦点放在这个故事里另一个同样关键的角色——Moz 的员工身上。

2011 年，如果你已经在 Moz 工作了 2~3 年，那么很可能你手上会拥有 0.5%~3% 的公司股份。当时估值 2 500 万美元的收购案可以让你获得 12.5 万 ~75 万美元的净收益（这个数字还不包括 HubSpot 在成功上市后的股票升值，这次成功的上市很可能会让你变得非常富有）。由于当初不可思议的极低的期权执行价格，一个在 2008 年或者 2009 年加入 Moz 的员工几乎不用付出什么代价就可以执行他们的期权。这个极低的期权执行价格是基于"409A 估值"[①]做出的，在进行"409A 估值"的过程中，一家外部的审计公司，比如德勤，将为公司和雇员的股票期权制定一个"公平的市场价值"。而这意味着你几乎可以用现金来兑现每一股股票的全部票面价值。另外，任何一份收购要约几乎总是会包含签约奖金或者留任奖金，而这份奖金对于那些收购方希望挽留的关键员工是极为有利的。在 2011 年年初，Moz 依然是一家很小的企业，只有大约 33 名员工，而且团队中大多数人的工资都低于市场标准，但是在完成收购后，他们的收入将会马上提升到 HubSpot 当时相对来讲还算慷慨的、通常高于市场标准的工资水准。

2020 年，对一名在 Moz 工作了 2~3 年的员工来说，其财务状况看上去将会截然不同。从好的一面来讲，除了在这座城市中收入最高的那个群体，你的工资和福利将比其他所有人都更有竞争力，因为 Moz 一直在和脸书、谷歌、亚马逊以及微软争抢人才，在过去数年里我们提供的工资和福利几乎已经可以和那些大公司相比拟了。而坏的一面是，公司能够给予的股票期权数量要比以前少很多，现在能够给予员工期权的最大数量在 0.05%~0.1%，而且期权的执行价格也要比之前高出很多，在 2017 年年初进行的 409A 估值给出了公司普通股价值总额，大约

---

① 对于私人公司的股票，409A 估值就是对创业公司的普通股进行公平市价评估。409A 的名字来自美国国内税务局 409A 条款，这是 2004 年《美国就业机会创造法案》中添加的那一部分。——译者注

为 6 500 万美元，这意味着在行权后你能获得的收益只能在实际收购价格与上面估值的差额中按你持有的期权比例进行分配。有利的签约奖金和留任奖金将依然是为更高级的和更关键的工作岗位提供的，而这些岗位通常都是以工程部为核心的，对大多数其他部门的员工来讲几乎不太可能拿到真正有意义的补偿。

这就是初创企业在经济收益上最基本的一种平衡：在早期阶段通常意味着低工资、较少的福利、更高的风险，但如果企业的发展能够表现出惊人的趋势，那么你就会有更多潜在的收益。在创业公司的晚期通常意味着具有竞争力的工资和福利、更低的风险，但是即便企业在资本市场上获得了非常好的结果，你也只能得到极其小的回报。

上述这些都表明，钱并不是一切。在初创企业的创始人（包括我自己）以及他们的员工如何看待他们的企业，以及最终退出的方式等问题上，自我、自尊、名誉以及名声等都是非常重要的因素。初创企业的文化在"有抱负的创业者"和"成功的创业者"之间形成了一个显著的区别。在前面那个范畴里，人们依然竭力想要达成他们自己的终极目标，而在第二个范畴里，他们至少已经获得了一次成功。

所谓的终极目标可以是任何形式的东西。它可以是创立一家能够获利的企业，并使你过上你想要的那种生活，如马切伊·赛格洛斯基利用他的 Pinboard "手工软件运营服务"模型得到了他想要的生活方式；它也可以是创造一种新的趋势，比如在美国向大众普及高质量的拉面，而这件事夏威夷的"太阳拉面公司"在 21 世纪前 10 年的早期就已经做到了；或者用在技术初创企业的世界里最为常见的方式，它还可以向你的投资人兑现你所承诺的投资回报，而 Moz 当下努力想要做到的就是这一点。

创始人的开局

一旦你的创业公司接受了外部资本，那么你的目标只能转向通过并购或者上市来为这些资本赚取数倍以上的回报。此时"成功"的标准会受到很大的限制。Moz 也许已经普及了搜索引擎优化软件，我们也许已经建立起了一个能够稳健增长的有利润的企业，我们也许已经让市场营销的世界变得更加美好，或者已经创造了一种非常好的企业文化，又或者已经达成了多项重要的里程碑，但是所有这些已经不能再被定义为"努力争取成功"和"已经获得成功"的分界线。

2007 年 11 月，当我们拿到第一轮融资的时候，我们做出了这样一个承诺：我们将通过企业的增长以及至少一次套现的机会让投资人获得 5~10 倍他们所投入的资金回报。随着我们成功地进行了后面几轮融资，这一承诺也就变得越加坚实了。

对很多创始人来讲，在"有抱负的创业者"和"成功的创业者"之间，这样一条清晰的分界线实际上是一种无法消除的心理上的困扰。我发现我自己在浏览 Techmeme（一家汇集技术和初创企业新闻的网站）网页内容时会无端地产生各种嫉妒，因为我每个月都能在这个网站上看到有数十家企业完成了价值数百万美元的并购。每当这个时候我会闭上自己的眼睛，摇一摇头，然后在继续工作之前关闭浏览器的窗口。

这并不仅仅关系到经济这个层面，有很多我认识的创始人在他们退出的时候并没得到特别好的经济回报，但只要他们能够做到让他们的投资人获取几倍以上的回报并成功套现，那么他们就永远可以在他们的简历中使用"成功的创业者"这样的称号。你也许会认为这是一句彻头彻尾的废话，几乎毫无回报地从一家很小的创业公司里退出理所当然的不应该被看作获得了"成功"，而从无到有地建立起一家像 Moz 这样每年有 4 000 万美元以上收入的企业应该被称作"成功"。为此我自己也曾经做过一些采访，在初创企业的生态中有这种想法的人是非常普遍的。

　　即便没有数百个，但至少我曾经和数十个创始人谈到过这样一种现象。每一个曾经有过退出经历的创始人都同意，整个过程可以带给你一种非常神秘的感受，那就是"事情终于要结束了"，当然随之而来的还会有一种成就感。而那些尚未有过这种经历的人都向我确认，在面对这条始终占据了他们头脑的终点线时，在他们的内心深处都会涌起同样的感受，那就是奋斗、希望以及无法遏制的渴望。初创企业的创始人知道，与那些还没有获得"成功"的人士相比，媒体通常会如何描述，投资人又会如何看待那些曾经有过一次"成功"的人士，即便那只不过是一次"一垒安打"（没错，这就是我的同行们使用的表达，而且确实没错，我们已经成为我们自己拙劣模仿的对象）。在观察创始人如何看待和评价另一个创始人包括他们自己时，你可以看到这种文化的烙印。

　　但是上述这样的感受并不仅仅局限在创始人的身上。如果一名初创企业的员工参与了企业的并购或上市的整个过程，那么他就会获得某种让人难以形容的、人们不由自主就会给予他信赖的光环。而且，在初创企业的世界里，这样一层光环还会被看作拥有某种巨大价值的象征。在由那些居住在硅谷，或者在理念上完全硅谷化的技术专家、创业者以及投资人构成的亚文化圈子中，如果你能够对他们说出"我最初是在某某公司里工作，而且我还参与了该公司被并购的整个过程……"，那么单单这句话本身就拥有了某种特别的分量。并购的规模越大，参与收购的公司越是令人印象深刻（比如谷歌和脸书这种最顶尖的企业），还有你加入被收购的团队的时间越早，那么你从这一身份中能够获得的好处也就会越多。

作为 CEO，7 年来，每季度我都会站在我的团队面前重复讲述我们的使命、愿景和价值，当然另外还会讲述一些重要的新闻以及有关我们公司的最新消息。作为这一过程的一部分，在最近这几年的时间里，我几乎总是会主动地对一个大家都视而不见的问题给出答案，这个问题是"为什么我们会在这里？"。我是这样告诉 Moz 的团队的。

- 我们有一个机会来成就某种有用的和有价值的东西：让更多的人可以接触到搜索引擎优化和网页营销这个世界，把笼罩在搜索引擎优化和网页营销上的不透明和神秘感消除掉，这样任何人都能够充分地利用这种极其重要的市场营销方式。
- 我们已经建立起了一支非常出色的团队和独特的企业文化，以及在我们这样一个极其普通的工作场所里，在我们所有人之间建立起通常绝不会存在的特殊纽带以及相应的感受，而所有这一切都来自我们的价值观以及我们对身旁同伴的承诺。

- 我们是我们自己未来的仲裁者：如果通过一次非同一般的收购或者通过首次开募股，我们获得了成功，那么Moz就会永远被视作我们的价值观、我们的文化以及我们所采用的方式可以创造出非凡成果的典型案例。但如果我们失败了，那么我们的价值以及我们的文化就很可能会被彻底埋没。

- 股票期权能够让你实际地参与进来并且利用一次成功的套现机会获得经济收益，但是股票期权并不是你唯一的福利。如果Moz有一个非常好的结果，我们所有人的简历都会带有一层特殊的光环，而且我们这份简历的分量可以让所有的地方为我们打开大门。

在风险资本支持的企业中，像这一类的承诺，无论是暗示还是明言，都会充斥着整个企业的文化。我们都很清楚其中所蕴含的风险：要么成为那5%的"成功"的企业之一，这样的话企业毫无疑问会给你带来非同寻常的收益，而且我们每个人都能在名声和经济上收获巨大的回报；要么你创立或加入的公司无法获得如此高的成就，从而也就没有机会收获这些美誉了。

无论你是创始人、早期员工还是他们的配偶或家属，又或者是客户或投资人，参与创立一家企业都将是一次异常艰难困苦的旅程。对大多数机构投资人来讲，他们的模式中根本就没有"小规模的退出"地位，也因此硅谷的初创企业文化创造出了一个被大家都认可的做法，那就是"出售"。这种做法的核心就是不再去努力创建一家"真正的企业"，因为即便你这样做了，你也只能够以数百万美元或者数千万美元的价格将企业出售。

如果你是一个创始人、一个早期的雇员或者是关心他们并经常和他们在一起进行讨论的某个人，那么我强烈地建议你彻底抛弃这种有倾向性的、完全服务于投资人的思维模式。你应该闯出一条你自己的道路并鼓励其他的创始人也这样做。一家真正伟大的创业公司常常会拒绝接受市场的现状，他们这样做只是为了能够做出一款更好的产品，所以你也应该把别人灌输给你的那些教条放在一边，绝不要为了追求首次公开募股或者一次金额为数十亿美元的并购从而放弃任何一项小的成就。成功的机会并不会特别偏向于你、你的团队、你的投资人以及你的自我。更现实地看待你眼前的机会，遵循你的直觉去做对你和你的团队有利的事情。我可以向你保证，对于你的决定，你的投资人绝不会横加干涉。

第十四章
如果管理岗位是唯一的晋升方式，最终我们都将无法胜任

在一个等级制度里，每一位员工都将晋升到他无法胜任的职位。

——劳伦斯·彼得 [①]，1969 年

2012 年 5 月，Moz 在 B 轮融资中拿到了 1 800 万美元，然后就发生了一件很奇怪的事——突然间所有人都想当经理了。

在获得了现金注入后，我们在团队规模的扩张上表现得有些

[①] 劳伦斯·彼得是美国著名的管理学家，现代层级组织学的奠基人，《彼得原理》是其撰写的管理学名著。——译者注

过于激进了，我们错误地认为，更多的人员意味着我们可以用更快的速度做出更多和更好的产品。任何一位曾经在软件行业工作过的人都会这样对你说，在同一个项目上，一支由 10 位而不是 5 位工程师组成的团队，更有可能会花费双倍的时间来完成一个项目，而不是缩短一半的时间。但当时我们并没有接受过这样的教训，并且坚信是员工的人数拖慢了我们前进的脚步，所以我们投入了大量的资金用于招聘。

我们到处投放招聘广告，我们在本地参加并主办了数十起活动，期望以此来提升 Moz 的对外形象。我们还启动了一个很荒唐可笑的招聘奖励项目——任何人只要能介绍一位软件工程师，而且只要这位软件工程师最后能够被我们雇用，那么介绍人就能获得 12 000 美元的现金奖励，而这位被雇用的软件工程师本人也将获得 12 000 美元的签约奖励。[①] 我们雇用了全职的招聘专员，除了招聘他们什么都不用做。最后，我们还让现有的员工花费大量的时间来帮助筛选各种简历，并直接参与对申请人的面试。

除了所有新招聘的员工，很多长期以来始终是我们最好和最出色的工程师、市场营销人员、售后服务团队成员、运维人员以及产品团队人员都提出了大量前所未有的要求，希望能够组建他们自己的团队。在这一轮融资之前，Moz 有 40 多名非管理岗位

---

① 这是一个非常糟糕的主意，因为这种做法鼓励了很多纯粹是为了领取高额奖金的推荐人和申请人，并且在公司内部营造了这样一种氛围，即工程师才是公司认可的最有价值的员工。这导致了在团队之间开始出现冲突的迹象，并且相互之间都产生了不好的感觉，大量的时间浪费在了处理各种推荐以及面试那些根本不适合我们公司的申请人身上。——原书注

的雇员，其中有超过 25 名提出希望可以进入公司的管理层，并招聘他们自己的部下。

当然，答应他们所有人的要求是不太现实的，而且大多数员工都很清楚这一点。但是，无论你拒绝他们中的哪一个人都是对他们的专业技能以及在工作中所获成就的冒犯。有好几个月的时间，事情就在一个突然变得非常政治化的环境中酝酿着，而这样的氛围之前在公司里是根本不可能存在的，或者至少从来没有让人能够如此清晰地感受到。没有人表现出恶意或者不恰当的行为，也没有人心怀恶意或者想要故意阻止各项工作流程。但是你可以想象，很多团队的研发以及在相关项目上的工作进展几乎完全停滞了下来，围绕着招聘所投入的精力以及围绕着团队的架构所产生焦虑让我们很多人都无法将注意力集中在真正的工作上，那就是为我们的客户制造出他们需要的产品。

管理是一种技能，绝不是一种奖赏

毫无疑问，你肯定听说过《彼得原理》，这本书由劳伦斯·彼得和雷蒙德·赫尔撰写，在 1969 年出版。这本书最出名的就是我们在本章开始引用的那句话。在《彼得原理》的背后实际上是这样一种现象：决定一名员工是否能够获得升迁主要还是看他在当下工作岗位上的表现，而不是看他是否有潜力来完成一个更高的职位所要求的新的工作。因此，一名员工将会在一家企业中不断地得到提升，直到他在自己的岗位上不再有竞争力，而企业的高层岗位上也将不断堆积越来越多不再有任何竞争力的员工。

如果只有当员工无法有效地履行自身岗位的职责时，员工才被迫停止他们晋升的过程，那么这样一种糟糕的状况就将不可避免地出现。

了解理论是一回事，寻找到方法来解决这个问题就是另一回事了。

简而言之，你所面临的挑战是，设想一下，你想扩大你的产品设计师团队。在过去的两年半里，你已经有了一个非常有效率的产品设计师，他做出了相当不错的产品并且赢得了他周围所有人的信赖和尊重。但是，想要证明一位设计师的价值，你需要评估他已经完成的工作。一位设计师的工作内容通常包括：理解客户的需求，构建为受众服务的用户体验，以及管理与制造产品的工程师、推广产品的市场营销人员和使用产品的终端用户所进行的日常沟通。虽然这位设计师在完成这些工作的过程中是非常有效率的，但他并没有管理方面的经验，并且从来没有展现出任何担任管理岗位所需要的技能或激情。

现在这位设计师找到了你，并向你提出想要管理这支新成立的设计师团队。你原本的计划是雇用一位新的设计师，但是让一个经理人仅拥有一位部下还是会让人感到很尴尬，不过你又想到，如果企业能够保持目前的增长势头，那么这支团队肯定会变得越来越大，另外你也想因为他之前出色的工作以及他表现出来的对公司的忠诚度对他进行奖励。从另一方面来讲，你同样不想失去这位设计师作为一位独立贡献者所完成的高质量工作，而且在过去的数年里，随着他与周围的人相处得越来越融洽，再加上他已经培养出来的强烈的对产品的直觉，他的工作效率和工作质量也在持续不断地提高。

现在你已经进退两难，因为这位设计师坚信，眼前的这个管理岗位是他自己靠业绩争取来的。那么，在这样的情形下，你还会告诉你的设计师继续去做他自己擅长的事情，哪怕你需要承受这位设计师被一家愿意把他提拔到管理岗位的公司挖角的风险吗？或者你会把这位设计师提拔到经理的岗位，然后再另外雇用一位新人或者外包部分的工作用以弥补这位设计师在升职后无法再完成的工作，同时希望他最终能学会并熟练掌握这个全新岗位所需要的管理技能吗？当然，如果这样做，你需要做出的牺牲是，你将再也无法直接利用这位设计师在之前的工作中所学到的专业知识。

这个问题的背后是，实际上，有很多人认为任何一个人都可以成为一名管理人员，而且和其他任何需要专业知识的岗位（比如会计、市场营销、工程、设计或者销售）不同的是，管理岗位需要的只是你想要进行管理的意愿，以及对于问题空间的理解。但所有这一切都是在胡说八道。

在我和我的团队成员长期的沟通过程中，最困难也是最令人沮丧的话题之一就是经理应该做什么以及独立贡献者又该做什么。很多独立贡献者认为管理就是告诉其他人该做什么并且确保他们去做该做的事。以我的经验判断，他们实际上错误地假设了只有那些之前做过同样工作的人在成为经理后才能真正有效地督促其他人的工作。这种隐含的假设常常是基于真实的个人经验，所以你几乎不可能去和他们争辩这种假设的正确性。他们往往会认为，最好的经理人曾经应该是最好的独立贡献者，他们的专业经历就已经证明了他们可以成为一个很好的领导者。一个普通的工程师可以成为一个比较差的工程经理，一个出色的客户服务经理却永远也不可能成为一个有效率的工程经理。人们太容易相信这样的说法了，而且这样的说法还和标准的业务流程紧密地联系在了一起，所以每当你想揭示事情的真相时就感觉好像是在拔牙。

幸运的是，在经历了数十年的团队发展和收缩后，在看到了一些很出色的人却干出了非常糟糕的事情后，在目睹了之前业绩很差的人在另一个岗位上的杰出表现后，我因有了足够多的案例而可以大胆地说："你在工作上拥有出色的表现和成为一名出色的经理人来管理那些从事同样工作的人，这两者在很大程度上是完全没有因果关联的。"我绝对同意，在大多数的情况下，一位出色的经理人曾经非常擅长他的部下正在从事的工作，或至少能够同样出色地完成。但这只是一种表面现象，而不是一种因果关系。仅仅因为大多数的经理人凭借他们作为一个独立贡献者在同一个领域里所完成的出色工作从而申请并被提拔到现在的管理岗位上，并不意味着独立贡献者的工作必然会和有效的管理联系在一起。

Moz自身的发展历史也许还不能成为一个典型的案例，但幸运的是我曾经有数年时间帮助谷歌对公司里效率最高和最低的团队进行分析。谷歌是技术世界里最受尊敬的企业之一，我当时的工作是要找到有哪些因素可以一贯地将高效率员工和低效率员工区分开来。为此谷歌启动了一个被称作"再来一次"的项目，他们通过这个项目研究作为一个经理人必须具备的基本要素。谷歌用了一个全新的假设来作为他们研究的出发点，即假设经理人并没有让团队变得更好，他们尝试通过识别出高效和低效的团队来证明上面的这个假设，并从中寻找出团队的表现和管理人员之间可能存在的关联。但是否可以通过把某个管理人员从一支团队转岗至另一支团队，并观察他能否始终一致地提升其所在团队的业绩（或者让业绩出现下降），从而分辨出一位"出色的"或"糟糕的"经理人呢？没错，他们确实做到了这一点。让人毫不惊讶的是，谷歌发现不同的经理人确实会给团队的业绩带来截然不同的结果，如果一支团队拥有一个出色的经理人，那么这支团队的成员会更加愉快并且还会拥有更高的生产率。

但让人真正感到惊讶的是，谷歌发现，在一些非常杰出的经理人身上通常都会有下面描述的 8 种行为模式。按顺序，我们具体罗列如下。

（1）他会是一个很好的导师。

（2）对团队授权且不会就细节进行微观管理。

（3）对于团队成员的成功和幸福愿意表达自己的兴趣和关心。

（4）以生产率和结果为导向。

（5）能够与人进行很好的沟通。

（6）对于团队成员的职业发展能提供很好的帮助。

（7）对于整个团队有一个清晰的愿景和策略。

（8）拥有重要的技术技能，这让他有能力对团队的工作给出他个人的建议。

在这份清单中，最后的第 8 点才涉及经理人自己能够完成的技术工作的质量。所以经理人的专业技能并不是没有用的，但是当涉及管理质量的时候，专业技能的重要性恰恰落在了所有其他关键技能的最后面。

我曾经观察过一些非常出色的团队，这些团队的一个特点是它们的经理都不具备技术上的技能，但正是这一点给这些团队带来了让人惊讶的好处：团队的成员相互之间会帮助对方提升技能、指导对方，并且对于工作的结果常常会愿意承担更大的责任。我的猜测是，这是因为在一支团队中，如果经理本人具有很强的技术能力，那么所有的工作就会按照他的方式来完成，而且团队成员在技能上的提升一般就会围绕着这位经理的强项。让我真正感到震惊的是，团队越依赖这些具有很强技能的经理，团队的成员就越不太可能去探索和扩展他们自身的技能。当然，事情并非总是如此，有时候一个出色的独立贡献者也可以成为一个出色的经理人，只要他能做到鼓励在团队中有更多不同教育背景的成员，并且鼓励团队成员采用不同的方法来完成他们自己的工作，而不是强迫他们采用他自己的已经验证过的方法。但是，我自己的切身体验以及谷歌的研究都表明，对人的管理以及独立贡献者的工作是两个完全不同的领域，两者之间的重叠既不是很明显的也不是始终不变的。

鉴于上面这些理由，我们又该如何处理一个非常出色的独立贡献者希望成为一支团队的经理人这样一个问题呢？

不要让管理岗位成为你的员工唯一能向上攀爬的阶梯

在商业文化中存在着一个根深蒂固的误解：管理岗位是进入

公司领导层的唯一方式，是促进职业生涯发展的唯一方式。如果我们同时处理这两个问题，把它们拆散开来，然后创造出一条清晰的、显而易见的途径来证明上述这样的观点在我们的企业中根本就不成立，那么我们就能组建起一支更好的团队，其中团队的所有成员都由更适合相关工作的人员组成（在这里"工作"是指管理岗位以及独立贡献者）。

在 Moz，我们通过创造出一种全新的、双轨制的职业发展路径来解决上述这样的问题。

首先，我们从类似于微软以及谷歌这样的大公司里搜集了大量像工程师这类员工在通常情况下是如何开展工作的有关信息，然后以搜集到的信息为基础，针对员工可能的职业发展路径进行建模。在最后完成的模型中，一位初级工程师在最开始的时候只是一位底层的独立贡献者，但随着他们逐渐获得了更多的技能，并向公司证明了他们的工作效率，他们就能沿着模型中的阶梯逐步攀升，获得职位的晋升，拿到更高的工资，有更好的福利，被授予更多的股票期权，以及赢得更广泛的影响力，只是他并没有成为一个拥有部下的经理人。通过展示这样的职业发展前景，有关的公司就能够留住那些高质量的人才。另外，在对他们进行培训后，你还可以让他们担当企业顾问的角色，让他们参与重要的技术项目和相关的讨论。采用这样的做法，企业不但能从他们的专业知识和经验中获得好处，而且还无须再勉为其难地要求他们必须掌握管理人员的技能，而他们也许对这样的技能根本没有丝毫兴趣或者他们自身的才能与此并不匹配。

和绝大多数技术型初创企业一样，在过去的很多年里我们也有很多类似的困惑，但是在如何帮助工程师进行职业发展这一点上，我们的做法可能是截然不同的。在2012年，由于有大量的独立贡献者提出想建立他们自己的团队，我们开始重新思考并拓宽了一些具体的做法。最后我们实现了如下操作。

- 在认可并奖励独立贡献者的工作这件事情上我们还需要投入更多，否则我们设计的这一全新的职业发展路径永远也不会被看作一条可行的、能够为他们带来声望的道路。
- 我们必须把独立贡献者的影响力正规化，否则不同的人对于他们的贡献会有不同的解读，并且通过营造热点，使独立贡献者更受尊重、更有影响力以及有更广泛的参与度。
- 我们应该将独立贡献者的职业发展道路从纯粹的工程领域扩展到每一个岗位和每一支团队。

基于上述的认识，我们制作出了如图14-1所示的图表。

Moz的双轨制职业发展路径基于一个非常简单的原则：和其他那些需要管理一支团队的经理人一样，独立贡献者也应该能够逐渐提升他们的技能、影响力、头衔以及个人收入。

独立贡献者的
晋升台阶

架构师
（例如：产品负责
人，工程架构师）

资深岗位
（例如：高级设计
师，高级工程师）

高级岗位
（例如：中级工
程师）

中级岗位
（例如：终身服务团
队，入门级工程师）

早期岗位
（例如：入门级市场
营销人员）

初级岗位
（例如：入门级服务
团队）

在每一个层级上，
占据相应岗位的
个体均能拥有：

· 完全相同的收
入和股票期权
· 类似层次的影
响力
· 同等层次的期
望值

经理人的
晋升台阶

C 级行政管理人员
（例如：首席
产品官）

副总裁级别
（例如：销售
副总裁）

总监级别
（例如：付费客户
市场营销总监）

中层经理
（例如：服务团队
经理）

新晋经理
（例如：只有一位部
下的市场营销人员）

无
（也许不存在）

图 14-1　独立贡献者和经理人的晋升台阶

　　理论上，作为 Moz 公司架构中的一个新的元素，这项改变
受到员工的认同和欢迎，而且这样的做法也不会引起任何的不满。
在具体的实践中，这样的改变不但需要庞大的工作量，还需要遵
循一定的原则，因为现状的惯性在不断地推动着人们相信在公司

里只有经理人才拥有真正的权力，其他人在这种默认的信念下表现出来的行为方式实际也在无形地加强这样一种信条。这种"真正的权力"往往来自经理人可以做出雇用或开除你的决定，他们有权对你的业绩进行评估，并随后做出影响你个人的职业生涯的决定，而所有这些在你的眼前表现出来的权力往往被用来激励或者阻碍一个人做出真正高质量的工作。

你只需要揭开这种信条的表面就能看到，为什么在绝大多数现代的工作场所，尤其是在技术和初创企业的世界中，真实的情形和你以为的完全不同。在我们所从事的领域，一个项目之所以能够获得成功，原因之一是在团队中有相当多的人都非常专注、勤奋并且还有很多的想法；原因之二是整个项目被精心设计，潜在的陷阱在早期就已经被发现了；原因之三是采用的工作流程帮助引导整个团队采纳了正确的解决方案；当然还因为独立贡献者非常有效率地完成了他们所承诺的工作。一次差的评估可能带来的压力，以及有可能被开除的威胁几乎不会对项目的成功与否产生实际的影响，因为在过去的数十年时间里以及很有可能在接下来的数十年时间里，类似软件开发人员、产品设计师以及网页市场营销人员这样一些拥有一份正式工作的求职人员在就业市场上，当面对招聘企业时，所拥有的话语权往往远大于这些企业，这一点至少在美国的大多数主要城市里是毋庸置疑的。

独立贡献者并不是天生的二等公民

我们当时希望 Moz 的独立贡献者能够看到这条新的职业发

展路径，并且接受它。但是我们很快就发现，如果他们没有看到在现实中的真实案例，这条路径还是会被看作只是在嘴上说说而已，而不是另一个具有同等价值的选项。他们希望能够看到的实例包括：

- 公司领导层应该在全体员工大会上，在战略演讲中，在和外部的公众进行沟通的过程中（比如在博客上），以及在对公司的现状进行报告的邮件中，经常提到那些已经站在了独立贡献者晋升台阶上的杰出榜样。
- 应该经常在高层次的独立贡献者与 Moz 的其他员工之间安排一些直接沟通，这样每一名员工都能面对面地和他们进行交流。
- 通过让独立贡献者对一些方案进行引导，对公司的流程提出建议，参与公司的关键决策过程，以及在一些项目领域拥有最后的决定权，这样你就能逐步地培养独立贡献者的影响力。

只有在现实中出现了上面这些真实的案例，那么我们所声称的，独立贡献者的晋升台阶受到了同样程度的尊重，并且已经在公司内部拥有了强大的话语权，所有这样的说法才能真正让人信服。但是，即便我们已经做出了这些努力，怀疑的论调以及对管理晋升路径的偏见依然继续存在着。

我认为，这是因为，尽管独立贡献者和经理人被授予了相同的影响力，但默认的做法依然是让经理人拥有最终的决定权。你必须决定在多大程度上你真的希望这两条升迁的途径是平等的，以及对哪一方你会赋予相关的责任。在你做出决定前请务必小心谨慎，在赋予责任的同时你还必须让他拥有相应的权力来进行控制，否则你的做法只会带来各种挫败和灾难。那些承担责任的人必须被给予尽可能多的自由度来应对有可能会影响到他们成功的外部因素。这样的做法对独立贡献者而言要比那些传统的经理人更加困难，因为通常人们并不认为独立贡献者会拥有最终的决定权，更不用说有权力决定雇用谁和开除谁，但很多人相信恰恰是最后这一点决定了在一个项目中的权力来源（以我的观点，这是完全错误的）。

对于不同的人和团队，我们采用了不同的方法来处理这个问题，其中最出名的是我们创造了"产品架构师"这样一个岗位。就在我卸任 CEO 之后没过几个月，Moz 就给了我这样一个职位，我认为如果我能在这个岗位上有出色的表现，那么我们的双轨制职业发展路径就会获得非凡的成功。这里的基本想法是让某个人来推动一个项目或者产品，并最终获得成功，为此将会有一支团队和他一起工作，并且公司还会授予他一定的权力来指导相关的工作。这意味着他可以决定具体做什么，对于产品的设计他还拥有最终的决定权，另外他还要和一个经理人一起对团队中那些独立贡献者的工作以及他们的实际贡献做出评估。

但是，我们并没有在创造了产品架构师这样一个岗位后就停下来，我们还精心设计了另外一个岗位，叫作"论题专家"，这个岗位最适合像彼得·迈尔斯博士这样的人。在搜索和网络世界中，彼得·迈尔斯博士被很多人称为皮特博士，他的本职则是市场营销科学家，他因为追踪谷歌的搜索排名变化以及算法的更新而出名。皮特博士曾经就谷歌对其搜索结果做出的关键性改变给了无数团队各种建议，另外他还和我们进行了一次电话访谈，访谈的目的是了解，针对谷歌在搜索结果上所做出的改变，Moz应该如何在产品和相关的度量上进行合理的应对。他还和市场营销团队一起工作，为我们的网站创建了很多相关的内容——比如博客文章，演讲用的演示文稿，很长篇幅的文档，以及类似于 Mozcast 这种互动型的工具（这种类型的工具通过一个被称作"温度"的度量使谷歌每天做出的改变对所有人都变得透明了，"温度"这个度量可以显示数千项不同的搜索排名的改变程度）。皮特博士现在是 Moz 最高级别的独立贡献者之一，他的影响力、承担的责任、获得的股票期权数量以及工资收入都和副总裁级别的经理人不相上下。

我们知道，每一家企业都是不同的，尽管对于经理人岗位的设置，你完全可以套用已经得到验证的，而且大多数人也都已经很熟悉的"套路"，但是对于独立贡献者的岗位，你在设计的时候就必须考虑到你的企业的独特文化和需求。并不是每一家企业都需要一位像皮特博士这样的市场营销科学家，或者一个像我这样的产品架构师。但是，我知道一个具有深度技能的、非常有经验的专家可以为任何一家企业服务，在其业务的核心竞争力领域为企业带来巨大的好处。如果你正在竭力说服一些出色的独立贡献者成为一位经理人，以为这样做就能利用他们强大的技术能力来帮助其他人成长的话，那么我建议你最好还是在你的企业里废除这样一种错误的做法。你完全没有必要亲自去做各种招聘或者开除员工这样的工作，或者为了维护自己的影响力具体地负责各种形式的沟通过程，你应该授权其他人来评估员工业绩、处理人员之间的冲突。

为独立贡献者建立晋升通道意味着在合适的岗位上始终有最佳的人选，而他们也可以借由这条通道发展他们自己的事业并提升自己的收入。如果强制要求管理岗位是唯一向上的通道，这将会让你亟须的岗位上无人可用，或者更糟的是，在那些岗位上安排了错误的人选，从而伤害了团队中的所有人。

第十五章
"脆弱性"并不等于"弱点"

> 在硅谷,承认错误并表现出自己脆弱的一面已经成了最
> 严重的社交失礼行为之一,对此我已经感到有些厌倦了。
>
> ——马伦·凯特[①],2016 年 5 月

2001 年 11 月,在聆听了威瑟合唱团的演唱会后,我在回程
的巴士上遇到了杰拉尔丁。我给了她我的邮件地址,当时她把我
给她的地址看成了可以随手丢弃的东西,毕竟在 21 世纪初,"我

---

① 马伦·凯特是一位女性创业者和博客作者,也是极简生活的提倡者。——译
  者注

从来没有收到过你的邮件"这样一句话还是有很多人相信的。两个星期后，我们开始第一次约会，我现在依然能够记起，在她联系我之前，时间对我来讲就好像是完全静止不动的。在那次约会的一年后我们俩就搬到了一起，对我来讲，这可以说是我一生的转机。当时我到手的微不足道的工资很快就花完了，我信用卡上的欠款在飞快地上涨，如果不是因为她还有一份稳定的工作，我们几乎已经无法维持家里的日常开销以及支付公寓的租金。2007年我向她求婚，接着在 2008 年我们正式结婚，从那以后我们两人的生活就像是电影《公主新娘》中的费兹克和伊尼戈一样充满了浪漫。[①]

但是在 2012 年，我曾以为我们两人已经走到了尽头。

那年 6 月，杰拉尔丁因为在过去的两年里不断发作的严重偏头痛去找了她的主治医师。她的医生让她做一个磁共振成像，并告诉她这次扫描只是为了排除一些潜在的病因，一般情况下是不会发现什么问题的。但不管怎样，这听起来都像是一种不祥征兆。

第一次扫描的时候我没有陪同杰拉尔丁前往。在星期四她一个人去了医院，她躺在一个巨大的圆筒中，一些磁铁和扫描镜头

---

① 没错，我说的就是费兹克和伊尼戈，而不是韦斯特利和芭特卡普——这两个主角之间的关系就像是发生了一场灾难一样，可以说完全一团糟，其显著的特征是两人之间根本没有任何形式的交流，且关系复杂到让你无法分清他们到底是殉道者还是受害者，可以说近乎荒诞。如果你重看一遍 1987 年的这部经典影片，你就会明白我的意思了。当然，你们还可以浏览一下下面这个网页，上面有 2015 年以来杰拉尔丁和我在万圣节前夜所穿的服装：http://www.everywhereist.com/halloween-2015-the-princess-bride-of-course/。——原书注

围绕着她的头部旋转，接着就是等候扫描的结果了。第二天早上，她接到了医生的电话，说扫描发现在她的大脑内有肿瘤，就附着在她的下丘脑上（这个部位正好在大脑的正中央）。

然而她的医生还是尽可能地以听起来让人安心的口吻安慰她。

"在我们知道需要担心什么之前，我们对目前的情况一点儿也不担心。"

杰拉尔丁和我并没有被他们说服。诊所还给她发了一封邮件，其中有一个链接可以让她在她的在线健康账户上查看自动化的检查结果。我们一起登录了那个账户，查看了检查结果，但是我们根本弄不明白我们看到的是什么东西。我们真正能看明白的只有放射科医师留在那幅影像上的旁注，上面是这样写的："在下丘脑上有一厘米大小的阴影，很可能是神经胶质瘤。"

在搜索引擎出现之前的年代里，我们很可能会整个周末都在担心神经胶质瘤到底是什么东西，而不是安静地等待下周二杰拉尔丁和医生的再次见面。尽管杰拉尔丁建议我不要上网去搜索神经胶质瘤这个关键词，但周五那天我们还是在网上读到了这样的文字：一般确诊了这种病症后患者平均的生存时间是3~7年（这不是一个让人愉快的数字），而且存活率要小于20%。我读不下去了，我竭力克制自己想说些什么，但我从来没有尝试过长时间地保持一种毫无表情的状态。她让我对她说实话，所以我告诉她我非常害怕，怕她就这样死去。

在内心深处，我基本上已经相信了这样一个结论。杰拉尔丁和我之间的关系一直就像书本中所描写的，在夫妻之爱中还充满了幽默和快乐、伙伴关系和友善。在这次诊断之后，我的心中一片漆黑，我开始相信类似我们之间的这种浪漫的关系需要付出的代价往往是一个悲惨的结局。我对在我的余生中很可能没有了她的陪伴而感到非常害怕。

在周六和周日这两天里，我一直在悲哀和震惊之间反复地切换着自己的状态。然后，突然间就好像要让所有这一切都变得有意义一样，我问杰拉尔丁在接下来的这几年时间里她想要做什么。这似乎是一个很重要的问题，尤其是这些事情是由我们两人最后一次共同完成的。

那个周末是让人极其伤心和悲痛欲绝的，但它也给了我一个之前从未体验过的视角。当你的视野里出现了一个潜在的终点时，所有无关紧要的东西很快就会让路于真正重要的事情。我们用一种在其他情况下也许永远也不会采用的方式谈论了在几年后我们真正想要的会有哪些，不想要的会有哪些，以及我们想要见的会是谁，不想见的又有哪些人。我们给一些朋友打了电话。我们每一顿饭的时间都是在一起度过的。我们大部分的时间都远离计算机和电话；我们开车游览了西雅图周边我们最喜欢的地方；我买了一把夏威夷四弦琴并且还学会了几首歌，但是我只为杰拉尔丁演奏。

周一的时候，我返回办公室，投入了工作。

在这个周末，我们两人有了这样一个共识，即在所有的事情明朗之前，我们应该对放射科医师的推测保持一种怀疑的态度，绝不让自己陷入一种非理性的、很可能是毫无根据的恐慌。但当时我的内心已经是一团糟，Moz 的任何事情好像都已经无关紧要了。我根本无法集中自己的注意力或者以一种有意义的方式投入工作。那种想要装作什么事情也没有发生从而引发的浑身不自在几乎让我发疯，我勉力支撑了两个小时控制着自己的表情。午餐后，我在公司的大堂召开了一个临时的全体员工大会，当时公司的大堂是唯一足够大的空间，而且也是刚好能够容纳我们所有人的地方。

我没有说很多，刚开口说了几句话我就说不下去了。我只是告诉了所有人，就在上周，杰拉尔丁被诊断出患有脑肿瘤而且很快我们就会知道更多的细节，但是在最后确诊前，估计我什么也没法干了。我告诉他们我需要他们的帮助来渡过难关，而且Moz 也同样如此。

当时我的助理斯蒂普问我，他们所有人是不是都可以给我一个拥抱，我呜咽着点了点头，然后我们大家就这样拥抱在了一起。在这之后我又回到我自己的办公室工作，只是在这个时候我感受到了一种强烈的安慰、一种支持、一种战友之情。我为 Moz 以及那些和我一起工作的员工感到无比自豪。我知道，在我的职业生涯中，我不可能再经历一次像这样的对我的工作如此专业的、正面的、肯定的体验，在公司里我当着所有人的面轻声哭泣，但我不认为有任何人会因此而看不起我，我不由得产生了一种真正的安全感。

一个月以后，杰拉尔丁做了一次大脑手术，以便对她的肿瘤进行活体切片检查。医生告诉我们那是一种纤维性星形细胞瘤，是一种非常良性的肿瘤，几乎不会有什么长期的风险。在经过了很长一段时间的休养后，她的身体恢复了正常，而且每年一次的扫描检查表明，肿瘤对她几乎没有什么影响。感谢科学和现代医学，还有感谢奥巴马医改计划，如果不是这项医改计划，她原本就"已经存在的健康状况"会让她无法使用我们的保险。

一个关于强势领导者的神话

我成长在 20 世纪 80 年代和 90 年代的美国，对于领导者应该有什么样的形象，那个年代给我留下了一个非常特别的印象。领导者通常强势、坚韧且遇事绝不退缩。他们就像是电视和电影中那些很有男子气概的硬汉，对于已经取得的成就，他们会大声地说出来并且会显得很傲慢，但对于自己的情感他们会保持沉默并且无人能够看透。对一个领导者来讲，唯一能够被接受的情绪是愤怒、嫉妒、骄傲以及勇敢。任何其他的情绪都将被隐藏起来，永远不会对外暴露。

你回想一下，像马克·扎克伯格、史蒂夫·乔布斯或者埃隆·马斯克这样一些人，媒体和电影又是如何描述他们的。他们是充满了叛逆精神的天才，除了工作没有任何其他的个人生活；他们的追求永无止境。但当涉及对他人的关心时，类似的描述就完全没有了用武之地。对他们来讲，公司才是最为重要的，展现出自身的力量并获得成功，这才是一个真正的领导者需要去做的。

在美国人对于男子气概的描述中，在我们有关领导力的文化中，压抑情感作为一种处理情绪的手段已经有很长的历史。很多人把这一做法归咎于在职业发展中经常会遇到的玻璃天花板，因为女性领导者经常会被要求行走在一条钢丝绳上，在这条钢丝绳的两边是作为领导者的力量以及作为女性对他人的关怀，如果她无法做到在这两者之间保持完全的平衡而滑向了任意一边，那么等待她的将是恶毒的谩骂。这样一种做法还常常与自我治疗的行为联系起来，例如酒精、毒品、赌博以及其他能令人上瘾的东西。这也是为什么有如此多的高层管理人员会患有冒充者综合征①，并且感到焦虑和沮丧，这些问题的症结很有可能就是对自身情感的压抑。

这种典型的用"强势和沉稳"来标榜领导者的品质也许在电视剧里会很受欢迎，但对一个真正的领导者来讲，这种品质会让他变得非常糟糕。我曾经很愚蠢地雇用了这样的人并和他们一起工作，但我也因此有机会看到，当领导者将流程凌驾于人之上的时候，人们之间的不信任就会油然而生，因为他关闭了人与人之间进行交流的渠道，或者彻底拒绝了在社交场合中的各种玩闹，他玩弄政治并且完全无视在一些事情里流露出来的人性。所以当这样的事情发生时，我看到一些非常出色的员工选择离开，而唯利是图的人得到了雇用，工作从人们自己想要做的事情演变为因为这是公司的要求所以才不得不去做。

让人感到极其讽刺的是，当你脆弱的一面被公开暴露出来时，这样的事情对一支团队来讲却有着非常正面的效应。一些大学和私人企业在对一些非常成功的团队进行研究后发现，无论这支团队是在技术专业岗位上还是在非技术专业岗位上，无论是在完成技术性的任务还是在完成非技术性的任务，在一段很长的时间里

---

① 冒充者综合征指某个人一直无法相信个体成功是靠自身努力的结果，或是完全不相信个体成功是自身努力或自身技能过硬的结果。——译者注

或者仅仅在几个小时里，与其他任何东西相比，有一项心理上的因素对于团队的表现能够做出更好的预测，那就是心理上的安全感。

如果人们只能在洗手间里哭泣，
那么你就真的有麻烦了

当一支团队的成员在描述他们自己的个人问题，分享自己的错误，并且大声说出这些的时候，无须担心还要承受严厉的批评或者他人评判的风险，他们的工作表现就会显著超越他们的同事。在研究人员已经确认或者评测过的所有的团队特性中，这一点与强大的团队产出以及工作质量有很强的关联度。与一个人的智商、他多年的工作经验、在之前的工作中所表现出来的强项以及研究者曾经设想过的任何一项因素进行比较，当与同事相处时人们感受到的情绪上的舒适度将是一个更好用的、可以预测员工工作表现的指标。

亚里士多德项目是谷歌的一个内部研究项目，研究人员在开展这个项目时首先观察了谷歌内部的数千支团队，然后比较了在这之前的数年时间里由官方记录下来的这些团队的业绩数据，他们得出的结论是，团队成员之间的移情能力以及"情感支持的群体规范"是最好的，同时也是最为一致的可以用于预测一支团队能否获得成功的指标。2012 年，北达科他州立大学的一项研究发现，对社会的敏感度，即"感受、理解并且尊重他人情感以及观点的能力"与团队的优异表现有着非常密切的关联。2008 年，卡内基-梅隆大学的一项研究也得到了几乎完全相同的结论，研究人员将 699 个人分成了不同的小组，每个小组都需要完成一项耗时 5 个小时的项目。《纽约时报》是这样描述他们的研究结果的。

> 让研究者最感兴趣的是，能够出色地完成某一项任务的团队通常在其他所有的任务上也会有很好的表现。相反的是，在某一件事情上失败的团队似乎会在所有的事情上失败。研究人员最后总结道，把那些出现了功能性障碍的群体与一支"好"的团队区分开来的关键因素是团队成员之间的相处方式。换句话说，正确的群体规范能够提升一个群体的集体智慧，而错误的群体规范会让一支团队步履蹒跚，哪怕在这个团队中每一个成员作为一个单独的个体时都是极其出色的。

在这些年里，我在 Moz 以及在其他的专业岗位上，曾多次看到这样的情形在数十支不同的团队中发生。当我们对周围的人表现出关心和信任，并且相信他们也在关心和信任我们时，某种非常值得注意的现象就会出现。此时，集体完成的工作量比集体中所有的个体单独完成的工作量之和还要大很多，而且我们还能获得更好的结果。另外，你还会产生一种奇怪的感觉，就好像我们正在做的工作并不仅仅是一份工作。对单独的某个人来讲，当你在工作中进了一种极佳的惯性状态时，时间就好像在不知不觉间"融化"了，这个时候你往往会获得快速和高质量的进展，同时你还会用"流畅"这个词来描述你的个人感受。对于一支团队，与"流畅"这个概念相对应的就是所谓的"团队凝聚力"，处于这种状态的团队可以让团队中多个不同的个体在工作中表现得就好像是一个整体，他们集中在一起要远比他们各自为战强大。想要让一支团队进入这种群体的流畅状态，团队中的每一个成员都必须有安全感。

麻省理工学院的研究人员艾米·埃德蒙森是最早描述心理安全这一概念的学者，她指出了心理安全和群体凝聚力之间的区别（对于群体凝聚力，研究人员已经注意到，其可能会导致在团队中缺少有益的冲突并引发群体思维）。她是这样写的。

> 这一词语所描述的语境既不是一种漫不经心的随意，也不是一种不受干扰的积极的情绪，而是一种源自内心的自信，他相信没有人会因为大声地说出自己的想法从而让自己处于尴尬的境地，或者在团队中被其他人拒绝或受到惩罚。这样一种自信源自团队成员之间的互相尊重和信任。

不过，埃德蒙森、谷歌以及卡内基-梅隆大学的研究人员都没有给出一个理论来解释为什么心理安全能够成为预测一支团队业绩好坏的指标，但在这里我会给出一些我自己的解释。

我曾看到过的，能够把成功的团队和他们的项目与失败的团队区分开来的线索通常都拥有下面这几个要素。

- 有一个清晰的目标并且对该目标有共同的理解，也就是说，所有人对于"为什么我们要做这款产品，以及我们希望通过这款产品获得什么？"这样一个问题都能给出相同的答案。

- 对于什么是需要完成的工作，以及每个人该如何对这项工作做出贡献会有完全相同的看法，也就是说，每个人都知道该如何回答这样一个问题："我应该做什么，以及我的工作应该如何融入团队中其他人的工作？"

- 相信他们周围的人能够公平地做出一份贡献，换句话说，每个人都相信："如果我尽全力完成我自己的工作，那么其他人也会尽全力完成他们的工作，而我们作为一支团队肯定能够获得成功。"

- 相信万一出了什么问题，他们或者我们一定有能力找出问题的根源，解决出现的问题，然后顺利地渡过难关。也就是说，每个人都同意："哪怕这种方法是行不通的，也并不意味着这就是我的项目／团队／公司以及我的职业生涯的末日。"

- 团队中的任何人和他们周围的人之间都有一种浓厚的友情和亲情，所以团队或者项目中的每个人都会关心他们周围的人，并且还可以从共同的工作经历中获得乐趣。每个人都会这样说："我想为我团队里的所有人做些好事，我很乐意为他们做出牺牲，而且我相信他们也会为我做同样的事。"

我的假设是：你自身的心理安全感以及你周围人的社会敏感度会推动所有这些基本的要素朝着正确的方向前进，反之，缺乏心理上的安全感以及无法感受到周围人对你的支持会把所有这些基本要素推向错误的方向，而后者或许会产生更加严重的影响。

我曾经和这样的团队一起工作过，也许正因为缺乏安全感，团队成员对于一些战略上的举措、对于企业的长期目标、对于自己的工作和结果之间的关系抱有深深的疑虑，但是没有人会大声地说出来。当大家开会的时候我就坐在那里，会上充斥着各种怀疑以及放弃的情绪，你几乎可以从他们每个人的脸上读出这样的情绪。10次中有9次是我或者某一位项目和团队领导者不得不扯出这样的大旗："无论你们怎么做，最后事情都由我来负责。"此时，情形已经表明，除非我们能够将团队中很多人都持有的这种态度扭转过来，否则这个项目或者这支团队就彻底完蛋了。

最近，杰拉尔丁和我与Moz的一位开发人员肯尼·马丁一起聚餐（我们主要是喝酒），马丁既是Moz的长期雇员也是我们的朋友。他最早是在Moz的服务团队中工作，但是在公司里他自学了前端网页开发，然后又接受了我们安排的一些高级程序员的培训，在过去的数年里他成为我们公司最有才能的独立贡献者之一。我们之间可以说无话不谈，从他父亲过世到他的约会再到关于Moz未来的计划。当他告诉我，他已经听说了关于他团队的明年战略计划，但他感觉这份计划并没有经过真正的深思熟虑时，在我的头脑中立刻亮起了一盏红灯。

那天晚上，在接下来的时间里我们又一起去了附近一间酒吧，那里正好有一个冲浪摇滚乐队在演奏圣诞音乐。第二天，我又把马丁请了过来，在整整一个小时的时间里，我们一起非常认真地探讨了新的产品计划。我们过了一遍整体的目标，与每个目标相关联的具体工作，以及所有的要素如何才能互相配合在一起。马丁问了很多问题，其中触及了一些我从未想到过的盲点，所以我们两人都为此而感到非常兴奋。这次的矛盾从最初的"我不认为我们明年有一个很好的、可行的计划"变成了对于我们两个人、对于这个项目本身以及从更加宽泛的角度来讲对于整个公司，都是一次非常积极的体验。

正因为你的企业具有创造性的、透明的以及健康的冲突能力，所以你才能够推动一个更好的计划，而你的员工在工作中才会有更好的情绪。当马丁和我都对这个计划感到满意时，我们就可以让其他人也参与进来了。当团队中所有人都和我们一样感受到了一种积极的、兴奋的和充满希望的情绪，并且他们知道他们完全可以公开地表达自己的疑虑或者展开批评时，他们也就没有必要再隐瞒那些负面的情感，或者在表达这些负面的感受时需要冒着与他们的同事或者经理站在对立面的风险，这样的话你的计划和工作的质量也就能得到明显的改善。

这里我给出一些专业的建议：在团队成员都在场的情况下，公开地表达自己的疑虑是一件很困难同时也很尴尬的事情，对于那些比较内向或者之前没有和一支团队一起工作的经验的员工更是如此。如果我愿意花时间和他们在办公室里一对一地进行交流的话，那么我往往会非常幸运，我可以和他们一起仔细地探讨相关的计划，询问他们的反馈、他们存在的问题以及他们的担忧。是的，没错，这样做会花很长的时间，但这也意味着当你走进会议室和他们坐在一起的时候，或者开始埋头工作的时候，那些可能存在的重大的冲突已经被认真地考虑过并且已经得到了解决。这样做并不仅仅是为了团队中的项目贡献者，也是为了团队的领导者和经理人。在一个群体面前，为你的想法和计划进行辩护是一件非常让人不舒服的事，而且在这样的过程中公开地承认你的过错或者不足会难上加难，更不用说在这样的交流过程中做出相应的改变了。但是，当你进行一对一的交流时，做出上述这些改变就会容易得多。另外，在你提出或者开始实施一个最终的计划前，如果你能通过一对一的交流知道每个人都在担心什么，那么对于这样一个计划你就会更有信心了。

伊丽莎白·施密特是一位在西雅图为很多创业公司提供咨询服务的顾问，她从生物学的角度提出了一个相关的理论，即在工作中如果压力过大的话会对一个人的情商起负面作用。当面对一个复杂的技术问题时，如果在一起工作的小组成员的产出并不是基于他们每个人的智商或者毅力（这一点和个体的成功密切相关，但是在一个群体中就不再成立了），而是基于他们的创造力以及对问题的共同理解，那么缺乏安全感和信任会阻碍这个小组获得成功就很容易理解了。

在这里，真正有意思的是关于心理安全的微妙之处，正如埃德蒙森所阐述的，这与所谓的"不受干扰的积极的情绪"没有关系，更多涉及的是你能不能在一种让人感觉很舒适的环境中随意地大声说出你自己的想法、进行反驳、质疑并且进行批评或者表达担忧。

我当然也有过这样的经历，我能感受到那些就在我的身旁和我一起工作的人对我表现出来的冷漠、疏远，以及他们根本不懂得如何设身处地为我或者他们身旁的同伴着想。但是，直到我发现并且开始应用这项研究成果，我根本就没有意识到这样一种心理状态会对我们团队的工作质量造成多么大的伤害。现在回想起来，我仍然能记起会议上那些让人感到尴尬的场景以及毫无必要的争吵，但至少我很清醒地知道，在工作中我自己对团队的贡献并没有因此而减少，或者我的工作质量因此受到了影响。

另外，当我重新审视那些在我的职业生涯中给我带来了意义深远且有重大影响力的高质量成果的团队时，我总是能清晰地回忆起在那些团队成员之间自然流露的友情和关爱。有时候我们相互之间的关系就是从建立友谊开始的，而有的时候我们原本就互相熟识，但更多的时候我们是陌生人。无论是哪种情形，我都能回忆起我们首先是从了解对方，而不是从熟悉工作开始的。在我的记忆里依然历历在目的是在办公室以外的各种交流，和工作完全无关的温馨的对话，一起去喝咖啡，或者一起喝酒，或者在没有任何事先安排的情况下一起去餐厅吃饭。我想这里肯定存在着某种非常类似于化学反应的东西，当人与人之间形成的个人关系超越了他们因工作而形成的关系时，这样的东西就会出现。我们培养了对批评的容忍、对错误的接受、对个性的欣赏。这就像是一道需要很长时间炖煮的菜，在刚开始炖煮的时候，所有的味道还各行其是，这样的东西根本就没法吃。但是，在火炉上烹煮了几个小时以后，所有的东西都已经软烂并且还混合在了一起，当这道菜最后被端上来的时候，你眼前的东西好像被施了某种无法描述的魔法。

什么是安全，什么又不是

当我向 Moz 的团队倾诉我对于杰拉尔丁患上了肿瘤的恐惧和悲伤时，我从来没有想到过这件事会和我们的工作或者我们企业的效率有关系，但是这两件事好像确实是有关联的。在一个无法充分确保心理安全的环境中，我也许会在披露如此私密的个人信息时感到非常不舒服，而且在一个不是那么友善和互相关爱的地方，我的同事几乎不可能用如此明确的方式聚拢在我的周围。

幸运的是，类似这种在团队成员之间发生的对某个人进行深度安慰的场景在 Moz 还有很多，让人感到惊讶。

几年前，我们启动了一个"午餐和学习"计划。在这个计划中，全公司任何一名员工都能在午餐时自选主题进行演讲，演讲的主题可以是技术性的，也可以是与激励相关的话题，或者谈论应该如何度过自己的假期，自己有什么样的爱好，等等，当时我就是在这个时间段里宣布了杰拉尔丁患上了肿瘤的消息。有一位 Moz 的工程师，她的名字叫莫拉·哈贝尔，她在这个交流时间段里讲述了她变性的过程。她制作了一个演示文稿来具体描述她在成为一个女孩的过程中曾经历过的一些重要环节：个人的情绪、医疗安排、资金的需求以及家人的反应。那天，她站在数十位 Moz 员工的面前，详细地解释了这一不可思议的、改变了她整个生活的决定及过程，然后她泰然自若且非常优雅地接受了各种提问。

在她展示的所有幻灯片中，其中有一张是我最喜欢的，甚至我认为以后或许再也不会有我更喜欢的图片了。哈贝尔在这张幻灯片上放了一张仙女的照片，这张照片来自电影《灰姑娘》，幻灯片的标题是"2008年6月3日，神奇的一天"。幻灯片上有一支箭头指向了仙女，上面的旁注是"史蒂夫·鲍尔默"，而另一支箭头指向了仙女手上拿着的魔法杖，旁边的说明是"微软变性手术福利"。哈贝尔解释道，当她还在微软任职的时候，作为当时微软的总裁，史蒂夫·鲍尔默提出把变性手术和激素治疗纳入公司医保计划。这太令人震惊了。

在和我一起长期工作的同事中，哈贝尔是第二位有着这样经历的人。我既惭愧同时也很自豪地承认，她的公开和透明使得我对于这一话题变得更容易接受，观念上也变得更加积极，且与之前相比对这方面的知识更加了解。知晓Moz能够让自己的员工以这样的方式分享他们自己的经历是非常鼓舞人心的，而且还非常有意义。

几年以后，马克·米姆斯在另外一次"午餐和学习"交流中站在了全体同事的面前。米姆斯是一位工程师，他是在一次收购中加入Moz的，他和大家分享的是他儿子的故事。米姆斯来自华盛顿州斯波坎市，那是一个非常保守且宗教氛围非常浓厚的城市。他解释道，当他的家人知道了他的儿子克里斯对外宣称自己是同性恋时，家里的很多人根本就不愿意接受他的儿子。米姆斯自己也为此纠结了很久，他现在还为他当时所经历的恐惧和不安感到羞愧，但正是对于这些情感的描述使他的演讲有了一定的深度，并且在听众中引起了共鸣，而且也正是这个原因他的演讲打动了我。当演讲结束的时候，米姆斯感谢了他的儿子克里斯，这让我们大家都大吃一惊，因为克里斯不但帮助米姆斯准备了他的演讲文稿，而且他本人还正和我们大家坐在一起，我们所有的员工居然不知道这一点。我上前和克里斯握了握手，然后拥抱了米姆斯，当时我的眼眶已经含有泪水。

相反的是，在我们公司最困难同时也是业绩最差的那一年，当时发生的一件事几乎可以非常完美地归到企业机能失调这个类别。

我想你肯定还记得在第十章我曾提到，我们当时雇用了一位有性别歧视的经理人，尽管这个人被提拔了好几次，但是他的行为给公司带来了很大的伤害而且还被政治化了。他很随意地（但也很小心地）骚扰和他一起工作或者靠近他的年轻女性，但可悲的是，我是在他离职后才发现他曾对自己的同事说出非常轻佻和不恰当的言辞。当我在私底下询问那两位被他性骚扰的女性，为什么她们从来没有向她们的经理报告这件事或者向公司的人事部门投诉时，我得到了这样的回答："因为我认为没有人会在乎这件事，因为事实就摆在那里，无论怎样他都获得了晋升。"

正因为这两位女性没有心理上的安全感，所以她们对这个经理人的行为没有做出任何反击，而且出于同样的原因，她们也没有将这件事汇报给 Moz 的人事部门。就这样，整件事情开始不断地酝酿并最终变质，其结果已经远远超出了承受他的恶劣行为的那两位当事人的想象。在没有人知道已经有人因为这个家伙伤害性的言辞或行为而与其发生冲突的情况下，他的负面行为已经像癌细胞一样到处传播。尽管受到他的负面行为影响的人想让整件事情在部门内部消化掉，但他们的反应实际上把这件事情的影响放大了，最终这件事以一种很难描述的方式伤害了员工的积极性以及他们对公司的信任。

　　你很难将这些个人的、情绪化的经历与公司的产出或者工作的质量有逻辑性地联系在一起。分享有关大脑肿瘤的悲情，叙述因变性而导致的尴尬或者接受孩子的性取向，是不是真的会影响到我们的软件向客户提供的价值，或者影响到我们的市场营销活动呢？又或者在分享个人内心冲突时所产生的不舒适感，以及害怕因为大声地说出受到骚扰而遭到报复，真的会对上面所说的那些结果产生负面的影响吗？按照专业机构的研究以及我们的经历，我们对此的回答是，没错，确实如此。

　　当人们在一起工作的时候，团队的业绩并不是由个体的才能或者某个人的出色贡献来决定的，而是通过团队成员之间进行的复杂互动获得的。在分享有关我们的工作、队友以及私人生活中的冲突和担忧时，我们表现出来的个体的脆弱性和透明度会让我们拥有一支真正强大和成功的团队。当信息的不透明、秘密、团队成员之间交往的不舒适感以及对一些行为的恐惧笼罩着一支团队的时候，所有这些因素甚至可以使那些由最聪明、最有才华的个体组成的团队变得毫无建树。

第十六章
自知之明的力量

当需要改变的是其他人而不是他们自己时，人们会欢迎发生这样的改变。但当需要改变的是他们自己时，人们又会痛恨这样的改变。

——里奇·诺顿[1]，2016 年

我不会把时间浪费在郁闷上，如果你不高兴的话，你应该改变你正在做的事情。

——马克·安德森[2]，1998 年 4 月

---

[1] 里奇·诺顿是 Global Consulting Circle 的创始人，他也是畅销书《要成功，先发疯：实现梦想，从做一件傻事开始》的作者，他还是企业成长以及个人发展领域的知名咨询师。——译者注

[2] 马克·安德森是著名的风险投资公司 Andreessen Horowitz 的共同创始人和普通合伙人，他也是互联网最早的浏览器 Mosaic，以及后来的网景浏览器的开发者。——译者注

2014 年 9 月，我们在 2012 年进行的那一轮融资的投资人布拉德·菲尔德邀请我去主持在科罗拉多州丹佛市召开的 Foundry 集团的年度 CEO 峰会。我在 7 个月前已经卸任了 Moz 的 CEO，但显然因为我上一年主持峰会的反响相当不错，所以他们又邀请我来担任主持人。我仔细地研究了所有 CEO 提交的需要进行讨论的话题，选择了相应话题的现场主持，制定了会议的日程，然后和 Foundry 集团的员工一起安排了相关的后勤活动。峰会上讨论的话题覆盖面非常广，包括销售补贴、市场营销策略、工程最佳实践、合作机会、企业并购以及融资等。

当一整天的会议结束的时候，参加会议的 CEO 都聚集在了万丽酒店下面的大会议室，所有人呈半圆形围坐在菲尔德的周围。现在由他主持最后一个环节，这个环节的名字叫作"成为一个 CEO：个人奋斗，工作和生活的平衡，以及情绪健康"。

当这个环节开始的时候，菲尔德问会议室里所有的 CEO，在他们任职 CEO 期间他们是否曾经有过严重的焦虑、压抑，或者其他情绪上的抑或是心理上的失常，如果答案是肯定的话，那么请举起手来。除了两个人，其他人都举起了自己的手。

也就在这个时候，我整个人一下子轻松了起来，这种感觉是如此强烈以至于我坐在椅子上几乎哭了出来。我原以为我是很孤独的，我不过是一个脆弱的前 CEO，因为无法处理在工作中产生的紧张和压力，从而陷入了抑郁，也因此失去了自己的工作。但是，那些举在空中的手让我意识到我一点儿也不孤独，事实上我是一个相当大的群体的一分子，至少我是眼前这个群体的一分子。从孤独和羞愧到发现自己只不过是很多同类中的一员，这种心理上的转变永久地改变了我对于抑郁症以及围绕心理失常现象的各种污名化的看法。

我并不孤独，你也同样如此。

对我来讲，确切地知道我是什么时候得的抑郁症是一件很困难的事，我并不知道具体的症状是什么或者应该注意些什么，我只知道我最早应该是在 2013 年的 5 月开始表现出一些相关的症状和倾向。但是直到 2014 年的夏天，在一位临床医生兼教练的帮助下，我才认识到并且把这些症状称作"抑郁"。

我的性格有点儿内向而且还偏向于内省，但是在社交场合我没有任何障碍，而且还很容易和人交朋友。如果在 2013 年之前我们有缘相见的话，你很可能会用"友善""幽默""很容易接近"这样的词语来描述我，甚至你还可能会使用"乐观"这样的词语。但如果你在我陷入抑郁的那段时间里和我相处一段时间的话，那么你看到的将是一个截然不同的人。

最为明显的是，那个时候，我在工作上变成了一个非常好辩的悲观主义者，我相信我的职业生涯中的一切，包括 Moz 都很可能已经走错了路。我责骂我的行政团队、员工、投资人、合伙人甚至客户，正因为有他们的存在，我们所有的事情都被搞砸了，而且我还非常失望，正是我周围的这些人让我们走到了今天这一步，所有那些获得积极进展的迹象都是假的而且很快就会被证实。

我在关于搜索引擎优化或者网页营销的会议上进行发言已经有很多年了，当我发言结束的时候，常常会有很多人等候在台下，希望能当面向我提问，或者与我聊一聊我演讲中的某些细节。当时，我的悲观情绪已经很强烈了，当有人上来告诉我他们对 Moz 很有好感，并且在过去的几个月或者几年的时间里已经是 Moz 的付费客户时，我会花好几分钟试图说服他们改用我们的竞争对手的产品，我的理由是我们的产品缺少一些功能或者在数据集上比其他公司做得差，所以我们的产品现在已经很羞愧地落在了其他工具后面。

处于抑郁状态的菲什金是很傲慢的。他相信他对于这个世界的黑暗的描述是完全正确的，而且任何人说的话或者做的事都无法让他改变自己的想法。他自我怜悯，他相信他以前做出的决定和犯下的错误已经形成了某种让他无法控制的因素，正是这些因素阻碍了公司在未来获得进步或者发生改变。他沉湎于痛苦之中，当事情真的出错时却给他带来了某种愉悦和满足，因为这一切不正好证明了他的预言是正确的吗？

也许，在抑郁症对我的智力和推理能力造成最严重扭曲的时候，我曾建议那些质疑我的负面情绪的人去了解一些有关"抑郁现实主义"这方面的研究。雷切尔·阿德尔森在给美国心理学会科学理事会的一篇文章中是这样描写的。

在过去的数十年里，心理学家认为，患有抑郁症的人存在着一种扭曲事实的倾向，而且与没有患抑郁症的人相比，他们对于自己的生活有着更加负面的看法。但是，心理学的研究一直显示，这种心理模式还有一种非常奇怪的例外，即患有抑郁症的人在判断他们对于事件的控制能力时往往比那些没有患抑郁症的人更加精准。

我将这一现象转述给了我的同事、我的董事会成员甚至我的妻子。我是这样说的："看，我能够很清楚地看到问题的根源，而且我知道所有的事情已经是无可救药地糟透了。"

抑郁症还影响了我的身体。我患有椎间盘突出已经有很多年了，在 X 光片上看到自己的情况会特别让人感到不安，因为我的脊柱在 X 光片里看上去就好像有人把锤子和凿子放到了脊椎底部的关键点上。那个突出的部位压迫在我的坐骨神经上，而这条神经又沿着我的左腿一直向下延伸。如果我不是非常信赖理疗练习，而是在我坐下的时候使用腰部支撑（即便在炎热的夏天，我也几乎总是会带一条围巾来帮助支撑腰部），那么我的腿就会出现痉挛和收缩，这会让我的腿出现刺痛并影响我的走路。在我的抑郁症发病期间，我的腿、坐骨神经以及背部问题最严重的时期。我经历了钻心般的刺痛，当所有的肌肉出现无法控制的收缩时，我的踝关节和小腿几乎无法动弹。

还有睡眠。如果有人告诉你牺牲睡眠进行工作是你的荣耀，那么这个人肯定患有失眠症。数据是非常清楚的，只有不到 1% 的人每晚的睡眠时间可以少于 6 小时，而绝大多数的人至少需要 7 个小时的睡眠。我还记得，连续有好几周的时间，我已经非常疲劳，筋疲力尽，工作效率极差，在会议上我几乎睁不开眼睛，我很紧张，而且还喝了过多的咖啡，很容易就陷入非理性的愤怒。但是当我爬上床的时候，那个可怕的"循环"就会再一次出现，脑子里反复不断出现的是又有多少事情让我给搞砸了，而这些事情显然是永远也无法在事后进行弥补的，以及因此我和我周围所有的人又会错失多少美好的事情和机会。

就在我陷入伤心和痛苦的时候，我和莎拉·伯德谈了她接替我的CEO职位的可能性。伯德成为Moz的首席运营官已经有很长时间了。2007年她加入Moz，当时我们刚好完成第一轮融资，而她是我们的首席法律顾问。当时我们的公司还很小，根本就不需要雇用一位全职的律师，但是伯德在公司的所有部门都证明了她的价值。她很聪明、人又灵活，而且愿意为了达成项目尽自己的全力，另外她总是把企业利益放在她个人利益之上。她清晰的思维和冷静的理性很好地平衡了我当时对业务采用的那种更加疯狂的和情绪化的方式。在她入职后的几个月里，我们就把她提拔为运营总监，接着又把她提拔为首席运营官，在2013年她再次被提拔为公司的总裁。在2012年的那轮融资完成后，我的母亲米西格决定不再担任董事会的职务，所以我们又要求伯德来接替她的位置。

我相信伯德可以成为一个非常出色的负责运营的CEO，而且随着我们在市场上变得越发成熟，Moz已经不再像以前那样迫切地需要我对这个行业的洞见，以及我拥有的能够影响这个行业的专业技能。2013年11月，我和布拉德·菲尔德通了电话，然后我们两人同时决定让伯德来接任CEO。我认为菲尔德已经认识到，以我当时的状态，我已经不再具备Moz在当时所需要的领导力。我的抑郁症已经让团队的士气受到了打击，而且我的一些决定以及我在"Moz数据分析"这款产品上的失败已经让Moz在过去的7年里首次出现了增长速度放缓的迹象。

伯德以其特有的谦逊、优雅和激情接受了这个职位。2014年2月，她正式成为Moz的CEO，而我转变为了现在这样一个角色，即作为一个独立贡献者，向公司的产品、工程以及市场营销团队提供顾问服务。

我的抑郁症并没有因此而消失，尽管不再担任 CEO 减轻了某些方面的压力，而且我也不再需要花很多时间在工作上，但我很快又用更多的会议、内容方面的项目以及外部工作来填充我多出来的时间，其中我的外部工作包括向一些非营利性的机构以及 Foundry 集团旗下的子公司提供一些无偿的搜索引擎优化方面的建议。

2014 年的情人节，我让自己变得非常非常兴奋，尽管在某种程度上这并不是故意的。西雅图最近已经把娱乐性的大麻合法化了，有几个朋友带来了一些加了料的巧克力松露，这东西是含有大麻的，我尝了很小的一块，但几乎没有什么感觉，所以我又吃了一块。在接下来的 6 个小时里，我的大脑就像融化了一样，这让我非常紧张而且还非常尴尬。我无法和我的朋友进行交谈甚至连杰拉尔丁也感觉到了异常，我就这样一直坐在客厅里，根本不想离开我身下的椅子。我非常渴，但是我又非常担心会把水洒在自己的身上，那样的话所有人都会笑话我，所以我就坚持坐在椅子上一动不动。尽管嗓子干得实在有些受不了，但我还坚持强忍着，同时我的眼睛盯着墙上的钟，有些疑惑地问我自己为什么那根分针居然会花那么长的时间才跳动一格。

那样的社交场合当然不可能很完美，但那天晚上我睡得像死猪一样。我一直睡到第二天下午 1 点。在接下来的两个晚上，我又能正常睡觉了。我的腿不再疼了，我的头脑非常平静，我没有再一次地陷入各种工作上的问题以及重复失败的怪圈，我感觉我获得了自由。

当那一周将要过去的时候，我的腿疼和那种怪圈又回来了，我又回到了抑郁的状态，但是与之前相比情况有了很大的好转。我那时已经有了一种模糊的感觉，那就是，我放不下我工作上的问题、我的坐骨神经痛、我的失眠以及那种好像陷入了一个怪圈的感觉，所有这一切都是互相关联的。如果我不再纠结 Moz 曾经的失败、我个人的失败，那么我肯定能够好好地睡上一觉，而这一定能够帮助我减轻腿上的疼痛、调节日常感受、提升精神状态并让我对未来有一个更积极的看法。

也就在那个夏天，我的情况不断地好转。Moz 的状况也同样在不断地变好。在伯德的领导下，因为发布"Moz 数据分析"这款已经失败的新产品而造成的用户流失得到了缓解，公司再次走上了增长的轨道。Moz Local 这款新产品在发布后获得了巨大的成功，我们又开始聘用新人。在感到事情逐渐稳定下来后，我再一次向后退了一步，重新把精力集中在我擅长的事情上——撰写博客、演讲、制作演讲幻灯片和视频、对产品策略提出自己的看法。我的睡眠得到了改善，我的腿不再那么痛了，我的言辞里也不再有那么多负面的东西。

但是，把我从抑郁症的深渊中拉出来还需要一些其他的东西：我采用的方式是通过写作把压抑在心底的东西发泄出来。就在 Foundry 集团在丹佛召开 CEO 峰会的前一天晚上，我在博客上发表了一篇文章，题目叫作《终于要过去了，痛苦而漫长的、患上了抑郁症的一年》。在写下了这样一篇文章，并且在第二天又看到了满满一屋子非常有实力、非常成功且都有风险资本在背后支持的 CEO 公开承认，他们自己也会有这种情绪混乱的状态后，我过去一年所经历的、可怕的、能够压碎灵魂的旅程终于就要到达终点了，我希望我今后永远不会再有这样的体验。

我无法告诉你如何才能治好你的抑郁症，同样，对于如何才能拯救一家已经失去了控制的企业，我手上也没有任何秘方。

但是，我能告诉你的是我们并不孤独，这条对我有效的路，这条让我获得了自知之明并且开始积极地管理自己心理健康的路，对你和其他人同样有效。

在这样一条路上，你根本就不应该去考虑如何为自己设定一个特定的目标或者确定一个有限的终点，正是因为明白了这一点，它一次又一次地引导 Moz 和我找到了更大的希望以及前进的方向。在这条路上，你体验的是一段不断向前延伸的旅程，是一种对你自己的投资，随着你不断迈出向前的脚步，你会逐渐获得一种对自身的感悟，或者说渐渐地有了"自知之明"。

抑郁症对我来讲是一种催化剂，它促使我去寻找专业的治疗和专业的指导，而这样的事情是我在之前的职业生涯中从来没有接触过的。菲尔德向我介绍了杰里·科洛纳，他是初创企业领域一位非常有名的创业导师，而且他还曾是某家风险资本的合伙人。他比绝大多数人都更清楚创业者所承受的压力和痛苦，并且对那些因自身的心理健康而影响到其他人的创业者有着深刻的同情（通常 CEO 和创始人的心理状态会对其他人有很大的影响）。

科洛纳和我在一起合作了超过一年的时间，一般我们每个月都会通一次电话来讨论工作、个人生活以及我脆弱的情绪状态。从他的身上我学到了大量关于如何管理一个人自身的心理状态以及如何实现自我认知的知识。

首先而且最重要的是：没有人对"自我"有真正的认知。同样地，没有一个创始人能够完全彻底了解他自己的公司。

我们中的有些人与其他人相比会对自己有更多的了解。我们很清楚在过去是什么影响了我们的情绪状态，是什么推动了我们采取行动并设定今后的目标，为什么我们会坚持我们的信念以及核心信仰，我们的过去、成长过程以及经历又是如何塑造我们自身的，还有我们当下正处于一种什么样的状态（健康或者不健康）。所有这些信息实际上都排列在了一个特定的频谱上。在频谱的一端是我的父亲，他是一个情绪非常不稳定的人，他可以在前一分钟还深深地爱着你，但是在接下来的那一分钟里就会精神错乱般地爆发出无名之火。对此他自己也不明白这是为什么，而且他根本不想控制自己的情绪爆发或者向外寻求帮助。但在这个频谱的另一端是科洛纳，他很清楚地知道是什么在推动着他，他每天都会花一定的时间来分析自己的行动以及各种反应，他是一个真正的研究人员，研究他自己就像是在研究另外一个人一样，他始终在追求自我认知的另一个境界，但永远不会对达到下一个境界需要进行的远足而感到不满。

想要在这样一个频谱上取得进步，我们不得不接受一个现实，即所有我们自以为是的、关于我们自己的东西或许并不是真的，我们要有勇气去质疑我们自己的信念，并且在没有任何预设前提的基础上重新开始。我很喜欢乔纳森·库梅博士在他的博文中对"理性诚实"所做的描述。

一个理性诚实的人会遵循事实，而无论这一事实会引发什么样的结果，即便这一事实会让他感到很不舒服、会有各种麻烦，或者会影响到自身的利益。

　　对你持有的各种偏见来说，自我审察中充满了机会和激励。我们更愿意相信我们呈现在大众面前的最好的一面，但我们还知道，很多时候，如果我们的自我价值和核心理念的支柱受到攻击，那么这样的攻击行为必然会引爆一个庞大的心理防卫的雷区。这是我们成长的道路上必须克服的障碍，不过说起来容易做起来难。

　　同样的道理也可以用于你对于自己在创业这场冒险中表现出来的强项和弱项的理解。你往往会用自己的理论来解释为什么这个策略是有效的而另一个是无效的，你会把原因归咎于某些市场力量的组合作用，或者采用了糟糕的策略，又或者执行的速度太慢了。但是，十次中有九次，你的这些观点都是基于你的直觉和推测，正是这些同样的偏见让你对真正的自我视而不见。

　　我会了解这些是因为我自己就曾亲历这一切。在科洛纳的帮助下，我沿着这条路开始了我自己的探索，而且我相信我已经有了些"自知之明"。带着这样一种自信，我开始从我在 Moz 经历的所有事情中吸取教训，这样做不但是为了 Moz 的未来，而且还让这本书的出版成为可能，我也因此重新恢复了理智。我知道，我想要的是通过一次大规模的并购或者首次公开募股让 Moz 获得成功，我还知道这样做是为了获得其他人对我的认同，是为了获得真正的影响力和财富，还有能够回馈这个社会的能力。但是，当我剥离了所有这些设想时，当我放下了那些在我踏入社会后我告诉自己的故事时，当我真正做到了"理性诚实"时，新的故事也就逐渐拉开了序幕。

让我来告诉你接下来的故事吧。

我想让 Moz 有一个很好的退出，也就是所有人都会谈论的那种退出。

当然，我有很多不同的理由，但哪一条理由对我来讲才是最重要的呢？有什么样的理由会让我拒绝一次可能的收购案，即便所有其他的条件都已经谈妥？也许秘密收购会是理由之一，尽管这是一种非常不现实的可能，但如果收购 Moz 的价格极其惊人，只是条件之一是必须对这次收购案进行严格保密，我永远也不能撰写有关这笔交易的故事，没有任何媒体会对这起收购案进行报道，甚至在博客上也不允许对这件事进行讨论，那么出于对这种不透明性的厌恶，也许我会反对这样的收购。我并不是一个很清高的人，但我有非常严重的冒充者综合征。在我的内心深处，我相信我的职业生涯以及我的公司很可能只不过是一次意外的结果，这是一种我不该获得的成功。我很恐惧我永远也无法重复这样的成功，而这也是为什么，即便所有的机会、创意以及潜在的投资人就在我的面前，尽管有一些非常出色的人对我说，无论我接下来想建立什么样的企业他们都会非常乐意加入我的团队，但我依然极度害怕辞去现在的工作并重新创立一家全新的企业。万一我没有能力再创立一家新的企业，因为我根本不知道该如何创立一家新的企业呢？这就是为什么公众的赞誉、财务自由以及"创立一家成功的企业并把它带到终点"这样一些选项会对我如此重要。

承认这一点是很令人尴尬的，而且我对于让这本书印有这样一段文字出版实际上也是非常害怕的。

当你发现关于你自己的真相时，或者发现关于你的公司的真相时，你就会产生同样的感觉。我们隐藏起来的关于我们自己以及我们企业的真相将会一直不为人知，因为我们把这一切都埋藏在了一层接着一层的内疚和羞愧、恐惧和自我厌恶之中。

但是，当你把所有这一切都重新挖掘出来，揭开蒙在上面的黑布，举起手中的镜子，面对那些将因真相而受到冲击的人（你的团队、你的家庭、你的合作伙伴）承认所有这一切时，或者在公众场合承认这一切时，它们对你的束缚就会减弱，并随后开始崩塌，但这一切很可能是你最害怕去做的。当我向自己承认害怕自己会成为一个骗子，害怕自己只有这样一次幸运的机会，害怕这只不过是一次偶然的冒险，并且正是这一切才让我产生了偏见时，我才真正摆脱了恐惧对我的束缚。今天，如果有人告诉我，这是一次秘密收购，我不能在任何场合对这次收购进行谈论，我已经能够欣然接受了。我想我已经准备好去创立另一家全新的企业，向所有人证明我有能力这样做对我来讲实在是太重要了。我是一个怀疑自我的人，其他任何人对 Moz 的将来的看法实际上无关紧要，至少对我来讲就是如此。

专业提示：当你基于你新发现的知识对某些行为进行投资时，绝对不要尝试去控制你投资的结果，关注行为本身就已经足够了。这样做无论对于你的创业公司还是对于你的情绪健康都是正确的。

因为，即便我们竭尽所能，我们也永远无法控制结果。我们真正能控制的只有我们自己的行为，但有时候正确的行为往往能够引导出我们想要的结果。认识到这一点是非常关键的，因为很多人包括很多企业奖励的往往是结果而不是行为。但如果结果并不是人们所期待的，这样做往往会导致对好的行为进行惩罚，哪怕影响结果的因素是完全不受我们控制的。这样做还可能强化一些坏的行为，因为即便是坏的行为也有可能引导出一个好的结果，哪怕结果并不一定和这个行为有必然的联系。

当我还没有摆脱抑郁症的时候，我曾尝试过数十种不同的策略来寻求一个解决方案。我尝试过体育锻炼，体验过针灸。我接受了按摩治疗，其中就有头部颅骨按摩（这种方式很奇怪）。在我的针灸师的建议下，我还尝试了中医汤药。我去诊所，给自己放假。每周有一个晚上我不让自己接触计算机（在我的日程安排中，周五的晚上现在依然被标记为"无工作夜"）。另外，我还做了理疗，学习了冥想，并接受了念力的训练。

每当我尝试上述的某一种方法时，我都能感觉到这种方法对我来讲是完全无用的（换句话说，这种方法无法让我在几个月的时间里重新恢复到我以前的状态），所以我会果断地放弃，因为这显然不是我想要的方式，接着我又会去尝试另一种方式。我可以肯定你也曾经有过同样的经历，有可能是当你尝试减肥的时候，或者当你恋爱的时候，或者当你不得不去完成一个很大的项目的时候，又或者当你需要帮助你所爱的人度过一段艰难的时光的时候，或者当你想创立一家企业的时候。

你还记得我们在前面曾经提到，针对你的强项和你的受众，在正确的市场营销渠道以及战术上进行持续不断的投资，这样的做法几乎在所有的情形中都要优于增长骇客的做法吗？同样的道理也可以应用于你的日常生活。你不可能永远只用一种或几种方式来转变你个人的心理状态，并同时长期管理你的情绪和心理健康。在这里，"我患了抑郁症，但是在我安装了这款伟大的念力训练 App 后，我现在正在教导我的治疗师如何才能过上幸福的生活"，这样的故事实际上和下面这个故事没有丝毫的区别，"我迷上了 In-N-Out 汉堡以及 Pixy Stix 巧克力棒，而且对于草莓派我也已经完全无法自拔。但是在我把所有的饮食都替换成食物替代品以后，我现在已经是一台瘦小的、体型匀称的、被几行代码一压就会倒下的机器"。

当你对某个行为进行投资时，你应该"只针对"这个行为进行投资，并且基于该行为的强项和弱项、成本和回报进行评估。鉴于"无工作夜"没有解决我的抑郁问题，所以在接下来的半年里我没有再这样做了。当我获得了"行为比结果更重要"这样一个启示时，我再次恢复了这一做法，同样我也恢复了理疗和日常的锻炼。但是我没有再继续进行念力训练、冥想训练、针灸以及汤药的治疗。

同样地，在 Moz 我们也开始对我们相信是健康的行为进行投资，即便这些行为带来的结果并不总是正面的。我们会首先在内部发布最简可行性产品，然后对其进行迭代直到它们可以从行业内具有影响力的人士那里赢得赞誉，这种做法在一些项目上获得了非常好的效果，而在其他的项目上效果很一般，但我们依然对这种做法进行了投资。相反，我们发现绩效考核对我们来讲是一种几乎没有任何用处的行为，即使有时候这一行为可以和一些正面的结果发生关联。

对不同的人和不同的公司来讲，某些行为是不是有价值，答案可能是完全不同的，但是，对于行为本身的评判几乎总是遵循如下的模式。

- 除了任何与行为有关联的结果，行为本身还需要能够带来回报和成就感。
- 行为本身必须与你的核心价值相匹配。
- 行为必须能够逐渐地转变为一种习惯，并且随着在这一过程中遇到的障碍逐渐减小，行为被接受的程度至少可以缓慢地不断增大。这里所说的行为障碍是指当你第三十次重复这一行为时，你会发现这样做要比你第二次重复这一行为更加容易。
- 行为本身有一种正面的、可以衡量的、在因果关系上产生的影响，即便这种影响非常小。
- 在行为本身和不断出现的负面结果之间不存在任何清晰的因果联系。

对行为进行投资的关键是对行为本身，而不是对结果进行奖励。

当我在我的治疗师、我的妻子以及我的朋友的帮助下，在一个很清醒的状态中与抑郁症抗争时，如果此时有人告诉我某一个"方案"能够解决我的问题，我反而会认为这个方案绝对不会给我带来什么好处，这又是为什么呢？因为，每当我尝试其中的某个"方案"并再一次经历失败时，我会失望地从"解决方案"的清单上划掉这个方案，然后更深地陷入对前途的迷茫。

在减肥的过程中，这种现象经常会出现。对有些人来说，节食和体育锻炼在一段时间里会有效果，但是随着身体不屈不挠地抵制体重的进一步减轻，这两种方式会逐渐地不再有效。脂肪细胞的工作方式对所有人来讲并不都是相同的。一个人的体重越大，他的身体对于通常的燃烧卡路里的抵抗力也就会越强。私人教练、节食专家还有医生，另外最糟糕的是，你的朋友以及家人都在责怪你缺乏毅力，但他们并不了解那种持续性的、压倒一切的饥饿感给正在减肥的人带来的身体和精神上的折磨。

在类似的案例中，羞愧和失败的感觉所起到的作用是完全相反的，这就像是在目标驱动和行为驱动之间所进行的对比。人们通过长期的研究发现，对行为本身的认可和奖励要远比对体重减少的数值或者肌肉与脂肪比例的奖励更加有效。当我们把这件事当成是一项工作而不是一个目标时，我们会发现，最终的结果会有非常明显的改善。当奖励与结果发生联系，而不是与行为本身相联系时，又会发生什么呢？对于这个问题的答案，在行为科学领域有大量的研究数据，其中就包括了如下这些行为：欺骗、破坏规则、博弈系统以及忽视他们自己与周围人的安全等。

上面这些案例所揭示的真相既典型又清晰。当我们不再沉迷于我们有能力控制事情的结果这样的神话，转而关注行为本身时，我们就有了一种可以用来与消极和焦虑进行抗争的强有力的工具。这才是上天赐予我的礼物。

很长时间以来我都在担心我的抑郁症复发，而这样一份来自上天的礼物对我来讲意味着我终于可以摆脱这种恐惧给我带来的负担。在我的抑郁症被治愈后，差不多有一年多的时间我一直都在害怕这种病会复发。这种恐惧源自我们对事情的发展缺乏一种可控的感觉。我并没有一种能够马上起作用的清晰的解决方案，只有一些随机的方案（比如含大麻的松露），以及某些非常缓慢的、通过不断试错才能稍稍起到一些作用的方法。对于我重新获得的心理健康，我感到了自身的脆弱和没有安全感。

但是，聚焦于行为本身给了我一种清晰的思路以及事情可控的感觉。它把我从那些我无法施加影响的事情中解放了出来（也许某一天我的抑郁症会复发，对这一现实我实际上什么都做不了），并让我转而关注那些我真正能做的事情，比如节食、体育锻炼、理疗、把"自知之明"当作一种持续不断的过程进行投资、从工作中解脱出来以及自我宽恕。

正是上述这些我力所能及的事情给了我抵抗消极情绪的力量。当我们理解了我们自己，理解了我们自己所创立的企业时，我们就会明白是什么影响了我们的决定、行为以及结果。这样我们就能做出理智的选择，把精力放在从我们过去的决定中吸取教训，而不是让我们自己的偏见控制我们，并且对更好的行为进行投资。与此同时，我们选择不对事情的结果进行奖励，而只是将这个结果作为我们进行数据分析和决策过程的一部分，并以此来决定在哪个环节，以及是否应该对某个行为进行奖励，或者最终放弃这样的行为。

我们有能力改变我们对事情做出反应的方式，以及对事物进行感受的方式。我的表姐伊冯是一位治疗师，她就经常这样说："感觉并不是事实。"企业的策略甚至企业的愿景也同样如此。这些都是在我们的控制范围内能够通过主观塑造的东西。

第十七章
专注和焦点

我知道，如果我失败的话我不会为此而后悔，但是我知道有一件事我肯定会后悔，那就是没有去尝试。

——杰夫·贝佐斯，2016 年

2016 年 8 月 17 日是 Moz 经历过的最糟糕的一天，这一点是毫无疑问的。那天早上，CEO 伯德站在台上，面对着整个公司宣布，我们将裁掉总数 210 名全职员工中的 59 位，停止运营两款刚刚发布的产品，并且停止执行在过去的两年半里我们一直遵循的战略。我们可以从员工的脸上看到泪水和愤怒，在博客中、在一些评论网站上以及在社交媒体中都可以看到对公司的刻薄谩骂。过去的友情已经崩溃，信任不复存在，而且公司的名誉严重受损。

更糟的是，对我们团队中的大多数人来讲这件事也让他们感到非常意外。在所有曾经发生过的失策以及错误的决定中，我最后悔的是在向员工公布我们的决定前，在整整一个月的时间里，我们的领导团队包括我自己都没有表现出足够的透明度。

那么到底发生了什么呢？Moz 是如何从连续 7 年 100% 的同比增长走到了因为发生多次决策性的失误以及无法达成销售预算而不得不裁员的窘境呢？我们又为何刚刚宣布（并且深信）所有的事情都恢复正常，却在 3 个月后不得不做出裁员的决定，并且认为这种做法对于公司的生存是至关重要的呢？我们又怎么会这么晚才发现，居然有如此多的证据表明在我们的业务中有一部分存在某种结构性的缺陷呢？我相信，对于上述问题的答案只能是在我们业务中缺少了一个焦点。

在拿到融资后，尤其是在 2012 年我们拿到了 1 800 万美元的新的一轮融资后，当时我持有的很多错误的信念之一是，我们现在有义务尽快地花钱以实现额外的增长。在初创企业的世界中，这是最糟糕的也是最广泛传播的谬论之一，而且有时候你的投资人也会对你强化这一观念，甚至会向你大力游说这一观念。不过我没有遇到这样的情形，菲尔德和戈德堡他们两人都认为 Moz 现在做得已经非常好，至少菲尔德在 2013 年的一封邮件中是这样对我说的，Moz 是 "Foundry 集团的投资组合中表现最好的公司之一"。但是他们还是支持了我拓宽业务范围的愿景，以加快 Moz 早就已经非常快的增长速度。

想要获得那样的增长率，我只能去尝试所有的东西：一个拥有更多功能的产品套件，进行更多的收购，开发全新的产品和市场，提出各种各样新的内部项目等。我相信我们拥有无穷的潜能，唯一的限制就是我们的想象力以及内心的驱动力（好吧，还有银行里的钱，但只要我们能找到更多的业务增长点，即便我们花光所有的钱，肯定还会有更多的风险资本等候在我们的门口）。但这样的想法证明我已经走火入魔了，我真正能够做到的只不过是把注意力从一些让我们的公司始终保持高速增长的关键事物上转移开来，而这是一个巨大的错误。

仅有搜索引擎优化业务还不够

在 2011 年，作为 CEO，我已经使 Moz 从只专注于开发帮助市场营销人员从搜索引擎中获得排名和流量的搜索引擎优化软件转向了开发一组具有更多功能的工具软件，这组工具软件可以在其他软件的协助下将类似于社交媒体、出版业、公共关系以及内容营销等各种不同的渠道互相连接起来。"Moz 数据分析"这款产品就曾经试图集成所有这些不同的渠道，但并没有获得成功。幸运的是，我们当时依然还有足够的现金在银行里，而且除了 2014 年上半年的那几个月，我们的营业收入仍在不断地增长，尽管增长的步伐放缓了。

但是，我们仍然坚持了多功能套件这条路线，而不是回到之前专注于搜索引擎优化软件的策略上。

当伯德接任 CEO 的时候，我们正在执行的新战略是尝试跟随像 37signals[①]、Atlassian 以及微软这一类公司的脚步。37signals 这家公司有 3 款主要的产品：Basecamp、Campfire 以及 Highrise，这 3 款独立的产品提供多种独特的项目和流程管理功能。Atlassian 这家公司拥有多款软件工具，其中包括 HipChat、Jira、Confluence、Statuspage 等。上述这些公司已经非常成功地从它们的核心产品扩展到多产品套件的领域，这些多产品套件服务于不同的但互相重叠的受众，所以我们认为我们也可以这样做。

在董事会会议上，伯德和我都担心，仅仅对搜索引擎优化进行投资也许会限制我们公司的增长潜力。我们很担心，如果在搜索引擎优化的领域里发生了大事，而我们又不能迅速应对，或者应对的方式不是很恰当的话，那么我们公司就很有可能会遇到大麻烦。我们认为，在市场营销活动中，如果发生重叠，这意味着很多知道 Moz、访问过 Moz 的网站并且信赖 Moz 产品的人对我们来讲就是我们最重要的目标客户，我们完全无须在意这些人在他们自己公司里的真实地位。也许我们对于在新的领域里制造和发布新产品的能力有点儿过于自信了，甚至可以说对于我们的品牌以及市场营销能力都有点儿盲目自负了，并自以为 Moz 的品牌再加上任何一款过得去的产品，只要向每月访问我们网站的数百万名访客进行推销就一定会被他们接受。

---

① 具有讽刺意味的是，作为我们多产品战略的榜样之一，37signals 在 2014 年关闭了核心产品以外的所有产品提供的服务，其目的就是重新聚焦于自己的优势。37signals 的创始人贾森·弗里德在《公司》杂志上具体阐述了他的想法：http://www.inc.com/magazine/201403/jason-fried/basecamp-focus-one-product-only.html。——原书注

从表面上来看，所有这些假设听起来都是相当吸引人的。担心只靠一条生产线来维持企业的增长可能会花光公司银行账户中的钱，这在初创企业里是一种很常见的想法。同样，担心将所有的鸡蛋都放在一个篮子里的企业也不在少数。另外，基于你过去的业绩，你对你自己的强项很有信心这听起来同样很有道理。我不认为上面这些都是很鲁莽、没有先例的、不专业的做法或者仅仅是制定决策时采用的标准。问题在于，上面的做法中没有一种能够（或者应该）克服在不同的产品、市场以及受众中进行多重投资时必然会出现的弊端。

对我们来讲，一款叫作 Moz Local 的产品开启了我们的多产品战略，这款产品能够帮助小型的本地企业，以及拥有成百上千个地理位置的大型企业，以非常简单、精确的方式将所有的位置数据存放在用户和搜索引擎常常会用到的、数量极其众多的目录和网络中。Moz Local 早期的名字叫作 GetListed，它是由戴维·米姆开发的一款产品。2012 年，在拿到新的一轮融资后，我们收购了米姆的公司，这次收购也是我们早期的收购项目之一。当时，和米姆一起加入我们公司的还有一支由谷歌前工程师组成的小团队，他们设计并制作了这样一款非常有用的工具。

例如，假设你拥有一家冰激凌店并且想让更多的人看到你的网站，那么你就必须弄明白：（a）潜在的客户可能会使用什么搜索引擎，浏览哪些网站以及会下载哪些 App ？（b）需要什么资源才能支撑起所有这些渠道？（c）你应该付钱给谁？是年付还是月付？你需要支付多少才能让主要的信息被正确地包括在里面？（d）如果信息需要更新的话你还需要做什么？

米姆曾经和当地的一些企业主一起工作了近十年，在这段时间里他一直帮助他们处理这些很有挑战性的事情。这些企业主都很明白，如果在谷歌地图上标注的里程数和时间是错误的话，或者你的企业没有被列在 Yelp 的商户名单中，或者你的企业名称没有出现在搜索引擎的搜索结果中，又或者猫途鹰没有把你的公司名称放在正确的类别里，那么所有这些细小的错误都有可能让你失去潜在的客户。而在本地企业的世界里，每个月多一个还是少一个客户的差别往往就决定了你的企业是继续生存下去还是走向破产。

　　有了 Moz Local 以后，你就可以把你的营业时间、网站、地址、电话号码以及其他重要的细节都放在这个工具里面，然后使用这款工具软件，将这些数据传送给一些著名的消费者网站，比如 Foursquare、Yelp、猫途鹰、Yellow Pages、必应地图以及谷歌地图。另外，你还可以把你的数据传递给一些"清单数据库"，比如 Acxiom、Infogroup、Factual 以及 Localeze。而谷歌、必应、苹果以及其他的大型厂商会利用这些清单数据库提供的数据来确认并验证本地的信息。Moz 已经和几乎所有的信息提供商都建立了联系，这样客户只需要每年支付我们 99 美元的费用，我们就可以在提交数据的时候代表所有的客户将费用支付给第三方。我们的原始成本大概是我们收入的一半，因为我们用批量购买的方式给了第三方一个很大的订单。作为一家冰激凌店的店主，你不但可以在所有的网站以及清单数据库中导入你的正确数据，而且在谷歌以及必应的本地搜索结果中，你的网站通常还会有更高的排名，但具体的排名结果还要看这些搜索引擎对于清单的一致性和覆盖率会如何给予一定的加成。

在 2014 年，我们有两款主要的产品：一款是 Moz Pro，这是我们长期以来为从事搜索引擎优化业务的专业市场营销人员打造的工具软件集合；而另一款就是 Moz Local，这款产品是为本地企业以及一些实体企业在网络环境中添加或更新它们的位置信息而开发的工具。除了上述这两款产品，我们还有两款次要产品：一款是 Mozcon，这是我们在西雅图举办的年度客户大会；而另一款是 Moz API，在购买这款产品的使用权后，开发人员以及工具软件的制作人员可以通过大规模用户接入的方式访问我们的原始数据。

接下来加入我们这一组合的产品是一款被称作 Followerwonk 的推特数据分析工具。就像 Moz Local 一样，我们是在 2012 年收购了一家公司后获得这款产品的。当时这家公司的总部在俄勒冈州最大的城市波特兰。Followerwonk 作为一款工具软件，其作用就是通过搜索推特账号的个人简介来分析相关账号的活动、联系以及粉丝。很多在搜索引擎优化领域中非常有影响力的人士都曾谈起过这款软件，他们利用这款软件来建立各种关系，更好地理解他们的受众，以及优化他们在推特上的活动来帮助他们增加粉丝。在我们买下这家公司后，我们就把这款产品包装到 Moz Pro 的套件中，这样你只有购买 Moz Pro 才能使用 Followerwonk。我们给了极少数老客户一定的特权，期望通过把搜索引擎优化和社交媒体的功能组合在一起，同时在两个阵营帮助市场营销人员。

不幸的是，我们发现，尽管有著名的搜索引擎优化专业人士的推荐和背书，但从事搜索引擎优化工作的市场营销人员与那些利用推特在社交媒体上开展市场营销活动的人员，这两者之间很少会出现重叠。在超过 25 000 名 Moz Pro 的付费用户中，只有不到 5% 的用户会在一个月的时间里用到 Followerwonk 这个组件，而且只有很小比例的 Followerwonk 用户以及那些通过 Moz Pro 登记注册的用户会主动使用搜索引擎优化工具。因此，在 2015 年，也就是在我们将这款产品包装进 Moz Pro 套件 3 年后，我们再一次从套件中将 Followerwonk 拿了出来，客户现在可以单独购买这款产品了。

接着我们又发布了 Moz Content，这款产品原本是我们至今都没有完成的"Moz 数据分析"工具套件中的一部分，当初设计的时候我们设想的服务对象是内容市场营销人员。有很多网站会通过定期发布一些新的内容来吸引访问者并将他们转换成自己的客户，我们的目标就是帮助这些网站理解哪些内容才是真正有效的，我们会向他们提供一些有潜力的话题，并对他们的网站进行内容升级，然后再向他们提供评估网站的"度量标准"以便他们自己与竞争对手进行比较。我们当时花了一年多的时间来进行设计、制作、测试，之后才发布了 Moz Content 这款产品。2015 年 11 月，我们进行了封闭内测，然后在第二年的 1 月对外进行了公开发售。

最后一款产品是"关键词搜寻者"，这是一款关键词搜索工具，我在本书第十二章的结尾处曾提到过这款产品。它是 Moz Pro 套件的一部分，但你也可以单独购买这款产品。

到了 2016 年年中，Moz 已经有了 4 款主要产品：Moz Pro、Moz Local、Followerwonk、Moz Content。除了这些，我们还有

两场客户大会：Mozcon 和 Mozcon Local，后者是在 2015 年才开始举办的，旨在支持本地产品极为独特且还在不断增长的受众。另外，我们还有两款次级产品：可以单独购买的"关键词搜寻者"和 Moz API。

事实上，向访问你网站的访客销售 8 款不同的产品比销售 2 款或 3 款产品更具有挑战性。与仅仅销售 1 款产品相比，同时销售 8 款产品的难度就像是噩梦一般可怕。或许更显而易见的是，想要在同一家企业里架构起几支不同的团队来支撑 8 款各有特色的产品可能会更加困难。即便现在我们已经有了更多的雇员，但我们的人力资源依然很分散，每一支产品和工程团队仍然因为人力不足而表现出各种愤怒和失望的情绪。与此同时，市场部已经被众多的要求淹没，针对网站上的促销空间、发送给目标受众的电子邮件以及社交媒体上的各种促销资源，市场部也只能尽全力来协调各种互相冲突的要求。一些基础设施团队，如设计、财务、运营、法务以及人事等都在竭尽全力满足多个拥有独特产品的团队的不同要求，而这些要求无论在需要提供的关注度上还是在支持上都是完全不同的。每一支团队都在要求增加人手，而且在 2014 年和 2015 年的绝大多数时间里，我们的预算都尽可能地满足大量的人员需求。在 2014 年年初，我们的员工总数大约为 125 人，但两年后我们的员工总数已经超过了 220 人。

2016 年 6 月的一天，我和 Moz 的首席财务官格伦共进了午餐，这次午餐是事先就约好的。那是西雅图的一个美丽的夏日，我们两人走了数十个街区来到位于 Moz 办公室南面的一家那不勒斯风格的比萨店。在步行去餐厅的路上，格伦用他标志性的、突如其来的方式问我，Moz 在过去是否有过裁员。

"没有，"我回答道，"我们甚至从来就没有考虑过这一点。"

尽管作为一家由风险资本支持的企业，承担风险是受到鼓励的，而且企业规模的扩大和缩小被认为是一种常态，但除了两次例外，Moz 的运营在历史上一直处于盈利或者接近盈亏平衡点的状态。其中的第一次例外是在我们完成了 2012 年的融资后，当时我们收购了 3 家公司并在波特兰开设了我们的第二个办公室，建立了我们自己的私有数据中心，摆脱了对亚马逊云服务的依赖，还为此招聘了大量新的员工。第二次例外就是在 2014 年下半年到 2016 年年中，当时我们决定对多产品战略进行投资。

在整个午餐期间，格伦和我几乎一直在谈论我们正在不断下滑的增长率以及快速膨胀的预算，对此他表现出了深深的担忧。但不幸的是，对于格伦所说的东西，我的心中早就形成了自己的想法，因为我从 2013 年年底起就沉迷于如何恢复公司的盈利状态。2013 年 11 月，我向我的团队提出了一个很不合时宜的提议，在公司回到现金流盈亏平衡点或者状况变得更好之前，我会一直留着自己的胡子。但当我在 3 个月后卸任 CEO 时，我对这个决定已经失去了控制权。伯德不但很喜欢我的大胡子，而且相信 Moz 应该放弃追逐利润，并且像绝大多数由风险资本支持的企业所做的那样，花更多的钱来追逐更高的增长率。另外，我始终认为，伯德之所以喜欢我的大胡子是因为她不用像我那样担心如何为胡子打蜡，或者在刮着大风、湿度很大的日子里担心这些大胡子看上去会有多么可笑。

现在这些胡须倒卷成的巨大圆弧都快要深入我的鼻孔了，所以我不得不小心翼翼，以防止把奶酪和比萨酱沾染到我这些可笑的胡子上。尽管格伦之前曾多次听到过我的解释，但我还是再一次向格伦解释了我的立场。我以为他是在向我传递这样的信息，即现在我有了一个新的盟友站在我的身边，而且他也感觉对Moz来讲缩减开支是一个很明智的选择。

如果你有 8 个不同的营业收入来源，那么在这个新的、更加复杂、更加多样化的世界里想要弄明白你的营业收入和费用会是一件很困难的事。每一款产品都会有不同的运营模式和现金流问题。例如，Moz Local 只要有一单交易完成，你就必须马上付清相关的"清单成本"，但是相关的营业收入每年才确认一次。另外，对 Moz Pro 来讲，绝大多数的交易都需要每个月完成一次回款并且厘清相关的营业收入。尽管我们每一款产品的营业收入都在不断地增长，但是没有一款产品能够达成上一年 12 月递交给董事会的销售预期，而董事会在正式批准预算的时候是以这个预估数为基准的。在接下来的一个月里，格伦和伯德与 Moz 的每一款产品的负责人一起修改预算，并试图搞清楚预算没有达成对公司的现金流可能会产生的影响。

这个过程结束以后，当 6 月的销售数据被纳入财务预测模型时，我们知道我们很快就会有麻烦了。伯德安排了一次为时两天的管理团队场外讨论会，时间就定在了 8 月 1 日和 2 日。她和格伦向整个管理团队播放了幻灯片，很具体地说明了我们当时正在变糟的财务状况。为了支撑起我们的多产品战略，我们在人员上的投入已经过大。为了避免"烧穿"我们还剩下的现金储备，我们必须加快营业收入的增长速度。

我们简短地谈论了是什么造成了我们现在这种尴尬的处境，答案既简单又让我们很不甘心：我们原本的预测是，在所有的产品中可能会有几款产品无法达成我们的销售指标，但我们非常惊讶地发现事实上我们所有的产品都没能达成指标。回头看在过去的几年里我们每一款产品的销售增长率，可以发现一种可怕的关联性，就好像我们每次在产品组合中增加一款新的产品都会让所有其他产品的销售增长率稍稍下降。在注意到了这一点并对此进行了仔细分析后，我相信这绝不是什么巧合。

显然我们需要立刻做出重大的调整，要么我们马上再给公司注入大量的现金，要么我们当下就把运营成本大幅度地降下来，又或者我们能够极大地提高销售增长率，从而避免像现在这样如此快速地烧钱，事实上在当时我们已经没有更多的现金了。计算表明，如果继续按照当时的烧钱速度，我们剩下的现金只够我们维持运营 12 个月。这对我们所有人来讲都是一个无法接受的风险水平，裁员看起来已经无法避免了，但是伯德和格伦还需要时间来制订计划和评估相关的方案。

当那天结束的时候，伯德在会议室的一块白板上罗列了她的一些想法，其中主要涉及了对 Moz 现有产品的一些可能的安排。具体的选项如下。

- 把 Moz Pro 付费业务转变成我们的现金牛，这意味着我们需要裁减负责这款产品的绝大多数员工以及相应的市场营销人员，然后用这款产品的盈利来支撑其他的业务。
- 对于网上具有一定影响力的营销人员的需求，我们可以将 Moz Content 和 Followerwonk 合并为一款产品。

- 出售 Moz Pro 业务，然后用其获利来支撑其他产品。
- 除了 Moz Pro，停止运营所有其他产品。
- 除了 Moz Pro 和 Moz Local 这两款产品，停止运营所有其他产品。
- 停止运营 Moz Content，出售 Followerwonk 业务，然后集中所有资源在 Moz Pro 和 Moz Local 这两款产品上。
- 仅仅专注于开架销售的 Moz Pro 和 Moz Local 这两款产品，出售所有面向企业的产品，以及 Followerwonk 和 Moz Content 这两款产品。

上面的每一个选项都意味着必须裁减大量的员工，而且只有这样才能够延长公司在现有资金状况下的运营时限，或者让公司实现盈利。坐在会议桌四周的所有公司高层都很清楚这一点，有几位还主动要求被裁员，其中就包括我自己。我的要求被拒绝了，但是在随后的裁员过程中，公司接受了首席营销官和另外两位高管主动提出的离职申请。

类似于我们这种高毛利的软件企业都有一个缺点，那就是当你需要省钱的时候，人力往往是你唯一能够节省的资源。一位普通的员工会让公司每年花费 14.5 万美元，其中包括工资、福利、税费、保险等费用。削减昂贵的软件使用费，办公室费用，出差以及娱乐预算，会议、赞助、硬件上的费用等，这些都会对公司的运营成本产生影响，但是上述所有这些加起来都无法对盈亏平衡点产生我们所需要的那种程度的影响。我们不得不进行公司有史以来第一轮大规模裁员。

裁员是每一位创始人最可怕的噩梦，这不仅仅是一次让人感到沮丧和心灵破碎的经历（对那些遭到裁员的人来讲更是双重的伤害），而且往往会使事情的最终结局更快地到来。初创企业在经历了裁员后还能够在原来的领导团队的带领下恢复过来，并且最终成为一家成功的企业，这样的事情不能说完全没有可能，但也将是罕见的。不过可以肯定的是，你绝不会受到命运特殊的对待。

一场持续了整整 7 个小时的董事会会议

接着在 8 月 10 日，星期三，我们准备了一场 3 个小时的董事会会议，但这次会议最后持续了整整 7 个小时。有一位董事不得不改签机票，其他所有人也都不得不调整他们原本的晚餐计划。会议的气氛很紧张，但也很直接、坦诚和友好，尽管在会议马上就要结束的时候出现了一些问题。我们所有人都知道在这个房间里的每个人都犯了错误，我们接受了过于乐观的销售预测，在没有考虑可能会发生失误的情况下制定了相关的预算，哪怕我们知道当所有的资源被分散在如此多的项目和产品上后，每一个项目和产品能够获得的资源就会大幅减少，但是我们还是对于公司能够完成的指标做出了傲慢的假设。

Moz 的董事会由如下这些人组成。

- 兰德·菲什金——你正在阅读的这本书的作者，Moz 的创始人、前 CEO，Moz 的独立贡献者、董事长。

- 莎拉·伯德——Moz 的 CEO。
- 米歇尔·戈德堡——Moz 的第一位投资人，来自 Ignition Partners。
- 赛斯·莱文——Foundry 集团的合伙人。2016 年 1 月莱文接替了布拉德·菲尔德在我们公司的董事席位，这对 Foundry 集团的合伙人来讲只是正常的轮换制度。对于菲尔德的离任我感到非常伤心，和他在一起的时候我总是感觉我们之间有一种特殊的联系，幸运的是，在 2017 年，他和莱文又一次进行了轮换。
- 马特·布隆伯格——独立董事，ReturnPath 的创始人和 CEO。
- 朱莉·桑德勒——麦德罗纳风险投资集团的负责人，独立观察员。麦德罗纳从 Moz 的共同创始人——我母亲米西格的手上买下了一些二手股权。我们非常欢迎桑德勒给我们提的建议，所以我们请求她只要有时间就一定要来参加董事会会议。
- 凯利·史密斯——在 2007 年 Moz 进行融资的时候来自 Curious Office 的投资人，观察员。史密斯没有参加这次董事会会议，但是通过邮件向我们提供了一些建议。

在董事会会议期间，我们通常都会安排一定的时间让 Moz 的管理团队参与和董事会成员的交流，但是这一次，由于话题的敏感性以及需要进行集中讨论，伯德没有做出这样的安排，所以在这次讨论中只有董事会成员才能参与进来。

在这次董事会会议上我们依次讨论了下面这 5 项议题。

（1）什么样的产品组合才能让 Moz 继续走下去？

（2）对于并购、私募股权以及额外的风险投资，当下的市场前景如何？

（3）我们需要裁减多少人员——要裁减多少才算真的够了？

（4）我们应该出售我们的某一款产品吗？或者只是简单地关闭相关的服务？

（5）我们该如何进行并管理整个裁员的过程？

我们花了很长的时间来讨论市场以及退出的方案。尽管我们的投资人和之前一样有耐心，但他们的投资也有时间上的限制。他们的有限合伙人期望在 10 年左右的时间里获得回报，但 Moz 很有可能会突破这一时间上的限制。因此，我们不得不提出这样一个问题：想要在接下来的 3~4 年里让 Moz 有最大的可能做好上市的准备，我们需要采用什么样的产品组合以及策略呢？这并不是说我们没有或者不考虑被收购的可能性，而是我们都相信，将目标设定为上市才能够让公司被收购的机会最大化，这才是我们的最佳方案。同时，现在就有意识地瞄准我们希望在将来会收购 Moz 的某家特定的公司或者一组公司的集合，不但有很大的风险，而且还会让我们的整个团队丧失斗志。

我们最终一致同意重新聚焦于搜索引擎优化业务，也就是说帮助所有不同规模的企业，让它们的客户在不需要付费的搜索结果中可以更容易地找到它们的网站。在这个话题上，我向每个人都提出了非常具体的问题，我问在座的每一位董事会成员，他们是否真的相信：

- 和电子邮件、社交媒体或者网页内容一样，搜索引擎优化也可以作为一种特定的方式在今后的数年时间里获得不同的企业持续不断的投资吗？
- 整个市场依然处于得不到充分服务的状态，所以这个行业依然有非常大的增长潜力吗？
- 正确的产品、包装以及市场营销方式能够让我们再次回到始终保持强有力的增长状态吗？

戈德堡、莱文和布隆伯格都确认了他们对于市场的信心，桑德勒却似乎有点儿犹豫不决但也没有再多说些什么，伯德对于在仅仅维持开架销售产品的情况下，是否依然能够让我们达成所需要的增长率以及企业的规模抱有怀疑。她的立场让整个讨论转向了评估 Moz 是否有能力、在什么时候以及如何才能开拓搜索引擎优化的企业市场。正是在这一点上马特·布隆伯格提出了我认为在这次会议上最重要的观点之一，他是这样说的。

有时候你能教会一只猫用它的后腿走路，你甚至可以教会它像狗一样吼叫，但这并不能让它成为一只狗。我很怀疑，仅仅靠自身，Moz 是否有能力改变自己的 DNA，并成为一家面向企业用户的软件公司。如果我们需要增加企业用户的话，我们应该寻找合作伙伴或者收购一家公司。

这一观点得到了围坐在会议桌旁的董事会成员的一致同意，我们讨论了几个能够让 Moz 进入企业搜索引擎优化市场的、潜在的合作伙伴以及可能的收购机会，然后继续讨论进行融资以及被并购的机会。

在这个话题上我们的讨论非常简短而且还很残酷。鉴于 Moz 目前只有大约 10% 的增长率以及当时的烧钱速度，董事会向我们确认了任何目前有可能拿到的收购报价都不会被董事会接受。另外，至少在改善我们的基本财务数据之前，私募股权参股的可能性也几乎不存在。除非我们能够把公司的一切理顺，同时改善我们的增长率，否则无论从我们的内部还是外部获得额外的资金的可能性也几乎不存在。现在已经很清楚，除了快速和大幅度地削减成本，我们根本没有其他的选择。剩下的问题是削减什么、在什么时候、如何削减以及需要做到哪种程度。

但无论是作为企业的管理团队还是董事会成员，在这次会议上我们没有做的恰恰是深入地挖掘过去或者回顾那些导致今天我们不得不进行裁员的核心决策以及相关的失误。我想也许是因为这个话题太让人受伤了、时间上也太近了，所以参加会议的各方是如此敏感，单单情绪上的爆发就很有可能让讨论根本无法进行下去。

在那次董事会会议的后半部分，我们处理的是伴随着裁员很有可能会出现的一些痛苦而又敏感的话题，我之前从来没有参与过类似的讨论，而且我希望，永远不会再有一次这样的经历。但是我可以说，在这最后的几个小时里我真的感受到了什么叫作惊心动魄。

格伦做了一个评估以显示我们当时的处境，以及如何才能够削减成本以达成最终的盈利。

正如你在表 17-1 中看到的，需要削减的成本中有 75% 只有靠裁员才能达成，在这里需要削减的总的成本为 1 281 万美元，而裁员涉及的金额达到了 880 万美元。对我们来讲，这意味着 59 名员工不能继续在这里工作了。

表 17-1　要让现金流回正，我们必须减少开支。
我们的目标是削减 1 200 万美元的开支

开支的种类	目前年花费（美元）	可能的年削减金额（美元）	百分比	备注
人头开支	3 324 万	880 万	26%	人员是我们最大的开支。只有大幅削减这一部分开支才能达成我们的目标
市场营销	260 万	180 万	70%	麻烦的是如何大幅削减这一费用而不对我们营业收入的增长造成太大的影响。这部分将按情形具体调节
市场赞助	40 万	30 万	75%	我们将维持已经签署的合约，但将来不会再投入
会议	14.4 万	14.4 万	100%	除非需要进行演讲，我们将暂停参加所有会议

开支的种类	目前年花费（美元）	可能的年削减金额（美元）	百分比	备注
出差和招待	94 万	76 万	81%	削减销售人员的出差，只限于必需的出差
招聘	6 万	4.8 万	80%	大幅降低
波特兰办公室	6 万	6 万	100%	在 9 月关闭
办公室食品	50 万	40 万	80%	每人每月 51 美元，维持小点心，削减热食
软件使用费	170 万	50 万	30%	这个项目需要仔细核查，我们认为有很多软件我们实际上并没有使用。缩减使用的人头数能省一些钱
合计		1 281 万		我们还有一些调整的空间，以便万一无法百分之百地做到上述所有这些

当然，在过去我们也曾经和员工解约，但那样的合约终止主要还是因为他们自身的业绩，或者是因为不能适应企业文化而产生的一系列的问题，绝不是因为我们出于运营成本上的考虑，或者是因为我们在决策上的失误。这两者是完全不同的，而后者更容易让人受伤。但最终我还是很好地调整了自己的情绪。

不要让阿伦·索尔金来为你编写剧本

仅仅用了五分钟的时间，我多年以来一直在表达的善意、强大的人际关系以及一直以来我对于董事会成员保有的敬意就已经荡然无存了。当我为自己进行辩护时，我感到非常生气。哦不，这个词语还不够精确。我实际上被激怒了。这种愤怒绝非一时的冲动，因为我感到在我周围的这些人，尽管他们都曾经承诺会坚守我们企业的核心价值，但现在，就在最需要维护这些价值的时候，他们却已经准备好要牺牲这些价值了。

当我们开始讨论离职金的时候冲突发生了。

董事会的几个成员认为，当公司处于如此严重的财务困境时我们花费那么多的钱用于支付离职金是非常严重的错误。我当时在竭力争取更多的预算，伯德也在做着同样的事，但其他的董事会成员都怀有不同程度的疑虑，并且持完全相反的意见。

当讨论变得越来越紧张的时候，我提高了自己的嗓门。

"对于那些在这里已经工作了 4 年以上的员工，仅仅支付 6 个星期的离职金是无法让人接受的。"

我得到的回应是相当审慎和正式的，我已经忘记了是谁说的。

"6 个星期已经非常慷慨了。在绝大多数我曾参与的裁员中，这已经是最高的金额了。"

也就在这个时候我进入了一种非常不理智的状态。处于这种状态的菲什金实际上是非常愚蠢的。因为他确信他才是完全正确的，而且自以为道德站在了他这一边，所以他根本就没有考虑其他人的感受，或者他的言语和行为会不会影响到这家企业的未来

（不单单是他自己的未来）。就在所有人的面前他为自己挖了一个很可能永远都爬不出来的坑。

"好吧，我想问一个问题，莱文（这里也有可能是布隆伯格或者戈德堡，我已经记不清究竟是谁了）。你是否曾经被裁员过？"

"没有。"

神志发昏的菲什金继续为自己挖坑。

"戈德堡，你有没有被裁员过？"

也就在这个时候，有一位董事想让我恢复理智。

"真的有必要……"

我打断了他的话。

"哦，我们正在这样做。请回答我的问题。"（我可能甚至都没有说"请"。）

"没有，我从来没有被裁员过。"

我环顾了整个房间，当时我在提问的同时还非常无礼地用手指着对方，最后，当我的每一次提问都得到了否定的回答后，我彻底切断了自己的退路。

"太好了，坐在这里的都是一些百万富翁，而他们却正在决定一些收入只有他们 1/10 的人在失去工作后是否真的需要 2~3 周的额外的离职金。"

我想当时应该是莱文提出我们大家都先退一步，而伯德应该和首席财务官一起拿出一套方案来，再用邮件发送给大家，然后我们以这套方案为基础做出最后的决定。事实上，正因为有了伯德的努力，她用非常有创意的方式争取到了董事会的同意，即 6

周的离职金是最低的数字，而不是之前的最高金额。

在发生了这样的争执后，我和董事会其他成员之间的关系发生了彻底的改变，我们都感到现在房间里充斥着一种冷淡的氛围，而这种氛围是之前从来没有的。这标志着我们之间曾经存在的同事关系出现了问题，我反应过度了。我当时是在指责而不是在沟通，而这完全没有必要。事实上，无论我是否会这样不理智地爆发出来，伯德都能够找到正确的方案，然后向董事会报告，之后我们会同样非常理智地在邮件中交换意见，并做出一个慷慨的决定。这样的争论对于电视连续剧也许是一段非常好看的情节，但如果想要强化对于某人的职业生涯非常关键的人际关系，这实在是一种非常糟糕的方式。而最后也因为这次爆发我付出了非常沉重的人际关系上的代价。

余波

在董事会会议结束后，伯德和管理团队以及经理们见了面，以商议决定让谁离开，而当他们做出一些我竭力游说想反对的个人决定时，他们也正在面对一项几乎不可能有双赢结局的、非常困难的工作。在伯德宣布裁员的那一天，我当时并没有在国内，而是在一个会议上进行演讲。这次演讲我在上一年的时候就已经取消过一次，所以无法再取消了。我在一间爱彼迎民宿的卧室里通过笔记本电脑观看了伯德对整个公司进行的演讲。

当我回到家里的时候，我面对的是所剩无几的朋友，很多我以前的同事仍然无法原谅或者忘却刚刚发生的事情。无论在网上的公共空间还是私人之间的聊天，各种愤怒的信息充斥着社交媒体。对于我创立的这家公司，以及我们有些"变态和可怕"的管理团队，在 Glassdoor、Yelp 以及谷歌上有一大堆非常糟糕的评语。

裁员所造成的影响持续了至少 6 个月，而且即便在这之后也仅仅是影响力的强度有所减弱，但从未真正地消退。在进入了12 月以后，那些留下来的员工依然每天谈论他们的朋友和以前的同事，正是这些人对他们原来的企业感到非常失望。在每周的管理人员的午餐会上，我们会提起谁已经被重新雇用了，谁可能仍然需要帮助，又有谁仍心怀愤懑因而从不回复我们发出的邮件。连续好几个月的时间，博客上的评论、论坛上的跟帖以及在社交媒体上的更新都提到了我们的这次裁员，以及具体有哪些人被裁了。每次看到这些，我都提醒自己是我们让这些员工失望了。

你可能理所当然地认为，在美国雇用和被雇用是你情我愿的事情，而且企业，尤其是那些由风险资本支持的企业，需要承担一定的风险才能获得增长。所以当它们承受的风险无法为它们带来收益时，员工就会失去当下的工作，企业就会开始重组、再次尝试并期望能够重新获得增长的动力。这样的模式要远比禁止承担任何风险，并且企业完全无法裁员的模式好很多，同时也要比因为担心某些人可能会在某一天失去工作从而使企业的领导层拒绝进行投资这一类的情形好太多了。不管怎样，技能是可以完全转移的，在我们的领域中更是如此，而且被裁员与被开除相比较几乎不会被贴上任何负面的标签。

在抽象的层面以及宏观的层面，所有这些理由都没错，但是对于一个被裁员的个体，或者对他们的朋友以及同事来讲，所有这些理由只不过是一些没心没肺的借口，在这里没有丝毫的同情心。一支尝试在整个公司范围内重建信任和正常关系的领导团队绝不能用如下这样借口来为他们的行为辩护："嘿，这总比被开除要好"或者"企业的运作就是如此"。而且在 Moz，我们的企业文化始终在强调透明以及移情，如果我们真的打算在多种产品上进行投资，而且事先知道这样做很可能会导致裁减相当部分的团队成员，那么我们就应该在事前予以说明。如果我们知道在几个月后很有可能需要裁员，我们就应该让所有的员工都明白这一点，这样的话那些担心有可能会失去工作的人就可以提前寻找其他的选项。

我相信，我们这次裁员造成的最大的伤害全部源自我们没有以应有的方式坚守我们的核心价值，我们没有做到应有的透明度。部分的原因是我们的领导团队害怕透明度会给企业带来未知的冲击，如果我们在 5 月就告诉所有人有可能在 3 个月后进行裁员，那么我们最好的员工到那时会不会已经找到了新的工作？另外的原因是当时我们还没有真正掌握我们的经营数据。当信任就这样失去的时候，想要重新赢得信任就会是一件非常困难的事。

在董事会和领导团队的讨论中，我可以很自豪地说，在一个关键的领域中我们坚守住了我们的核心价值，即"移情和慷慨"，我们向被裁减的员工提供了财务上的资助。

在美国，法律上对离职金是没有任何强制性要求的。类似于我们这样的情形，Moz 完全可以在 8 月 17 日合法地解除与 59 位被裁减员工的雇佣关系，而且不用支付任何额外的补偿金。这也就是说，一般来讲支付最低两周的薪资就足够了。而在技术领域，由于面试的周期往往会很长而且个人的声誉会传播得很远和很广，因此很多公司会支付 3~6 周的薪资，但 Moz 选择了支付更多的离职金。我们相信我们的离职金可以反映人们重新找到一份新的工作的相对困难程度，而且这份离职金也代表了我们对该员工的认可，是对他曾服务于我们公司的一种奖励。伯德选择了对所有人提供最低 6 周薪资的方案，哪怕他们刚刚进入公司，只工作了 1 个月或者 2 个月的时间。另外，在公司每多工作一年会有额外一周的离职金且没有上限。尽管大笔的现金开支会对 Moz 的财务报表产生很大的影响，但我们还是选择了一次性支付这笔费用，因为这意味着被裁减的员工还可以申请失业救助金。如果我们分月支付这笔离职金，那么在我们所有的费用完成支付前联邦失业救助是无法介入的。

离职金这一决定花费了 Moz 140 万美元的现金，这大约是我们当时银行账户上现金存量的 20%。这一金额实际上是经过了艰难的争取才拿到手的，董事会在这件事情上表达了非常多的疑虑，他们担心在这样一个危险的时刻，我们在离开的团队成员身上花费如此多的资金会让我们自己处于危险的境地。我的反驳是，每一位留下来的 Moz 员工会更高兴、更愿意在这样一家公司工作。即便在这家公司的财务报表上现金的存量大大减少了，而且公司还需要面对更大的固有风险，但留下来的员工更不愿意看到的是，在他们保住了自己工作的同时，他们以前的同事却需要竭力维持自己的收支平衡。正是因为看到了这样一种情形，我当时提出了离职。事实上我前后两次提出离职，一次是在董事会会议上，还有一次是在邮件中。最终，董事会还是一致同意伯德所提出的离职金方案。

　　毫无疑问，在整个过程中最麻烦的是选择谁应该走，谁可以留下来。伯德和管理团队、各产品的负责人以及每一支团队的经理共同做出了这一决定。我看到的是一张电子表格，上面罗列了正在做出的各项决定。每当这张电子表格被更新时，我都会觉得我的屁股后面好像被人踢了一脚。对于我特别在意的少数几个团队成员，我会非常努力地改变那些经理的想法，但最终我也只成功地留住了其中一个人。即便如此，当你把某个人留下来的同时也意味着另外某个人必须离开。

　　至少有 3 次，当我收到新的裁减人员的名单更新时我都和杰拉尔丁在一起，我会给她看新的名单，然后我们两人会在愤怒、悲伤以及沮丧中暗自摇头。自从 2008 年杰拉尔丁被西雅图的棋盘游戏制造商 Cranium 裁员后，她一直对 Moz 永远不会犯Cranium 那样的错误抱有强烈的信心，也就是说她认为 Moz 永远也不会因为过度投资于"投机性的增长"而不得不让自己的员工离开。当时，在 Cranium 的第一轮裁员结束后，我曾陪着她去了一间酒吧，我至今还能够清晰地回忆起很多我们关心的人表现出来的那种恐惧、愤怒以及对未来的茫然。我曾经发誓绝不会重蹈他们的覆辙，但在现实中我们遭遇了同样的困境。

　　但是，裁员也给我们带来了一些正面的以及从未预料到的结果，其中之一就是这次裁员激起了那些留下来的员工的斗志。在之后很多次的一对一的沟通中，以及在员工大会上，我听到他们这样说，"我们绝不会让这样的事情再次发生"或者"让我们把眼前的事做好，这样我们就永远不会再经历那样的事"，事实上这也正是我想对他们说的话。另外，就在裁员之后的那几个月的时间里，我们的企业表现出了惊人的效率。其中最好的例子来自我们的市场营销团队，尽管整个团队现在只剩下了大约一半的人员，从原来的 25 人到现在的 14 人，而且预算还被砍掉了 2/3，但最终我们改善了总的流量，有很多新的客户通过免费试用的方式尝试了我们的 Moz Pro，还有很多新的客户在网上注册使用我们的 Moz Local。一支更小的团队，在预算被砍掉了很多的情况下，却取得了明显更好的结果。类似的情形也同样发生在公司的其他部门，尤其是工程部、财务部以及技术运营部。

在公众场合，连续好几个星期，我们这次裁员在西雅图科技创业公司的小圈子里以及在搜索引擎优化的世界中成了新闻，但对这一事情的关注很快就销声匿迹了，其速度之快是我根本没有预料到的。这次裁员几乎没有对我们的客户产生任何冲击，但是大约有 100 名 Moz Content 的付费用户不得不去寻找另外的替代产品了。在财务上，我们的结果要稍稍好于我们的预算，到 2016 年 11 月我们的现金流已经回正，这是 4 年来我们第一次在月报表上看到正的现金流。

裁员是很痛苦的，我不断地反思过去所发生的一切，想知道当初该如何做才能避免发生这样的事情，但发现这完全是徒劳的。相反，我尝试把自己的注意力集中在这样一个事实上：如果我们没有进行裁员，Moz 很可能无法存活下来，这样就会有更多的人失去他们的工作。我相信裁员本身是一件正确的事，但是导致这一切发生的，我们当时在财务和战略上所做出的决策毫无疑问是绝对错误的。

教训

我们可以从这次裁员中学到些什么呢？除了"裁员是一件很糟糕的事情"以及那些负责裁员的人往往很少会失去他们的工作，什么才是真正的教训呢？

对我来讲，我学到的是，我们没有始终保持专注。

这一切又是怎么发生的呢？要回答这个问题，我们首先需要回顾一下 Moz 在历史上的增长、投资以及各项支出的数据（如表 17-2 所示）。

表 17-2　2007—2017 年 Moz 的增长、投资和支出数据

（单位：美元）

年份	节省 / 消耗的现金	借款 / 还款	风险资本融资金额	年底银行存款数	总的营业收入
2007	0	0	1 100 000	1 100 000	800 000
2008	−800 000	0	0	300 000	1 400 000
2009	+200 000	0	0	500 000	3 100 000
2010	+500 000	0	0	1 000 000	5 700 000
2011	+1 000 000	0	0	2 000 000	11 400 000
2012	−5 000 000	0	18 000 000	15 100 000	21 900 000
2013	−12 000 000	+3 000 000	0	5 800 000	29 300 000
2014	−1 500 000	0	0	4 300 000	31 300 000
2015	−4 600 000	+8 000 000	0	7 700 000	37 900 000
2016	−8 100 000	−6 000 000	10 000 000	3 500 000	42 000 000
2017	+1 500 000	−2 200 000	0	4 000 000	47 400 000

当我仔细观察这些数据的时候，我的注意力被引向了 2013

年之前的那个阶段，当时尽管我们花了不少钱，但增长率在快速下降。2012—2016 年，Moz 在风险资本以及债务上的支出超过了 3 500 万美元，我们的营业收入达到了数千万美元。只是与之前的 5 年相比较，我们的增长率在快速下降。2011—2012 年，我们的营业收入增长超过了 1 000 万美元，2012—2013 年，营业收入的增长是 800 万美元，但之后我们的营业收入就几乎没有什么大的增长了。

按照我的推测，有 5 项关键的要素导致了增长率的下降。如果我早在 2012 年的时候就明白这 5 项关键的要素，我相信我会是一个更好的 CEO、董事会成员以及独立贡献者。

1. 用户的留存与客户的获取

对于软件付费（续费）业务，有 3 种方式能够让你的业务获得增长。

（1）获得更多的客户。
（2）延长客户的付费（续费）周期。
（3）将现有的客户转化为更高价格的付费产品或服务套餐的客户。

在 2011 年的时候，Moz Pro 用户的平均付费周期是 8.5 个月，到 2016 年，Moz Pro 用户的平均付费周期提升到了 11 个月。

2011 年，我们每个月大概会有 1 000 名新用户注册免费试用服务，到 2016 年每个月已经有 4 500 名新用户注册免费试用。

我不得不说，我们当初在市场营销和客户覆盖面上进行的投资确实是非常愚蠢的，我们更应该投资在产品的开发以及客户的留存上。为什么这么说呢？因为付费订阅业务有其独有的运作方式。事实上，你正在向一只漏水的桶里灌水，而且，当企业发展壮大后，你会在所有潜在的客户群中进行筛选，真正留下的只是所有潜在客户中的很小一部分。

我们知道有数百万家企业以及它们的市场营销人员对搜索引擎优化软件感兴趣，但是想要让我们的产品成为使用者的一种长期的习惯，并且成为那些企业的日常运营中的一个不可或缺的环节，我们目前所做的还远远不够。例如，将我们的产品与 Salesforce 进行比较，Moz 的客户平均付费周期是 11 个月，而 Salesforce 作为一家在软件运营服务领域里也许是最知名和最受尊敬的公司，它的客户平均付费周期是 120 个月，也就是说是 Moz 相同数据的 10 倍以上。

这意味着 Salesforce 只需要每年在现有客户数的基础上获得 10% 的客户增长率就能维持目前的营业收入，任何额外的新客户，或者将任何现有客户转化为更高价格的产品的客户都意味着营业收入的增长。而在 Moz，每个月我们需要增加数千名新的客户才能维持我们现有的营业收入。

在这里，专注起到了很大的作用。为了避免公司的营业收入出现萎缩，我们迫切地想要获得新的客户，所以我们不得不将公司的重心划分成两个部分，一部分是用来吸引新客户的产品开发，另一部分则是用来改善现有客户留存率的相关投资。现在将上面这样的模式乘以 4 种不同的产品,你就会明白企业为何需要奋力地挣扎才可以让自己不会被淹没。在定期向服务供应商支付服务费用的世界里,客户留存以及获取新的客户这两者一直是争议的焦点,但是如果我可以重新再来一次的话,在我们找到一条可以让客户持续不断地进行续费的路径前,我会限制任何在市场营销,尤其是在人员、费用或者领导层的关注等方面进行的投资。

非常具有讽刺意味的是,我们最终在 2016 年发现了这样一条道路。我们测试了一个"客户成功项目",在这个项目中,经过培训的 Moz 员工会给那些注册我们的付费业务还不到一个月的客户打电话,在电话中他们会一步步地引导客户熟悉产品的功能,主动地回答一系列的问题,帮助客户学会如何使用软件提供的工具来解决他们所面临的问题并达成相应的目标。这样做的效果还是非常明显的,那些与一个"客户成功代表"交谈了 30~45 分钟的付费用户,在使用相关的产品上,往往要比没有这样做的客户坚持更长的时间,通常来讲,前者坚持的时间要比后者长 30%。甚至那些完全没有任何经验的客户,也就是那些对搜索引擎优化实践还很陌生的客户,也会因为我们的这个项目被吸引,与之前相比,他们现在能够更好地利用我们的付费服务。

"客户成功项目"当然不是我们改善客户留存率的唯一方法,但是由于我们的业务如此深地依赖于获取新的客户,再加上我们的领导团队需要负责多项不同的产品,精力被分散开来,因此我们很不愿意,事实上也无法做到在这个关键的因素上进行持续不断的试验和投资。

2. 多产品战略会稀释你的品牌

假设你买了一辆新的本田汽车并且发现这辆车有很多问题，那么在将来你很可能不会再购买本田的汽车，而且你很有可能会劝告你的朋友也不要购买本田的汽车。你可能会通过你非常有影响力的社交媒体账号进行公开的抱怨，并且在网上留下你的评论，表达你对本田品牌质量的担忧。几乎可以肯定，你在购买其他产品，比如割草机、摩托车或者重型机械的时候也会主动避开本田这个品牌（假如你的工作涉及这一类产品的采购的话）。

但是反向的推断通常并不一定成立。如果你喜欢你的本田汽车，或许你在购买割草机的时候会稍稍偏向本田这个品牌，但如果你的行为模式和绝大多数消费者没有什么不同的话，你不会就这样简单地假设本田出品必定是好产品，你会自己进行相关的调研。对于重型机械或者摩托车这一类产品也同样如此。

对于某个品牌的负面体验会压倒或淹没所有其他有关的信息，没有人会认为"制造割草机的团队和制造汽车的团队也许并不是同一支团队，或许我应该给他们一次机会"，但是正面的体验并没有同样强度的关联。人们天生就会记住并内化负面的体验，而且这种内化的强度通常要远远大于任何正面的体验，因此，你有非常大的可能性会留下一个负面的评价而不是一个正面的推介。

在这里，并不仅仅是因为负面的体验具有潜在的从一款产品传递到另一款产品的能力，事实上，单单一个品牌具有多款产品这个事实就会导致认知紧张，以及记忆和相关联系的弱化。

仅仅制造一款产品的公司可以很容易地放大相关的品牌效应，

让人们记住它的名字并对其产品进行评价。比如谷歌，在十几年的时间里它一直就只有一款搜索引擎。而雅虎，它不但是网页目录和搜索引擎，还是一家出版商和媒体公司，最终因为有太多的部门、太多的营业收入来源，唯一没有的恰恰是企业自己的经营方向而闻名于世。再比如博士音响，在刚开始的时候这家公司涉及音响行业几乎所有的产品，但最终因为去噪声耳机获奖而成为一家成功的，而且还非常知名的企业。

事实上，有相当多的企业采用了多产品的经营模式，但是那些获得了成功的企业，通常只有当它们最初的产品拥有了足够的发展势头、市场的生存能力以及独立对市场进行引导的能力时，它们才会推进自己的多产品战略。宝洁公司并没有从一开始就有数千种不同的消费品牌。它首先制造了象牙皂，并且赢得了庞大的市场，然后才开始制造其他产品。亚马逊在开始的时候也只是一家在线书店，只有当它出了名并受到人们的喜爱后，它才进入了更加宽泛的在线零售市场。本田最早是做摩托车的，它是在经历了 15 年的发展后才正式踏入其他车辆领域的，在这 15 年的时间里它成为摩托车市场事实上的世界领军者。

但是，在 Moz，我们却在我们最早的产品 Moz Pro 拥有足够的发展势头、生存能力或者对市场的引导能力之前很久就试图推进多产品战略了，并且我们还想把产品销售给核心客户群体以外的受众。我们的客户流失率清楚地表明我们的产品还没有成熟，但是我们愚蠢地将我们的焦点和投资从这款最初的产品上移开，去购买、制造、发布和支持其他的产品，期望品牌的关联度和对受众的覆盖度能够让我们用新的产品来获得更快的增长。

3.同时出现多个优先事项必然会导致内生的复杂性

公司是由人组成的，相对来讲，人只擅长做好一件事。尽管我们中有很多人对此会有不同的看法，但是在同时面对多项不同的事情时我们一般会表现得很糟糕，而且在面对不同的、互相冲突的要求时，对于在这些要求之间必定会出现的复杂的相互作用和影响，我们往往会不知所措。

戴维·斯特雷耶是犹他大学的教授和《什么样的人能够承担多重任务以及为什么？》一书的共同作者，他很好地描述了人在面对多重任务时的表现。

> 在日常生活中，绝大多数一心多用的人是一些冲动的、寻求感官刺激的并且对于一心多用这种能力过于自信的人，而且这些人往往并不是真的擅长一心多用。

我会把与上面类似的陈述用在企业上，尤其是这些企业还处于初创阶段的时候。

当你从一无所有开始创立一家企业时，尤其是你第一次创业，并且还是在一个全新的领域和一支全新的团队一起创业时，所有的事情都应该尽可能的简单。每一件事对你来讲都会是一次独特的挑战，因为你和你的团队之前不但没有接触过类似的事情，而且还根本不知道如何着手。另外，市场的力量通常从其内在的结构来讲对于原来的玩家会更加有利。初创企业最大的优势是它们能够将所有的精力都集中在一件事情上，而它们的竞争对手往往会同时推进多个不同的项目并承担多项不同的责任，恰恰是这一点阻止了市场上原来那些玩家继续获得进步。

失去关注的焦点，并且还要求你那支很小的团队接受更多的任务而不是做好一件事，会让你丢失创业公司这一最为关键的优势。

只做一件事意味着你能：

- 在追寻成功的过程中进行更多的尝试，这意味着你可以学得更快，也能够更快地进行迭代。
- 通过雇用更少的人员并且让任务清单更加的简短，从而让沟通的成本保持最低。
- 让绝大多数高层领导直接参与到一些项目中来，这样做缩短了权力的距离，并使企业做出关键决策所需要的时间最小化。
- 为了必须完成的任务，招聘、培训并且磨炼最优秀的人才。
- 更快地找出并降低在时间、材料、人力或者投资上的浪费，当你只需要关注某一件事的时候，你会更容易看到上面所说的这些浪费。
- 以更少的偏差，更精确、更有效地安排时间、费用和人力。

对很多公司来讲，"只做一件事"是一种完全不现实的建议，但是具体去了解添加更多的优先级会让事情的复杂程度以指数级别增长，而不是线性增长，对于企业的日常经营还是很有好处的。在 Moz，我发现，在公司的产品线上增加一款额外的产品，如 Moz Local，要远比增加第三款或者第四款产品简单得多。每增加一款新的产品和优先级要远比你之前增加的那一款产品花费更多的资源，并且还会让"可利用的时间"出现更大的稀释。

当我们去除了额外的产品和优先级，并对程序进行简化后，其结果本身就已经说明了问题。更少的人力，但更多地聚焦于几件事，效率远高于一支被牵扯进多个不同方向的、更大的团队。

4. 竞争

请试着说出一些在这个世界上能够在它们正在做的所有事情上都做得最好的公司的名字。我能想到的只有几家公司。我认为严肃饮食（Serious Eats）在研究和分享"科学方法风格"的食谱上是世界上做得最好的公司；FiveThirtyEight（538）也许是在体育、大众文化以及政治等领域中以数据科学作为驱动力从事出版的最好的在线服务供应商；特斯拉毫无疑问制造了世界上最好的纯电动汽车；Fitbit 制造出了最受欢迎的，而且用很多标准来衡量依然是市场上最好的健身记录器。

在上面这些企业中，每一家都极其专注。但是我无法找到有哪一家企业，它的多个不同的业务部门在它占据的每个市场上都拥有无可争议的最佳产品，或者都是市场的领导者。尽管有争议，但也许苹果确实制造出了世界上最好的手机，不过它的笔记本电脑并不占据市场领导的地位，而且它的软件也只是刚好够用而已。

维珍美国提供了最好的航空旅行体验，但是在这家公司旗下的400个不同的品牌中，只有不到一手之数的品牌被认为是相当不错的，甚至其航空公司本身也离市场领先者甚远。谷歌无疑制造出了世界上最好的同时也是最受欢迎的搜索引擎，但是这家公司的社交网络Google+甚至没能挤进这一领域的世界前十。3M在很多产品线上都做到了市场领先，并且还提供了市场上最好的产品，但是其竞争对手如戈尔特斯在防雨纺织品领域，或者邦迪在医疗包扎领域却占据了领先地位。3M甚至还设定了这样一个目标，每隔几年的时间，它会通过资产剥离或者出售的方式将相当部分的产品线转移到其他的公司。

看起来好像有很多公司都能在一款或几款产品上做到在整个世界领先，有些企业甚至能做到在其产品组合中有好几款产品都是这个世界上最好的，但是几乎没有任何一家企业能够在一个宽泛的产品频谱上始终如一地做到最好。

在Moz，我们付出很沉重的代价后才学到这一点。在2011年的时候，你完全可以说，在搜索引擎优化软件6项主要的功能中，Moz在其中5项功能[①]上都是这个世界上做得最好的公司，或者至少是处于（非常接近老大的）老二的位置，这5项功能是排名追踪、网站爬行、页面优化、链接分析以及报告体系。但是在这之后的4年时间里，至少有一家公司，除了两项功能（页面优化和报告体系），在所有其他的功能上都明显地超越了我们。

---

① 在2016年上线"关键词搜寻者"之前我们还没有一个真正的关键词搜索功能。——原书注

如果在 2014 年有人问我，哪一家软件供应商提供了最好的链接数据、最好的排名追踪能力、最好的网页爬行器或者最好的关键词搜索工具，说实话，我没有办法告诉你那就是我们。我们已经变得太多元化了，有太多的项目、数据源、工具以及功能。在搜索引擎优化的世界中，因为这个领域特有的运行方式，我们这样做就显得特别危险。我是在那次 CEO 互换的时候，在"SEER 互动"的办公室里很痛苦地学到这一教训的。

假设你是一个搜索引擎优化的专业人员，负责提升你所在企业的网站在谷歌搜索中的排名。你很清楚排名第一的网站会得到绝大多数的点击量，这个数字通常在 20%~50%，具体还要看你使用什么样的搜索词条。排名第二的网站获得的点击量大约是第一名的一半，排名第三的网站得到的点击量只有前面的 1/3，在第一页上其他的网站能够获得的点击量就更少了。只有不到 5%的搜索者会查看第二页的搜索结果。因此，你能获得的任何微弱的优势，哪怕只能帮助你将排名向上提升一个位置，都将是非常有价值的。如果有一种工具能明白无误地告诉你可以获得什么样的链接资源，而另一种工具却没能做到这一点，或者有一种工具能够在你的网站上发现一些细小的问题但其他的工具完全忽略了，那么其中的差异很可能就决定了你的网站在最后的搜索结果中是排在第一位还是第二位。换句话说，这意味着在这两者之间每个月很有可能会相差成百上千个具有高附加值的访客。

和市场上原来的玩家相比较，客户在切换软件时所需要付出的成本对初创企业来讲通常是一个非常大的挑战。如果你的产品在某个领域里，或者对某些特定类型的用户来讲已经成了一种默认的工具，那么即便你的竞争对手生产出了一种在技术上更为先进的产品，你往往依然能够维持原来的市场领先地位。这就是为什么初创企业如果想要获得在市场上参与竞争的资格，它们的产品往往需要在多个不同的维度向客户提供远比那些已经在市场上经营了很多年的竞争者更好的选择，比如更容易使用、更多的功能、更好的数据质量以及更吸引人的价格等。

但是，在搜索引擎优化这个领域，在一些关键词或词组上做出不同的选择可能会导致搜索结果在排名上出现上下一个位置的差异，而且这种差异还会对你所服务公司的利润产生巨大的影响，或者直接影响你的客户是否会继续购买你的服务。所以，几乎任何在软件性能上的微量优势都值得你投入额外的成本，或者投入相应的时间去学习使用一款新的产品，或者忍受相应的痛苦，转化你的追踪和报告体系。我们在真正碰壁后才得到了这一教训，但付出的代价是我们的客户流向了我们的竞争对手，它们非常明智，专注于我们的套件所提供的某一项特别的功能。

5. 大数定律

当你的企业变得越来越大的时候，维持一个和以前相近的增长率也会变得越来越困难，这就是在算术中有关比例的原理。尽管我很熟悉这个概念，但我并没有认识到这一原理对于 Moz 当时停滞不前的增长率意味着什么，尤其是对于投资人、潜在的收购方以及创业公司里那些非常精明的员工意味着什么。

2010 年，当我们的营业收入与前一年相比增加了 260 万美元的时候，我们欣喜若狂。但是到了 2016 年，当我们的营业收入增长了 410 万美元的时候，我们却非常失望。这是因为在 2010 年的时候，我们的增长几乎是 2009 年营业收入的总额，而在 2016 年这个数字仅仅是上一年的 11%。在这里，增长的百分比，而不是增长的绝对值，才是风险资本所投资的创业公司用来衡量它们自身的标准，同时也是外界用来衡量这些创业公司的标准。在风险资本的世界里，一家处于我们目前发展阶段的创业公司只有保持每年 30% 以上的增长率才会被视为一家刚刚合格的企业，也只有这样的企业才有可能融到额外的资金，或者它的股权才会被认为是值得购买的资产。

2012 年，当我们进行新一轮融资的时候，我很愚蠢地拒绝了更多的资金。当时有其他的投资人想参与我们的 B 轮融资，其中还有人想收购我个人所持有的公司股权，另外，HubSpot 还报了一个非常高的价格想收购我们的公司，但所有这些提议都被我拒绝了。如果我当时能够像一个局外人那样，尤其是像某些员工或者潜在的员工那样去思考 Moz 的成功以及其当时的发展程度，另外，如果对于这些方面的思考能够多于我在其他方面的考量，能够在我对于公司前景的思考中占据主导，那么我很可能会做出相反的决定。

当然，其他方面的问题同样也会阻碍企业的成长，最为常见的有市场容量、获取客户的成本以及产品的可扩展性。由于我们独特的受众、业务结构以及优势，上面这些问题对 Moz 来讲都不是什么非常尖锐的问题。这也许是因为随着谷歌的快速成长，搜索引擎优化这个领域正继续以远高于我们公司发展速度的速度成长。由于我们的产品采用了开架服务的方式并且还拥有非常高的有机流量，我们的客户获取成本一直非常低，而且我们的软件产品早就具备了处理数倍于目前已经上线并需要我们进行维护的客户数量的能力。

是什么让聚焦于特定的业务如此困难

在我卸任 CEO 之前的那些年里，扩充我们的产品线和相应的能力，对我来讲，似乎是一个非常符合逻辑的选择。拓展我们的市场以及我们产品的影响力，而不是在我们产品的客户留存率上用心经营，似乎也是一个合理的决定。利用为多元化的受众开发的工具进入新的市场营销领域，从市场的反响来看也是一条正确的道路。

现在我们已经明白同时追求多个不同的方向会造成很大的痛苦，但将所有的资源和注意力都聚焦于某个特定的领域肯定会给企业带来很大的好处，那么为什么在那几年的时间里我会忽视这些痛苦，并且还完全无视就在眼前的这些利益呢？

对于这个问题的答案实际上就在"我认为"我应该做什么以及"实际上"我应该做什么之间，这样的事情经常会发生在初创企业的创始人以及他的管理团队的身上。当然，同样的事情也发生在了我的继任者身上，它还给很多企业造成了相当负面的影响，其中就包括 37signals、网飞、微软以及 Cranium 等。37signals 最终停止了多产品战略以便把资源都集中在 Basecamp 这一款产品上；而网飞在对 Flixster 这家公司进行注定会失败的拆分时几乎使它自己破产；微软想要涉足所有产品的野心最后让它付出了沉重的代价，它在一项又一项的产品上不得不让出原来的市场领导地位；当 Cranium 尝试从游戏领域进入媒体和玩具领域但最终失败后，我的妻子以及她的所有同事都丧失了职业发展的机会。

当你还是一家早期的初创企业的创始人的时候，你的工作内容是很清晰的，那就是首先找到"与目标市场相吻合的产品"，然后再想办法扩大目标市场的规模。在硅谷，当人们说起"与目标市场相吻合的产品"时，这几个单词通常指的是"一款在目标市场上有相当多的客户会喜爱、使用并花钱购买的产品"。如果你没有这样一款产品，那么你的前景就会非常黯淡。但是，一旦你有了"适合"的产品并且还成功地扩大了这款产品的市场规模，那么你的工作就需要转向利用任何可能的方式让你的企业不断地成长。企业实现的增长率越高，相应的估值也就会越高。对优秀的人才拥有巨大的吸引力，让你的同行流露出羡慕的神情，在媒体上拥有人们梦寐以求的曝光的机会，因媒体曝光而建立起来的个人声望，出售你的公司或者你持有的股权并因此而变得富有的可能性，上述所有这一切都依赖于你的企业的增长率，而这个数字是以你的企业年复一年的营业收入增长的百分比来衡量的。至少当一家创业公司开始拥有自己的营业收入后就需要面对这样的情形。

这种对于增长率的痴迷很快就会让你产生这样的想法，"现在我们的核心产品正在不断地增长，但我打赌，如果我们能（＿＿＿＿＿＿＿）我们还可以成长得更快"。但是做这样的填空题实际上是非常危险的，因为你填入的任何东西只会增加管理的复杂性并让你失去关注的焦点。也许你填入的是某种新的产品功能，因为你相信这种新的功能会让你获得更高的增长率，或者你填入的是一条全新的产品线，又或者你会考虑对另一家公司进行收购，再或者是能够带来另一款重要产品的研发项目，等等。

硅谷的初创企业的文化给创始人灌输了这样一种错误的理念，即企业的增长率是如此重要的一项指标，所以我们应该寻求任何以及所有能够让我们提高增长率的策略。但是，我认为一种更加明智但也更加困难（因为这需要严苛的自律和耐心）的做法是完全不要理会那些很可能会让你偏离终极目标的歧路，从而让你自己能够全身心地投入试验、学习以及迭代的过程，只有这样你才有可能在某件事情上做到让全世界无人可以超越，另外在你能够真正做到规模化之前绝不要去触碰其他增长策略。

将你的资源和精力聚焦于一点能够给你带来的好处实在是太大了，你根本不可能视而不见，但唯一能够蒙蔽你的正是你实现目标的决心。

后记
下一次创业的攻略

硅谷不仅仅是一个地名,它还是一种文化和心态。

——维诺德·科斯拉[1],2000 年

这里我有一个好消息和一个坏消息。

坏消息是,当你读到这里的时候,我已经离开了 Moz。像很多由风险资本支持的创业公司的创始人一样,我的离开是悄无声息的。但因为有关 Moz 的故事依然还在撰写中,我会在未

---

[1] 维诺德·科斯拉是全球技术领域的"投资之王",他还是太阳微系统公司的创始人,风险投资业的四大巨头之一。——译者注

来的博文中为今后的故事留下足够的空间。Moz 现在需要达成的目标是，每年的营业收入要超过 5 000 万美元，企业的规模需要从雇用数百名员工成长到做好首次公开募股的准备（祝好运），或者面对一次可能的收购。我已经无法亲自参与今后所有的挑战，至少无法作为 Moz 的员工直接参与。但我仍然是董事会的成员，我和我的妻子两个人加在一起仍然是 Moz 最大的股东，所以我至少还会以某种形式参与其中，而且我保证，我会和你们一起分享在今后的旅途中我学到的一切。

好消息是，我准备重新再来一次，我正在创立一家新的企业。

在过去的 16 年时间里，除了那些偶尔能让人兴奋的日子，我在绝大多数的时间里都处于一种很糟糕的状态。但是在经历了所有这些艰难和挣扎后，我甚至认为在我的血管中肯定存在某种易挥发的混合物，可以让人沉浸于这种受虐和精神狂乱之中。事实上，我确实很喜欢我曾经历过的一切，如果你也有同样的经历，那么也许你会有同样的感受。

当然，不是过去的所有经历我都会喜欢。在你获得的成就感中存在着某种不可否认的、非常特殊的东西，比如，尽管在月初你根本不知道该如何支付这个月的工资，但到了月底你奇迹般地解决了这个问题，此时你会体验到一种极其特殊的感受；或者当你用你想要的方式，而不是用某人事先告诉你的方式解决了某个问题时享受到的那种巨大的喜悦；又或者在一次成功的产品发布会前你经历的那些充满同事情谊的夜晚。任何创始人都会有类似的独一无二的经历，而这样的经历最终会成为广为人知的故事，并在今后数年时间里成为能够激发起人们共鸣的强有力的共同体验。

如果你也想踏上创业的旅途，我真诚地表示欢迎。欢迎你来到这个奇特的俱乐部，在这个俱乐部里你不但需要努力地工作，而且还要把你所有的身家都放在眼前的这张赌桌上。同时我还欢迎你来到这个孤独的、苦中带甜的、具有极高风险的、只有很低成功率并且是你为你自己建造的，美丽的新世界。我们当中选择了这条路的很多人都在为你喝彩，我们会支持你，但同时，为了帮助那些在你的身后同样踏上这条路的后来人，你可以把你在这条路上所学到的东西公开，和大家一起分享。

当我开始我的下一个项目的时候，我想在这里再多做一些分享，并希望能够对大家有所帮助。

即便现在我还处于创业早期，但当我再次踏上这条路时，我有一种完全不同的感受。我现在更有自信了，对这条路也有了更好的了解。对于前方要走的每一步，在我的手上已经有了一本完整的攻略。本着透明公开的理念，下面列出我采用的攻略中的一些细节。

品牌：上一次创业，我是从"SEOmoz.org"这个网址开始的。为了让公司有一个更容易上口且没有那么多限制的名字，最终我花了6位数的金额买下了"Moz.com"。这一次我选择的品牌名字满足以下条件。

（1）与某种特定的产品或者空间没有明显的关联，因此可以进行拓展（类似于亚马逊、谷歌、优步、Zillow 等）。

（2）可以使用 .com 域名扩展——在技术世界之外，对

一个非 .com 网页地址进行商标注册依然存在着非常大的障碍，而一个当下你能够使用的 .com 网址可以让这个品牌的社交媒体账号在类似推特、脸书、照片墙以及其他的社交媒体上更容易被人们捕捉到。

（3）当你听到这个品牌的名称后，你会感到它朗朗上口，而且你几乎不可能将它和其他的品牌相混淆。这些年以来我一直在和 ess-ee-oh-moz 以及其他因发音变异而出现的各种类似的品牌版本打交道。过去的经验告诉我，一个好的品牌名字，你一旦听到，就应该能够立刻回忆起来，并且还能够传递出去，而后面这一点对于任何品牌都非常重要。甚至有研究表明，容易发音的品牌名称和股票代码在股票市场上比那些发音困难的同类型股票有更好的表现，这或许就是人们所说的股票市场是一个讲"效率"的场所。

（4）在谷歌搜索的结果中绝不能出现很多相似的结果，只有这样在网页上追踪这个品牌的近况才会非常容易，而且这个品牌与任何在网上早就存在的东西发生混淆的可能性也会降到最低。在使用 Moz 这个品牌的时候，有很多年我们想尽方法把我们与 DMOZ 区分开来，而且后来我们还需要把 Moz 与 Mozilla 基金会区分开来。所以，在这一次的创业中，我计划使用一个更加独特的名字。

融资：对于那些想创建技术型初创企业的创业者，今天实际上已经有了非常多的融资选项。尤其在所谓的"微风投"兴起以后，风险投资更加多样化。这种类型的风险投资公司一般不会组建很大的基金，相应地，它们的投资金额也会更小，而且还不需要那种大规模的退出来满足有限合伙人的要求。对于一个融资4 000万美元而不是4亿美元的基金，当其投资组合中的企业以更加容易实现的2 500万美元或者5 000万美元的价格被收购时（尽管这种收购仍然是非常罕见的），这个基金就已经获得了成功。

还有一些像 Lighter Capital 和 Indie.vc 这样的公司会向你提供某种非常有创造性的借贷方式，它们并不一定要求在你的公司里持有股权，而且你还可以像在银行借了一笔高利率的贷款那样在某个时候归还这笔款项，但区别是这笔款项并没有一个到期还款的时间限制。还有一些像 Backstage Capital（后台资本）和 Black & Brown Founders 这样的基金专门向那些期望创立公司的弱势人群提供资金，杰拉尔丁和我也在 Backstage Capital 中参与了一些投资。在这颗星球上，几乎每一个地区都存在着某种形式的创业加速器，比如在美国就有著名的 Techstars 和 Y Combinator，这些加速器向创业者提供网络链接、现场辅导以及一笔很小的启动资金。另外，当孵化项目结束后，创业者通常还有直接面向天使投资人、风险资本以及各种企业风投进行融资路演的机会。通过像 AngelList 这样的平台以及在很多城市中都有的天使投资人群体，比如西雅图的天使联盟，现在的创业者比以往任何时候都更容易接触到天使投资人。最后，同样重要的是，无论是以参股还是以借贷的形式，你还有众筹这样一种可以获得融资的方式。比如你可以求助于 Crowdfunder 和 Wefunder 这样的平台，也可以利用 Kickstarter 和 Indiegogo 这种完全基于奖励的融资平台，Indiegogo 对于某些类型的企业还提供股权形式的众筹。

在这里，为了我即将开始的第二次冒险，我对上述所有的融资选项进行了比较。

（1）风险资本，即便是微风投，对我来讲限制还是太多了。你只有两种可能的结果，要么你获得巨大的成功，这事实上是非常罕见的；要么你彻底失败，而这却是一种非常普遍的情形。对于那些想真正做大的创业者，毫无疑问，这是正确的选择，但我想自由自在地选择一条尽管发展缓慢，但确保有利润的道路。也许我永远也不会考虑出售这家企业，只是简单地想要创立一家能够为员工带来利润的企业，以及一家能够为客户生产可靠的、高质量产品的企业。

（2）天使投资有时候是很难捉摸的。有时候会有相当理想的结果，比如无论我的企业选择什么样的道路，我的投资人都会赞同，哪怕我们将企业从追求利润转向寻求退出甚至选择风险资本进行融资，他都没有任何意见。但如果我拿了天使投资人的钱，那么其中的某些选项可能会使事情变得非常复杂：比如我将企业交到了员工的手上，或者因为某些原因我选择了追求利润，又或者我决定维持小企业的规模而不是追求成长。天使投资人也许并没有什么权力可以阻止你做出上述的选择，但是我曾经看到过当天使投资人和创始人发生冲突后接下来会发生的事情：通常两人之间会产生各种怨恨，你和你的企业会失去声誉，同时天使投资人还可以利用他们的私人关系来伤害你，或者阻止其他人向你提供帮助。

（3）借贷还是有某些好处的，比如，你可以把钱还回去然后完全摆脱任何外部对你的约束和要求，但这需要你在金钱上付出昂贵的代价。在众筹平台上借贷可能会要求你在几年的时间里返还 1.5~3 倍的借出金额，而且如果你想利用某些以借贷为基础的创业公司融资渠道的话，你的成本甚至可能会更高，那些渠道一般会要求 3~5 倍的返还。更麻烦的是，如果你没有能力返还所借的金额，那么借款人很可能会像银行那样夺走你的财产或整个公司。尽管有上述这些缺点，但毫无疑问这个渠道肯定会在我的考虑范围内。如果我有机会完全按照我的想法来运营一家企业，没有外界的干预或者退出的要求，那么风险就会被抵消。

（4）众筹是一个真正有意思的选项，尤其是因为我是一个二次创业者，所以我很自然地具备了某些特别的优势。有相当数量的我的社交媒体的受众，包括以前的一些熟人和朋友都表示他们支持我的第二次创业，而且我的经历和经验也能够为我带来关注和放大的效果。尤其是在以奖励为基础的融资方案中，你融到的那些资金完全可以被当作早期的营业收入，另外这些钱还能帮助企业在潜在的客户面前提升自己的曝光度，并具体衡量他们对你的产品的感兴趣程度。当然还有基于股权和基于借贷方案的众筹，尽管这些方案能够让我充分地利用我在人际关系网络上的优势，但依然有我在前面第三点中提到的一些缺点。不过，与天使投资人的方案相比较，在一个基于股权的融资方案中，众筹方案可能会更加地灵活。

（5）最后的选项就是完全依靠自己。对于这种做法，最让人担心的是个人的财务风险，尽管我和我的妻子有数十万美元的积蓄，另外因为您购买了这本书，所以现在可能还会多一点，但我们两人谁都不想把这些钱花光，我们还想留些钱以备急需。但是从自由和灵活的角度来讲完全依靠自己还是非常有吸引力的，这种做法可以让你保持完全的所有权以及控制权。这意味着我们可以通过调低一些个人的费用，另外再做一些咨询业务、撰写文章、进行演讲或者接手一些其他的项目来帮助企业延长在最后"起飞"前所需要进行的准备工作时间。只要我能够让这一新的实体达到一个相当不错的利润水准，那么无论在将来我们是进行额外的融资，还是对企业的利润进行重新分配，又或者选择其他的方式对这家企业进行扩张并调整运营的模式，这一新的实体必定会前途无量。

当你选择自己的融资渠道时，请从长远的角度认真思考你真正想要的究竟是什么。你是不是真的想要寻求一个大的退出，并且接受自己在工资收入和公司的控制权上可能会受到的限制，哪怕你的选择会有很高的失败率？如果答案是肯定的，那么风险资本就是你正在寻找的融资模式。如果你想要的是对企业有100%的控制权、100%的所有权并且企业还必须有盈利，即便你的企业成长缓慢，那么在你有一份全职的工作，或者从事咨询业，又或者和一个非常支持你的伴侣住在一起的情况下，你在每天晚上以及周末完全靠你自己创立并经营一家企业或许是一种不错的选择。

市场验证：我最担心的问题之一是，我想要制造的东西的和人们真正需要的东西这两者之间没有太多的重叠，因而这样一家创业公司无法让我真正兴奋起来。为了解决这个问题，我的计划是：

（1）做一张大约有 100 个人的表格，而且我坚信，表格上的所有人肯定会需要我制造的这一款产品。

（2）和表格上的每一个人见面，就上面我担心的问题向他们提问，并询问他们该如何解决这一问题。

（3）在产品正式推出前，先制作一张登录页面，然后观察有多少人会为了在今后可以使用这款产品而愿意在我的网页上输入他们的邮件地址。

（4）在网上广泛地分享这一登录页面，为这个页面购买一些广告，让这个页面出现在搜索引擎的搜索结果中，并利用我的关系让它的排名更靠前。

上面的整个过程可以很巧妙地与众筹相重叠，而且我很可能会利用某个现成的平台或者干脆自己做一个类似的平台。早期的创业公司失败的最主要的原因之一是缺少真正需要你的解决方案的买家。验证你想要解决的问题是真实的、相应的市场是存在的，而且客户愿意冒险试用由一家全新的公司提供的全新类型的解决方案是非常艰巨的任务。

记录核心信念以及偏见：这一次我不想等到几年以后再去定

义，为什么我会建立这样一家企业、什么是我们的核心价值以及哪种类型的人可以或永远无法和这家企业的文化相融合。比如，我知道，我一直想要尝试远程的办公环境，因为 Moz 之前一直都是在大都市里的大型商务楼里办公；另外，我还知道，想要在工作中保持愉快的心情，透明度始终是最为关键的要素；我更清楚，能够和我在工作中形成默契的人应该是那些动作敏捷、思维活跃，并且在邮件中还能够设身处地为他人着想的人。

对于企业文化的各项元素，我并没有尝试各种不同的方式或者采用一种"等等看"的态度，而是非常细致地将这些元素整理成文件。在有了这些文件以后，任何想要加入我们公司的人都能确切地了解他们将要面对的是一种什么样的工作环境，并以此来决定这家公司是否适合他们。如果我想招聘共同创始人、合伙人、顾问或者投资人，那么从第一天起这些文件就能通过清晰表达的期望来避免很多艰难的沟通以及由此而带来的伤害。

上述企业文化的元素可以分成如下这几个方面。

（1）关于工作的核心信念——对于人们如何才能出色地完成自己的工作，以及哪些元素应该得到优化，这些有关工作的核心信念就是我相信的理论。例如，我并不认为坐在办公室里办公是一种必要的方式，或者是一种真正理想的方式，所以我想尝试一下所有的团队成员都进行远程办公的环境。我坚信企业应该支付市场上最高水平的工资但绝不能雇用太多的人员；我还深信，从长期来看，在企业早期聘用的人员中多样性才是建立一支最佳团队的关键要素。同样地，针对心理安全进行优化，给独立贡献者同样的职业上升和发展的机会，以及尽力保持战略和资源的聚焦，所有这些都可以放在这个概念的范畴内。

（2）退出的目标——我是不是打算在早期就出售我创立的新的公司？我需要有一个更加长远的目标吗？比如一次大规模的退出？或者在很长一段时间里确保公司的盈利并且把利润分配给所有的股东？所有这些做法都很有吸引力，但更重要的是，当我看到市场上出现各种机会的时候，我需要有能够进行自主决策的自由。所以我专门针对各种选项进行了优化，并且绝不采取任何会让各种可能性消失的举动。这意味着你需要直面任何潜在的投资人，潜在的雇员，以及潜在的合伙人。也许你将不得不拒绝传统的天使投资和风险资本，而那些潜在的雇员还很有可能正在他们自己的职业生涯中寻找某些其他的东西。

（3）目标、价值、使命以及愿景——在 Moz，我们当初花了很多年才搞定所有这些东西。对于我接下来的冒险，我会从我个人的目标出发（至少这将是我个人在专业上的目标），那就是帮助人们更好地进行市场营销。我仍然非常喜欢我们在 Moz 建立起来的企业价值 TAGFEE，但这一次我可能会做一些微调。我还会为可见的将来建立公司的愿景，并同时建立起公司的长期使命，即便随着时间的流逝这两者都需要进行调整，但有了这两者你就能更好地聚焦你的资源和战略，这也是我关于工作的核心信念之一。

（4）客户、市场以及问题空间假设——当你刚涉足一项新的业务时，所有的东西都只是理论。我们"会认为"A产品可以用来解决B问题，我们"还认为"B问题要比C问题更大、更严重，所以需要更快地解决。但是在过去，我曾经犯的一个错误就是我没有把所有这些理论都整理成文件，所以现在我不会再犯同样的错误。相反，我会追踪符合这一模式的所有想法，并且在实际的工作中寻求答案，然后随着时间的推移把所有能学到的东西都记录下来。

（5）在接下来的10年时间里，在我们的领域里，又有哪些是不会发生改变的？——下面我直接从亚马逊的杰夫·贝佐斯那里借鉴了他的一些想法，在现实中他是这样应用的。

在我们的零售业务中，我们知道客户想要的是低价的产品，而且我还知道在接下来的10年时间里这一点是不会改变的。另外，他们还想要更快地发货、想要更多的选择。你绝不可能会这样想象，在10年后会有客户跑来对你说，"贝佐斯，我喜欢亚马逊，但我希望你的价格能稍微高一点儿"，或者，"我喜欢亚马逊，我只是希望你的发货不要那么快，最好能稍微慢一点儿。"这样的场景是根本不可能出现的。所以在上面这些事情上我们投入了大量的资源，就是希望能够让所有这一切都转动起来。我们知道今天我们投入的精力将在未来的10年时间里持续不断地为我们的客户带来回报。当你知道在你的手上有某样东西是真实的时候，即便你之前已经在里面投入大量精力，但是从长期来看，你进行这样的投入依然是值得的。

　　无论我计划在哪个领域进行第二次创业，我在早期的研究中所投入的精力都将首先集中在弄明白这个问题的答案。如果我能够精确地寻找到这些答案，我相信，这将给我这次新的冒险带来巨大的帮助。

　　去做我刚才描述的事情看起来好像有点儿本末倒置，但事实并非如此。提出这些问题将迫使你从整体上对你的企业进行更深入的思考，并且在你创业的早期，在那些极度危险的日子里可以有更多的机会存活下来。无论你的企业在今天处于什么样的发展阶段，我的建议是在纸上描绘出你的发展路线图，并与所有的团队成员一起分享。计划会随时发生改变，但是一个共享计划的团队的价值观绝不会随之而发生改变。

　　现在我已经出发，踏入了未知的将来，虽然前途依然茫茫，但比起上一次我已经有了更好的准备。而且我希望，你在读完了这本书后也做好了同样的准备。

致谢

　　我的那个让人惊讶不已的编辑妮基·帕帕多普洛斯常常提醒我，这本书的目的并不是讲述那些我想讲的故事，或者驱除我在职业上的心魔，能够让我重新成为我自己。这本书是为您，我敬爱的读者服务的。您可能有一个项目、一家企业、刚起步的职业生涯，或者还有一项投资，并努力想要在这些方面获得成功。这本书的目的是传递给您一些我很希望在我自己第一次创业前就能够拥有的知识，然后在创业的险途上为您标注出那些战略性的陷阱以及战术上的圈套，而所有这些我现在已经知道该如何去避免。

　　如果您已经翻过去的数百页文字做到了这一点，那只是因为有很多人贡献出了他们的时间，提供帮助并且愿意分享。为此，我既感到自愧又感到荣幸，在这里向所有人表示感谢。

对于 Portfolio & Penguin 出版公司的团队，我首先要深深地感谢妮基，感谢你的耐心、坚持不懈以及宝贵的指导。我是一个非常挑剔的浑蛋，但是甚至我自己也对这本书感到非常自豪。

对于 Moz 的团队，我要说的是，如果没有你们，我就没有故事可讲了，我深深地感谢你们曾经的付出以及将来的努力。我很伤心没有办法在未来和你们一起继续冒险，但是衷心希望你们能够实现你们期待的巨大成功和幸福。

对于西雅图初创企业社区，感谢你们一直以来持续不断的支持，尤其是在我创业早期的那些年里，我当时完全没有能力来回报你们的善意，更何况当时也没有任何证据表明我的这家小小的企业值得你们花那么多的时间来提供帮助，对此我由衷地表示感谢。你们花了那么多的时间来提升我对技术的理解，让我明白该如何建立一家企业，你们还帮助我接触到了风投这一行业，以及对 Moz 的成长做出了巨大贡献的人群。我很自豪，在我的家乡有这样一个既慷慨，又有思想，而且对于创业公司还如此热心的群体，你们如此积极地提供帮助却不求任何回报。

对于在搜索引擎优化世界中的同行们，在你们之中我将要提到的有很多是我最好的朋友、最坚定的盟友。当然还有那些在网上帮我进行大力推广的友人，我很荣幸能够成为你们中的一员。感谢你们给予我的所有帮助，还有你们的宽恕，以及在过去的15 年时间里你们表现出来的对我和 Moz 的毫不动摇的信赖。正是因为有了你们的帮助，这家公司才没有变成我和米西格的眼中某些一闪即逝的东西。

除了上述这些群体以及妮基，我还想感谢一些对我来讲同样非常重要的个人。

- 杰拉尔丁·德路透——你是我的引力，我的阳光，我的爱。没有你 Moz 就不会存在，而我也会成为一个不同的人，而且几乎可以肯定的是会成为一个非常糟糕的人。尽管在过去的这几年时间里我们过得很艰难，但是在面对困难的时候我只希望你能够陪伴在我的身旁。能和你一起度过我的余生是我一生最大的幸运。

- 吉莲·米西格——妈妈，谢谢你。感谢你的爱，你的支持，你对我、埃文和梅丽的奉献，以及在我走向创业的道路上成为我的合作伙伴，真的谢谢你。

- 波林和西摩·菲什金——你们的爱和坚定不移的支持，你们的智慧和恩惠，以及你们期望不断进步的理想已经成为我的指路明灯。我希望能始终让你们感到自豪。

- 尼奇·赫伦和杰斯·斯蒂普——感谢你们这些年来的支持，你们已经超越了任何 CEO 和创始人对于一个执行助理（以及一个朋友）的期望，我由衷地表示感谢。我很荣幸在我的职业生涯和个人生活中有你们两人的陪伴。

- 维尔·雷诺兹和诺拉·皮亚尔·雷诺兹——我会一直珍惜和感恩我们之间的友谊，感谢你们对于这本书的帮助，以及你们向我、杰拉尔丁以及 Moz 表现出的善意。很快我们就会有时间在一起庆祝一下。

- 唐·谢泼德——当我拿起这本书的时候，这本书的视觉效果和品牌的塑造让我感到自豪，并让我迫不及待地想要和全世界进行分享。感谢你的出色工作以及你对于《创业者的迷失》一书的读者的深刻理解。

- 丹尼·沙利文——在我们最需要的时候，你给了我和

Moz 一次机会。我永远欠你一笔人情。

- 达梅什·沙阿和柯尔斯滕·瓦尔斯塔德——对于我、杰拉尔丁以及 Moz，你们两位和 HubSpot 是我们最强有力的支持者。我不知道在前世我们有着什么样的缘分能够让我在今世从你们这儿获得如此多的帮助、友情，当然还有我们在一起分享的那些非同一般的美食，我对你们俩一直都非常感激。

- 凯利·史密斯、米歇尔·戈德堡和布拉德·菲尔德——你们对我的信心以及你们在财务、情绪以及战略上给予我的支持使我成为一个更好的创业者和一个更加明智的人。感谢你们愿意在一个未经验证的市场上对一个当时可以说是一张白纸的"孩子"抱有那么高的期望。

- 戴维·米姆、马特·布朗、蒂姆·雷斯尼克和杰伊·利里——尽管我们经历了很多艰难和起起落落，能和你们一起工作我始终感到很荣幸，甚至更加荣幸的是你们还在不断地向我和杰拉尔丁表达你们深厚的友谊和支持。你们都应该为你们在 Moz 所做的工作而感到自豪，我也为你们感到自豪。

- 亚当·特拉特、本·哈尔、利兹·皮尔斯和丹·夏皮罗——感谢你们给予我的出色的早期反馈，以及在餐厅和咖啡店里你们花了那么长的时间和我一起讨论的那些话题，正是这些话题最终成为这本书中的很多章节。

- 埃米莉·格罗斯曼——你的友谊，你在审核这本书时所表现出的善意，以及你极其出色的评论从根本上提升了这本书的质量。期望和我以及杰拉尔丁在某个遥远的地方一起共享美食的时候，你能读到这段话。

- 本·亨德里克森和查斯·威廉斯——你们俩是我认识的最好的工程师。真的很荣幸能和你们一起工作（现在已经是第二次了），正是你们当初花了那么长的时间以及艰辛的工作才使 Moz 的软件工具有了今天人们公认的价值，我欠你们一个非常大的人情。

- 肖恩·爱德华兹、埃文·巴塔利亚、肯尼·马丁、基基·库钦、克里斯蒂娜、贾森·尤恩克、托尼·拜伊和拉斯·琼斯——感谢你们让"关键词搜寻者"这款产品面世，这是一款非常出色的产品，在这个领域中的所有人现在都在模仿这款产品。我知道你们都做出了很大的牺牲，尽了你们最大的努力才使这款产品能够按原计划上线，所以在这里我以及成千上万的搜索引擎优化的实践者对于你们的贡献表示深深的谢意。

- 威尔·克里奇洛和邓肯·莫里斯——感谢你们在那些年里和我一起度过那段冒险的日子。我们在一起的时间总是太短了，但是那些过去的回忆始终陪伴着我，我一直期待着我们的下一次见面。

- 莎拉·伯德——感谢你在担任首席运营官期间对公司做出的贡献，以及在 2014 年，正是因为你对于 Moz 的出色管理才使我们这艘船得以回到正确的航道上。

- 布赖恩·哈利根、迈克·卡西迪、杰西卡·马、杰里·科隆纳和尼拉夫·托利亚——由衷地感谢你们能向我以及这本书的读者分享你们的故事、你们的邮件以及你们的经验。能有你们作为我的朋友和同事，我觉得实在是太幸运了。

- 埃里克·莱斯、金·斯科特、马克·舒斯特尔、塞思·戈丁和尼拉夫·托利亚——非常感谢你们在这本书的出版过程中所做出的贡献，感谢你们允许我引用你们的著作和名句，以及将我引入你们的人际网络。Moz 和我对你们表示深深的谢意。

- 亚当·费尔德斯坦和雷切尔·伯恩赛德——在这些年里，我们的友谊以及你们在帮助 Moz 成长的过程中所做出的牺牲对我来说意义重大。非常感谢当我无法再继续向前的时候你们能够接过我的火炬。

- 莫拉·哈贝尔和马克·米姆斯——你们愿意向 Moz 的团队，以及通过这本书向一个更加广阔的世界分享你们的故事，是一种非同寻常的善举。感谢你们能够打开我的心灵，并使在你们周围的那么多人能够更加设身处地为他人着想、更能够理解他人。

- 简·弗里德曼——非常感谢你在电话中就出版过程给了我那么多的建议和帮助。这是一段很长的时间，但你的提醒总是那么及时和到位。

- 最后，也是最重要的，我要感谢我的代理人西尔维·格林伯格——你一直是我最坚定的支持者，在面对我不断动摇的悲观态度时你总是那么乐观，在我尝试撰写这本书的时候你总是能给出那么多有智慧的建议，而在我最需要鼓励的时候你又是我的红颜知己。我由衷地向你表达我的谢意。希望将来我们两人还会再次踏上这样一段旅程。

参考文献

前言

1. University of California-Berkeley economists ... Aimee Groth, "Entrepreneurs Don't Have a Special Gene for Risk—They Come from Families with Money," *Quartz*, July 17, 2015, https://qz.com/455109/entrepreneurs-dont-have-a-special-gene-for-risk-they-come-from-families-with-money/.

2. More than 75 percent of early-stage technology companies ... Stephanie Walden, "Startup Success By the Numbers," *Mashable*, January 30, 2014, http://mashable.com/2014/01/30/startup-success-infographic/#XiiallxpsOqZ.

第一章

1. Tinder grew to ... Mary Emily O'Hara, "Tinder Co-Founder's Lawsuit Reflects Tech Industry's Rampant Sexism," *VICE News*, July 2, 2014, https://news.vice. com/article/tinder-co-founders-lawsuit-reflects-tech-industrys-rampant-sexism.

2. Zipcar, one of the ... Arielle Duhaime-Ross, "Driven: How Zipcar's Founders Built and Lost a Car-Sharing Empire," *The Verge*, April 1, 2014, https://www.theverge. com/2014/4/1/5553910/driven-how-zipcars-founders-built-and-lost-a-car-sharing-empire.

第二章

1. "(Consulting) is dancing ..." "When It Comes to Startups, Products and Services Don't Mix," Giff Constable, GiffConstable.com, January 26, 2010, http:// giffconstable.com/2010/01/when-it-comes-to-startups-products-and-services-dont-mix/.

2. That's slightly higher ... Sammy Abdullah, CFA, "The Median Level of Founder Ownership at Exit," *Blossom Street Ventures* (blog), November 3, 2016, http:// blossomstreetventures.com/blog_details.php?bcat_id=106.

3. In 2012, Scott Shane ... Scott Shane, "Small Business Failure Rates by Industry: The Real Numbers," *Small Business Trends*, last modified October 1, 2013, https:// smallbiztrends.com/ 2012/ 09/ failure-rates-by-sector-the-real-numbers.html.

第三章

1. "Your work is going to ..." Steve Jobs, "'Find What You Love,' Steve Jobs at Stanford University," *Wall Street Journal*, last modified August 24, 2011, http://www.wsj.com/articles/SB10001424053111903596904576520690515394766.

第四章

1. "Ideas are worthless ..." Scott Adams, "The Value of Ideas," June 4, 2010, *Scott Adams' Blog*, http://blog.dilbert.com/post/102627956681/the-value-of-ideas.

第五章

1. "Writing code? That's the easy part ..." Jeff Atwood, "Usability on the Cheap and Easy," *Coding Horror* (blog), March 31, 2010, https://blog.codinghorror.com/usability-on-the-cheap-and-easy/.

第六章

1. "The best entrepreneurs ..." https://www.goodreads.com/quotes/7452753-the-best-entrepreneurs-are-not-the-best-visionaries-the-greatest.

2. But if you define startup ... Deborah Gage, "The Venture Capital Secret: 3 Out of 4 Start-Ups Fail," *Wall Street Journal*, last modified September 20, 2012, http://www.wsj.com/articles/SB10000872396390443720204578004980476429190.

3. A further 10 percent ... "The Meeting That Showed Me the Truth about VC's and

How They Don't Make Money," https://medium.com/the-mission/the-meeting-that-showed-me-the-truth-about-vcs-and-how-they-don-t-make-money-ab72b52b50cd.

4. National Venture Capital ... Scott Shane, "What Slow Exits Mean to Startup Investors," *Entrepreneur*, https://www.entrepreneur.com/article/253459.

5. When EquityZen limited ... Russell Lange, "But When Will They Go Public?," *Meditations* (blog), August 13, 2015, https://equityzen.com/blog/company-at-ipo/.

第七章

1. Statistics are on your side ... Rüdiger Fahlenbrach, "Founder-CEOs, Investment Decisions, and Stock Market Performance," *Journal of Financial and Quantitative Analysis* 44, no. 2 (April 2009): 439-66, https://doi.org/10.1017/S0022109009090139; Joon Mahn Lee, Jongsoo Kim, and Joonhyung Bae, "Founder CEOs and Innovation: Evidence from S&P 500 Firms," *SSRN*, February 17, 2016, http://papers.ssrn.com/sol3/papers.cfm?abstract_id=2733456.

第八章

1. "Economically, you can ..." Paul Graham, "How to Make Wealth," May 2004, http://paulgraham.com/wealth.html.

2. The venture capitalist and blogger Mark Suster ... Mark Suster, "How to Discuss Stock Options with Your Team," *Both Sides of the Table*, September 6, 2010, https://bothsidesofthetable.com/how-to-discuss-stock-options-with-your-team-d903304e4dde.

第九章

1. "Growth hackers are a hybrid ..."Andrew Chen, "Growth Hacker Is the New VP Marketing," @*andrewchen* (blog), http://andrewchen.co/how-to-be-a-growth-hacker-an-airbnbcraigslist-case-study/.

2. That new page was almost eight times ... "How We Made $1 Million for Moz (Formerly SEOmoz)—Using Landing Page Optimization and Email Marketing," Conversion Rate Experts, http://www.conversion-rate-experts.com/seomoz-case-study/.

3. When Drew Houston ... "New Strategy: Encourage WOM, viral," *Dropbox Startup Lessons Learned* (slides), http://www.slideshare.net/gueste94e4c/dropbox-startup-lessons-learned-3836587/30-New_strategy_encourage_WOM_viral.

第十章

1. "Corporate values, usually chosen ..." Ray Williams, "What Do Corporate Values Really Mean?," *Psychology Today*, February 7, 2010, https://www.psychologytoday.com/ blog/wired-success/ 201002/what-do-corporate-values-really-mean.

2. You can find the original version ... Rand Fishkin, "What We Believe and Why: SEOmoz's TAGFEE Tenets," *Moz Blog*, February 15, 2010, https://moz.com/blog/what-we-believe-why-seomozs-tagfee-tenets.

3. "In describing the alignment process ..." Jim Collins, "Aligning Action and Values," JimCollins.com, June 2000, http://www.jimcollins.com/article_topics/articles/aligning-action.html.

4. According to Namely's ... Max Nisen, "Statistically Speaking, What Does the Average Startup Look Like?," *The Atlantic*, December 31, 2014, https://www.theatlantic.com/business/archive/2014/12/statistically-speaking-what-does-the-average-startup-look-like/384019/.

5. Research from McKinsey ... Vivian Hunt, Dennis Layton, and Sara Prince, "Why Diversity Matters," McKinsey, January 2015, http://www.mckinsey.com/business-functions/organization/our-insights/why-diversity-matters.

6. PE Hub, Venture ... Sonya Mann, "How Women VCs Affect the Performance of Firms and Startups," Mattermark, October 3, 2016, https://mattermark.com/women-vcs-affect-performance-firms-startups/.

7. When First Round Capital ... Tucker J. Marion, "4 Factors That Predict Startup Success, and One That Doesn't," *Harvard Business Review*, May 3, 2016, https://hbr.org/ 2016/05/4-factors-that-predict-startup-success-and-one-that-doesnt.

第十一章

1. "A great way to build ..." "What's Your Problem?," *Getting Real*, 37signals, https://gettingreal.37signals.com/ch02_Whats_Your_Problem.php.

2. Eric Meyer famously ... Rebecca Web, "Inadvertent Algorithmic Cruelty," Meyerweb.com, December 24, 2014, http://meyerweb.com/eric/thoughts/2014/12/24/inadvertent-algorithmic-cruelty/.

第十二章

1. "If you are not embarrassed ..." Anthony Ha, "LinkedIn Founder Reid

Hoffman's 10 Rules of Entrepreneurship," *Venture Beat*, March 25, 2011, http://venturebeat.com/2011/03/15/reid-hoffman-10-rules-of-entrepreneurship/; http://www.businessinsider.com/the-iterate-fast-and-release-often-philosophy-of-entrepreneurship-2009-11.

2. "I wanted to like this tool ..." Marie Haynes, comment on "Spam Score: Moz's New Metric to Measure Penalization Risk," *Moz Blog*, https://moz.com/blog/spam-score-mozs-new-metric-to-measure-penalization-risk#comment-328203.

3. I sent out a pair ... Rand Fishkin, "A Look at the Keyword Research Tool Universe in 2015," *Moz Blog*, November 25, 2015, https://moz.com/rand/a-look-at-the-keyword-research-tool-universe-in-2015/.

第十三章

1. "An anti-IPO ..." In Alyson Shontell, "These Startups May Have Blown It by Turning Down $100 Million," *Business Insider*, May 2, 2013, http://www.businessinsider.com/startups-that-rejected-100-million-offers-2013-5.

2. It could be building a business ... Maciej Cegłowski, "Pinboard Turns Seven," *Pinboard Blog*, July 9, 2016, https://blog.pinboard.in/2016/07/pinboard_turnsseven/.

3. It could be the creation of a new ... Amy McKeever, "Inside Sun Noodle, the Secret Weapon of America's Best Ramen Shops," *Eater*, July 22, 2014, http://www.eater.com/2014/7/22/6184305/inside-sun-noodle-the-secret-weapon-of-americas-best-ramen-shops.

第十四章

1. "In a hierarchy ..." Laurence J. Peter, WikiQuote,https://en.wikıquote.org/wiki/
   Laurence_J._Peter; http://www.nytimes.com/1990/01/15/obituaries/laurence-j-
   peter-is-dead-at-70-his-principle-satirized-business.html.

2. In their research ... "Learn about Google's manager search," re: Work, https://
   rework.withgoogle.com/guides/managers-identify-what-makes-a-great-manager/
   steps/learn-about-googles-manager-research/.

第十五章

1. "In Silicon Valley ..." Maren Kate, "Silicon Valley Has a Vulnerability Problem,"
   Medium, May 4, 2016, https://medium.com/@marenkate/silicon-valley-has-a-
   vulnerability-problem-5c314bf5b005#.dnnwo9m9u.

2. Project Aristotle ... Charles Duhigg, "What Google Learned from Its Quest to
   Build the Perfect Team," *New York Times Magazine*, February 25, 2016, http://
   www.nytimes.com/2016/02/28/magazine/what-google-learned-from-its-quest-to-
   build-the-perfect-team.html.

3. A 2012 North Dakota ... Lisa Bender et al., "Social Sensitivity and Classroom
   Team Projects: An Empirical Investigation," Feb. 29–March 3, 2012, 43 ACM
   Technical Symposium on Computer Science Education, http://dl.acm.org/citation.
   cfm?id=2157258.

4. The *New York Times* ... Charles Duhigg, "What Google Learned from Its Quest
   to Build the Perfect Team," *New York Times Magazine*, February 25, 2016, http://
   www.nytimes.com/2016/02/28/magazine/what-google-learned-from-its-quest-to-

build-the-perfect-team.html.

5. "The term is meant ..."Amy Edmondson, "Psychological Safety and Learning Behavior in Work Teams," *Administrative Science Quarterly* 44, no. 2 (June 1999): 350-83, https://www.jstor.org/stable/2666999?seq=1#page_scan_tab_contents; https://www.researchgate.net/publication/27699668_Social_and_cognitive_factors_driving_teamwork_in_collaborative_learning_environments_Team_learning_beliefs_and_behaviors.

6. Elizabeth Schmidt, a Seattle-based ... E. S. Ringwald (@esringwald), Twitter, December 24, 2016, https://twitter.com/esringwald/status/812738601255436288.

第十六章

1. "People LOVE change ..." Richie Norton, *The Power of Starting Something Stupid* (Salt Lake City: Shadow Mountain, 2013).

2. "I don't waste time ..." Steve Hamm, "The Education of Marc Andreessen," *Bloomberg*, April 13, 1998, http://www.bloomberg.com/news/articles/1998-04-12/the-education-of-marc-andreessen.

3. Rachel Adelson described ... Rachel Adleson, "Probing the Puzzling Workings of 'Depressive Realism,'" APA Science Watch, April 2005, http://www.apa .org/monitor/apr05/realism.aspx.

4. less than 1 percent ... Lydia Ramsey, "A Tiny Percentage of the Population Needs Only 4 Hours of Sleep per Night," *Business Insider*, November 11, 2015, http://www.businessinsider.com/people-who-sleep-short-hours-2015-11.

5. most of us need ... "Insufficient Sleep Is a Public Health Problem," Centers for Disease Control and Prevention, updated September 3, 2015, https://www.cdc.gov/

features/dssleep/.

6. The night before the Foundry ... Rand Fishkin, "A Long, Ugly Year of Depression That's Finally Fading," *Moz Blog*, September 19, 2014, https://moz.com/rand/long-ugly-year-depression-thats-finally-fading/.

7. I like how Dr. Jonathan ... Jonathan G. Koomey, "What Is Intellectual Honesty and Why Is It Important?," June 18, 2012, http://www.koomey.com/post/25385125958.

8. Rewarding weight loss ... This *New York Times* piece about the TV show *The Biggest Loser* does a great job explaining this complex irony: http://www.nytimes.com/2016/05/02/health/biggest-loser-weight-loss.html.

第十七章

1. "I knew that if I failed ..." Ben Carlson, "The Jeff Bezos Regret Minimization Framework," *A Wealth of Common Sense*, October 11, 2016, http://awealthofcommonsense.com/2016/10/the-jeff-bezos-regret-minimization-framework/.

2. Human beings are wired ... Alina Tugend, "Praise Is Fleeting, but Brickbats We Recall," *New York Times*, March 23, 2012, http://www.nytimes.com/2012/03/24/your-money/why-people-remember-negative-events-more-than -positive-ones.html.

3. David Strayer, professor ... David M. Sanbonmatsu et al., "Who Multi-Tasks and Why? Multi-Tasking Ability, Perceived Multi-Tasking Ability, Impulsivity, and Sensation Seeking," *PLOS ONE*, January 23, 2013, https://doi.org/10.1371/journal.pone.0054402; https://www.ncbi.nlm.nih.gov/pmc/articles/PMC3553130/.

后记

1. "Silicon Valley has become ..." Quote for Chong Moon Lee et al., *The Silicon Valley Edge: A Habitat for Innovation and Entrepreneurship* (Stanford: Stanford University Press, 2000).

2. There's even research ... Mark Peplow, "Simple Sounds Make for Sound Investments," *Nature*, May 30, 2006, http://www.nature.com/news/2006/060529/full/news060529-2.html.

3. "In our retail business ..." Jeff Bezos quoted in Bill Gurly, "Uber's New BHAG: UberPool," Above the Crowd, January 30, 2015, http://abovethecrowd.com/2015/01/30/ubers-new-bhag-uberpool/.